香港政改觀察
—— 從民主與法治的視角

田飛龍 著

商務印書館

香港政改觀察——從民主與法治的視角

作　　者：田飛龍

責任編輯：張宇程

封面設計：楊愛文

出　　版：商務印書館（香港）有限公司
　　　　　香港筲箕灣耀興道 3 號東滙廣場 8 樓
　　　　　http://www.commercialpress.com.hk

發　　行：香港聯合書刊物流有限公司
　　　　　香港新界大埔汀麗路 36 號中華商務印刷大廈 3 字樓

印　　刷：陽光印刷製本廠有限公司
　　　　　香港柴灣安業街 3 號新藝工業大廈 6 字樓 G 及 H 座

版　　次：2015年 2 月第 1 版第 1 次印刷
　　　　　© 2015 商務印書館（香港）有限公司
　　　　　ISBN 978 962 07 6556 8
　　　　　Printed in Hong Kong

序

　　2017 年香港行政長官普選問題是香港回歸祖國以來最重大的政治爭議，在 2014 年 9 月下旬到 12 月中旬的"佔領"（"佔中"或"雨傘"）運動又是"一國兩制"實施以來面對的最嚴峻考驗。如何理解這些現象，對於研究社會科學的學者來說，是富有挑戰性的課題。

　　本書便是田飛龍博士就這個課題的研究成果。田博士畢業於北京大學法學院，現在任教於北京航空航天大學人文與社會科學高等研究院。田博士是在中國研究"政治憲法學"的知名學者，由於我自己也十分關注中國內地的政治憲法學研究，所以有機會在研討會中認識田博士，並邀請他來港大法律學院當 Leslie Wright 基金訪問學者，這是我的榮幸。

　　田博士學貫中西，他的研究具有深度、廣度、歷史及文化維度和跨學科的學術視野，而且堅持學術研究的理性、客觀性和獨立精神，超越一般政治話語，這是我特別欣賞和敬佩的。雖然田博士是內地學者，但他對於香港社會及其文化和價值觀有一種"同情的了解"；此外，他不單研究香港，更把在香港實施的"一國兩制"置於整個中國的現代化事業來思考。本書中包含田博士對於"一國兩制"和香港的民主發展的睿見，讀者若能仔細閱讀，必有豐富的收穫。

田博士在本書中提出的不少觀點，都是我十分欣賞和認同的。田博士一針見血地指出，雖然人大"8.31決定"所提出的並不是"理想民主"方案，但如獲立法會通過，將會是"香港歷史上最重大的普選時刻"。其後，"在限制性框架下的特首普選中，最打動選民心理的競選策略，是承諾帶領香港人民'繼續民主'起來，接力追求'真普選'"。中央將"繼續作為香港民主發展'循序漸進'的主導與調控性力量，但香港民主在民意推動下的'繼續民主'之路不可逆轉。"港人應"勇敢而理智地實現'視角內轉'，重建與中央的政治互信，在信任增加的條件下進一步爭取更優普選框架，這一前景不僅是可能的，也是唯一可欲的。"

反過來說，田博士語重心長地寫道：如立法會否決2017年特首普選方案，"將是香港政改的重大挫折，導致政改'原地踏步'。實際上不存在'原地踏步'，而是'不進則退'，若退下陣來，則香港社會將可能長期無法走出'過度政治化'漩渦，無法通過'視角內轉'重建中央信任以獲取更寬鬆的普選框架，更無法從容適應中國對新一輪區域經濟整合的佈局和安排，從而導致香港加速'二線城市化'。果真如此，則香港作為'東方之珠'勢必黯淡無光，繁榮穩定成為過去時，一國兩制之典範意義完全落空，僅靠澳門個案不足證明。如此前景，只是中國人內部的相互消耗和雙輸局面，央港雙方應共同極力避免之。""央港雙方的內耗與對峙所造成的只能是'雙輸'格局，是整體中國人的悲劇與災難。"

　　作為生於斯、長於斯的香港人，我特別欣賞田博士關於香港對中國可能作出的貢獻的觀點：在"'一國兩制'憲制框架下"，香港的民主化乃"具有'政治特區'屬性的自治民主試驗。其制度過程既是香港基本法秩序的民主改進，同時也是中國整體國家建構和政治民主轉型的先導與示範。在此意義上，香港民主便具有了超越一城一地治理的普遍歷史意義，而匯合入中國長時段的立憲民主進程之中，同時又在深圳河一側構成與'經濟特區'之國家試驗具有互補性的'政治特區'優勢。""今日中央看待香港，除了繼續鞏固其金融中心和自由貿易港的經濟地位之外，更應看到香港是一個高度發達和成熟的法治社會，以及一個在民主化進程上先於內地的政治社會，賦予香港民主法治更高程度發展以國家試驗和國家治理現代化的宏闊意義。在全面深化改革的更長周期裏，……內地法治建設進程需要進一步汲取香港法治成熟經驗，而內地民主建設進程亦需要認真對待和借鑒香港民主的可能經驗。"

　　田博士的這段文字令我想到，在鄧小平當年的宏觀構想中，"一國兩制"不但有利於中國（包括港澳和台灣地區）的和平統一，而且有助於中國的社會主義現代化建設。到了今天，我仍然相信，"一國兩制"的成功實施——包括香港社會的穩定、經濟的繁榮、民生的改善和民主的發展，將是港人對中國的現代化和走向富強和民主的一點貢獻。港人與內地的同胞是一個命運共同體，榮辱與共。香港在"一國兩制"下逐步實現政制的民主化，實現《基本法》所規定的"普選"的最終目標，不單是香港的事，也是整個中國的事；不單對港人有意義，對整個中華民族也有意義。如果在香港實現行政長官由全體永久性居民一人一票普選產生，這無疑將是中國境內的一個壯舉，香港將成為中華人民共和國政府管轄範圍內，第一個實現普選行政首長的城市。

但願港人能求同存異，攜手建設一個更民主的香港！

陳弘毅

香港大學法律學院

2015 年 2 月 1 日

目　錄

第四章 / 政改死結：預選式提名與行政主導制

第五章 / 政改漩渦中的"愛國愛港"難題

第六章 / 白皮書波瀾與兩種基本法法理學

第一章
香港普選的歷史淵源與制度演化

一、引言：殖民史的背景影響

冰凍三尺，非一日之寒。香港的佔中運動歷時兩月有餘，是香港社會各種精神衝突與階層矛盾的總爆發，其餘波未了，政改之路亦艱難前行，值得全社會有識之士，包括佔中運動參與者深刻反思與調整。佔中運動無疑是一場空前的管治危機，但危機時刻總是"危"與"機"並存的，如能直面問題、理性對話、勇擔責任、着眼長遠，則經過佔中運動衝擊的"新香港"，或可迎來更穩健平衡的歷史觀與更開放從容的發展心態，創造新的東亞奇蹟，使這顆中華大地上難得的"東方之珠"，在一國兩制與基本法保障下更加絢爛多姿。

當然，我們也必須嚴肅地看到，佔中運動反映出了香港反對派，包括部分青年學生在國家認同上的模糊與缺陷，這是雙方在政改議題上互不信任，從而導致對抗不斷升級的根本精神因素。這是百餘年殖民史的特別遺產，是"殖民史觀"與"回歸史觀"的共時性遭遇和結構性碰撞。[1]

佔中運動中出現了大量的政治"行為藝術"，部分本土藝人亦參與其中推波助瀾，以標語、橫幅、短片、創意漫畫等形式表達政治抗議。文字、影像、旋律、記憶與想像，這些游走於理性和感性之間的表現符號，貫串起香港人對自身生活方式與

---

*　本研究獲香港大學法律學院 Leslie Wright Fund 和港澳與內地合作發展協同創新中心、教育部人文社科重點研究基地中山大學港澳珠三角研究中心 2014 年度項目"香港立法會運作研究"分別資助。

1　白皮書是"回歸史觀"的最系統完整的官方法理論述，從而將兩種史觀的內在歷史記憶差異與精神衝突表面化和結構化，參見田飛龍：〈白皮書波瀾：央港關係的法治轉型與中國人史觀重建〉，載《法治週末》，2014 年 6 月 19 日。

政治命運的理解和追求。這種精神追求在殖民地時期表現為針對港英政府的反殖民意識和行動，但港英政府的長期殖民史，畢竟正面構成了香港人的近代史記憶和生活方式的主要來源，因而也不可避免地為香港人精神烙上了濃重的殖民文化印痕。尤其是英國屬高度發達成熟的殖民宗主國，對香港的政治、法律與文化建構取得了非常高的觀念與制度成就，劉兆佳教授稱之為"懷柔殖民管治模式"，其基本特徵為：

"尊重法治、人權與自由，保護私有財產，有限職能政府（limited government），輕徭薄賦，讓自由市場和公平競爭在經濟領域中發揮主導作用，保持財政政策、貨幣政策和港元幣值的穩定，盡量少介入和干預華人社會的生活、傳統、習慣和宗教，盡量減少暴力鎮壓手段在管治中的角色，在施政上重視民意搜集和廣泛諮詢，盡可能避免擾民和加重民眾負擔，實行輕巧治理（light governance）等。"[2]

香港殖民管治的獨特格局

這就形成了香港殖民管治的獨特格局：總督的政治專制與行政上的優良治理並存，政治權力保留，而法治與自由獲得保障。上述管治模式中的若干要素，尤其是市場自由和法治，在中國大陸直到改革開放時代才逐漸獲得政治認可和制度實踐，而其整體治理技術在中國語境下仍然被以"治理與善治"、"治理體系與治理能力現代化"等名目加以繁複的政策性與技術性討論。在前普選時代，香港人於殖民統治中感受到的治理性"善

2　劉兆佳：《香港的獨特民主路》，商務印書館（香港）有限公司，2014 年版，第 1 頁。

治"（good governance）及其與內地集權、戰爭、動亂等政治景象的對比，對於塑造今日香港人政治觀念與民主運動的集體無意識至關重要。正因為香港人自覺到承襲自殖民統治模式的治理體系已然相當優良，故其"普選"追求也就具有"錦上添花"和"臨門一腳"的獨特意味，既是其延續殖民管治技術理性與價值正當性的自主性成就，亦是鞏固基本法下高度自治權以及"民主抗中"的政治意圖所在。

不過，這樣一種歷史觀、政治觀及其民主訴求卻與整體國家精神、民主化進程以及國家對香港的戰略定位與戰略懷疑之間出現了日益增大的鴻溝與張力。香港與西方體系在價值與制度上的"無縫"對接進程，在中央看來有國家認同危機、政治模式競爭、國家安全隱憂和內地政治失序的多重危險，故堅持要求香港民主發展以不危及國家的"主權、安全與發展利益"為基本政治前提。自由本位的"殖民史觀"和國家本位的"回歸史觀"之結構性衝突及其政治化，已然潛伏於 1984 年《聯合聲明》簽署以來的回歸過渡期之中。正是存在這一結構性衝突，締造並掌控這一管治模式的英國人，才會在回歸過渡期不遺餘力地推進香港代議民主甚至普選的激進發展，拋開基本法的"循序漸進"原則和"直通車"方案而推動劇烈的政制變革，迫使中央以"另起爐灶"的方式實施強力反制。作為帝國撤退戰略的一部分，英國人在撤退以前已然將香港政改與民主化中的結構性矛盾定型並推高至相當程度。而這也構成了中央此次政改控局中"國家安全至上"和過高政治定性（港版"顏色革命"）的歷史來源。[3]

3　需要指出，今日在中央各個關口擔綱香港事務的主要領導，大多親歷過回歸過渡期嚴酷的政治鬥爭，有着清晰的歷史記憶和鬥爭心理，這也在無形之中為香港的普選抗爭

回歸後公民抗命思想的激發

回歸以來，香港人面對的是主權變換的新處境，[4] 面對的是一國兩制和基本法帶來的"高度自治"，但這一寬泛的憲制框架由於過多遷就了殖民法制和自治原理，而日益造成央港互動中"一國"之認同危機。作為危機管理策略，2014 年 6 月 10 日發佈的"白皮書"試圖重建"一國"對"兩制"的主權優越性和政治支配性，由此造成回歸以來香港人最為激烈的政治抗爭。這一抗爭在"白皮書"之前已經醞釀發生，"白皮書"只是刺激了衝突的強度，並將幾乎所有存疑的政治問題與法律問題表面化。此輪抗爭的主線是"雙普選"，其焦點是 2017 年的特首普選，其方案博弈的死結在於提名權，終極對抗形式為所謂的"政治核彈"，[5] 即以佔中形式表現出來的公民抗命（civil

---

運動投下了某種不祥的陰影。佔中運動中衝在第一線的青年學生自然是一腔熱血為民主，不知箇中糾葛，但大多數泛民議員也是"過來人"，應該熟知其中要害，但他們沒有承擔起彌合歷史信任裂痕和中央政治顧慮的責任，沒有承擔起理智引導學生的責任，而放任學生的激進行動，從而在結果上不利於中央決策時給香港民主以相對寬鬆的政策框架。被普遍視為最保守和最強硬框架的 8.31 決定，可視為中央歷史性顧慮和泛民主派放任激進行為共同作用的結果，滿足了各自的鬥爭徹底之需要，於香港普選前途卻是一場政治誤會，一場本可避免或大大緩和的悲劇。

4　有港大教授稱這一秩序變遷為香港的"新憲政秩序"，參見 Yash Ghai, *Hong Kong's New Constitutional Order : The Resumption of Chinese Sovereignty and the Basic Law,* Hong Kong : Hong Kong University Press, 1997。

5　這是佔中發起人之一戴耀廷的説法，本來是作為一種威懾策略使用，未準備實際執行，但對於中央政府而言已是"大不敬"，構成了明顯的政治挑釁和威脅，為體制內強硬派主導香港政改話語和決策權起到了"非意圖"的配合效果，而對於佔中一方的目標訴求而言恰恰證明為南轅北轍，適得其反。佔中運動誤判政治溝通對象的意志與能力，從一個錯誤的假定和策略出發，在某種意義上已然預示了佔中運動的失敗結局。果不其然，佔中運動從 2014 年 9 月 28 日開始，至 2014 年 12 月 11 日金鐘清場大體結束，歷時兩個半月，並未取得實質性運動成果，在香港主流民意"反佔中"和法治權威壓力下尷尬退場謝幕。不過，佔中運動的政治遺產極其豐富，不僅會帶來反對派的政治力量與理念重組，還會帶來特區政府管治和央港關係調整的新一輪框架和氣象，並將"繼續民主"命題牢牢植入香港人 2017 年之後的政治觀念與追求之中。

disobedience）。[6] 這是一種古老、複雜、神秘而激進的政治運動傳統，[7] 其被引入素以嚴格法治主義為核心價值的香港社會，標誌着香港民主文化的一大突變。

　　普選抗爭從 2013 年初香港大學法學院戴耀廷副教授發表〈公民抗命的最大殺傷力武器〉[8] 一文正式開始，進入了逸出法治的"公民抗命"階段。[9] 反對派的行動路線圖是一連串的政治行為節點，即"商討日—公投日—遊行日—佔領日"，其中只有最後的"佔領中環"才是嚴格意義上具有違法特徵的"公民抗命"，之前的環節都是合邏輯的輔助與準備。整個反對性政治行動周期與特區政府開展的政改諮詢以及中央對政改的原則性引導合一，其話語衝突和行動對抗充分呈現了香港社會的政治光譜，體現了民主、法治、理性的諸般特徵，但也包含了衝擊基本法秩序和危及香港繁榮穩定的激進苗頭和運動不確定性。不過，以佔中運動兩個半月的總體過程來看，尤其是 12 月 11 日的"終極清場"，運動一方全程堅持了"和平非暴力"的原則，稍有暴力傾向亦受到運動內部的譴責和抑制，[10] 這是香港公民社會[11]

的軟實力和此輪"公民抗命"的美德印證。"一國兩制"本欲垂範台灣,但今日在"一國兩制"框架下聚焦的特首普選之爭,卻成為央港之間關於現代民主和法治基本理念與模式的衝突與對抗,其演變軌跡與基本經驗,很可能形成對內地民主化有一定啟發和引導意義的"港式民主樣本"。內地基本法研究羣體一般而言既焦慮於"提名權之爭"的無解,焦慮於衝突雙方因互不理解彼此核心關切而談崩,從而損及香港民主前途及其作為華人民主的新典範意義,同時也審慎期待香港作為理性商業社會和法治社會,能夠以其成熟的現代民主法治文化節制激進民主力量,推動香港普選在彼此共識的區間內先行實現。

這是一場日益逸出法治軌道的民主模式之爭,一場關乎一國兩制與基本法典範意義以及香港民主前途的政治抗爭。如果處置不當,導致中央"全面管治權"的全面就位,導致香港作為"政治特區"之自治與試驗意義的完全消解,導致"白皮書"所陳述之香港回歸以來"繁榮穩定"長期表現的急速衰退,則香港作為"東方之珠"將喪失其國際地位和城市價值,淪為世界史上令人扼腕的"二線城市"(威尼斯、泉州等),而中國也將蒙受巨大的治理失敗責任和政治道義負擔。基於此種原因,對香港普選之路進行適當的歷史文化考察,解析普選根植的憲制背景和此輪紛爭的根結點,探討"提名權"死結的解套術,客觀認知人大決定"定紛止爭"的政治決斷意義,理性評估"佔中"運動的進展態勢、失敗原由及對香港管治秩序的長期影響,無疑是基

對香港公民社會頗有研究,較有代表性的作品參見陳健民:〈香港的公民社會與民主發展〉,載《二十一世紀》(香港),2011 年 12 月號。

本法研究領域十分必要而緊迫的一項課題。本章探討意旨即在於此。

二、殖民史中的法治與民主

香港是在大英帝國全面崛起為世界立法者的時代，以"殖民"形式被納入帝國體系的。1840 年鴉片戰爭時期，英國已相繼通過光榮革命、工業革命和世界性貿易殖民建立了一個"日不落"大帝國，進入了更加輝煌的"維多利亞女王時代"（Victoria Era, 1837-1901）。[12] 英國式的貿易殖民不同於成吉思汗的草原征服，也不同於沙俄的領土征服，而是一種以貿易利益為核心的殖民主義，殖民的主要目的不是為了人口和領土，而是為了建立強大的全球貿易網絡和貿易主導權，同時建立以宗主國為核心的、充分保障宗主國貿易文明與利益的超國家管制秩序。這是一種具有深刻現代性內涵的全球化運動和現代殖民主義，與古典的軍事征服和奴役不同，儘管軍事手段和奴役措施仍有其運用和必要性。馬克思就曾精闢地指出，資本主義

12　這是英國現代史的"黃金時代"，前接喬治王時代，後啟愛德華時代，其時英國的自由貿易、技術理性和帝國自信達到了歷史峰值，被稱為"維多利亞風格"或"維多利亞時代道德觀念"，突出標誌為高度的道德操守和細緻的語言行為規範。當然，這種帝國的典雅和自信在維多利亞女王後期已經出現了衰退跡象，首先是在貿易與殖民地上遭遇到後起的美國、德國的強勁競爭，在內政與社會文化上則遭受了社會主義、普選、福利主義和工人運動的連番衝擊。銘刻這一時代精神轉折的，恰恰是英國自由功利主義大師密爾（John Mill），他的功利主義不同於邊沁（Jeremy Bentham），在自由主義之外包含了日益興起的社會主義內涵，從而產生了所謂的"密爾逆轉"或自由主義思想的"鈍化"。國內政治學者任劍濤教授對這一思想轉變及其對中國啟蒙發生學的直接影響多有批判性分析，參見任劍濤：《建國之惑：留學精英與現代政治的誤解》，中國政法大學出版社，2012 年版，第一章"思想的鈍化：中國現代政治理念的英國導因"。筆者對此批判持某種溫和批判立場，參見田飛龍：〈不惑者的疑惑：任劍濤的《建國之惑》〉，載《法治週末》，2012 年 9 月 13 日。

的全球貿易殖民擴張，在血腥摧毀殖民地本土秩序的同時也不自覺地帶來了殖民地的現代化。香港進入現代世界體系，正是借助於英帝國的全球殖民過程而完成的。[13] 與內地的歷史經驗不同的是，從 1842-1997 年，香港是英國的完全殖民地，長期隔離於內地的革命與政治運動變遷，不能分享內地在政治上的"半殖民地"經驗，對殖民史的理解與反思也自然處於不同的位置和處境。

香港的殖民過程與民主發展

香港的殖民過程是逐步完成的，首先是香港島的割讓，其次是九龍的割讓，再次是新界的租借，前後綿延半個世紀。新界的租借在某種意義上預埋下了香港主權回歸的伏筆。[14] 英國建構的完整香港殖民秩序，在構成上既包括了完全殖民地，也包括了租借地，而 99 年租期在租借時無關緊要 —— 因為英國人不會想像到中國整體的崛起 —— 但在臨近租期結束時卻變得十分要緊。1970 年代末，新界投資預期的不確定性，構成了英

13　對香港早期殖民史的考察，參見 *Law of the Hong Kong Constitution*, Johannes Chan and C. L. Lim.(ed.), Hong Kong : Sweet & Maxwell Hong Kong, 2011，pp.5-12；對香港殖民憲制史較為系統的研究，參見 G. B. Endacott, *Government and People in Hong Kong, 1841-1962: A Constitutional History,* Hong Kong University Press, 1964。

14　實際上，1898 年的新界租借實在是限制性條件下的選擇，因為其時的英國殖民霸權已受到列強的極大制衡與削弱，列強之間已形成關於中國殖民的政策共識，即"門戶開放，利益均沾"，這有利於保障列強在華利益的最大化和公平性。如果英國沿襲舊的領土割讓模式，必然打破這一均勢格局，為列強所不容。不過，當時的英國亦不可能想像百年之後的中國有任何希望或能力整體收回香港。當然，租借有期，割讓無期，這一國際法安排上的技術性差異，還是直接導致了 1970 年代末期英國主動接洽 1997 之後的香港地位事宜，從而開啟了回歸談判和回歸過渡，因此仍可謂之"伏筆"或"契機"。

國主動與中國開展續約談判的重要動因，談判的最初目的並非主權回歸，而是如何在法律上合理安排新界到期的相關投資與管理秩序問題。然而，中國卻抓準機會提出了香港完整回歸的主權要求，並一一破解英方設置的種種拖延與變相統治策略，如"條約有效論"、"主權換治權"等。[15]

英國對香港的法律處置是直轄殖民地模式。基於英國憲政體制，香港的憲制基礎是以英王名義頒佈的《英皇制誥》和《皇室訓令》，而不是議會的正式立法。在英國憲制中，儘管光榮革命的主要憲政成果是實現了君主主權向議會主權的轉變，但在殖民地憲制建構上卻仍然高度依賴"國王"這一關鍵角色。香港的殖民模式有些類似英國在北美實行的模式，即通過英王憲章賦予殖民地憲制合法性，但差異也很明顯，北美殖民地自建立伊始就是高度自治的海外殖民地，治理主體是移民北美的英國白人，而香港的人口主體是中國人，但治理主體卻是英王的委任官員。香港的總督制完全與英屬北美的總督制不同，後者有着相對健全的殖民地代議民主架構。

在早期殖民史上，英國主要將香港作為遠東貿易據點和向中國內地拓殖的前進基地，並未在香港內部民主法治層面有太多留意和建樹。早期法制也是以中國習慣法甚至《大清律例》為基礎，普通法的建立是逐步完成的。不過，隨着香港脫離內

15　關於香港回歸談判的法理鬥爭，參見強世功：《中國香港：政治與文化的視野》，三聯書店，2010 年版；陳端洪：〈主權政治與政治主權：香港基本法對主權理論的應用與突破〉，載陳端洪：《憲治與主權》，法律出版社，2007 年版；亦可比較閱讀英國前首相撒切爾（港譯：戴卓爾）夫人的回憶錄，參見撒切爾：《唐寧街歲月》（上），國際文化出版公司，2009 年版，第 237-240 頁。

地法制融入大英帝國貿易體系，香港本地人在經濟上和社會組織上均獲得了相當發展，而英國對內地的拓殖進展也僅限於九龍割讓和新界租借，並無大進展，因此香港作為英國遠東殖民地之地位逐漸具有了某種穩定性。隨着香港本地人在經濟與社會組織上的影響力擴大，港英殖民當局開始吸納華人擔任立法局議員，精通法律和西學的伍廷芳便成為第一個華人議員。委任華人議員數的增加是隨着華人地位的實際提升而逐步實現的。但這不涉及任何意義上的民主選舉，立法局也只是諮詢機關，不是民主代表機關。也就是說，當時的香港只有有限的"協商民主"，而沒有現代意義上的"代議民主"。在法制層面，一方面殖民當局逐步廢除針對華人的某些酷刑，另一方面英國律師和在英國法律教育體系中訓練合格的香港律師開始併軌執業，香港的普通法傳統逐步形成。作為非官守議員，伍廷芳的實際政治價值更多具有象徵意義，委任伍廷芳的第八任港督軒尼詩（John Hennessy）更露骨地表示，伍廷芳在立法局中作用為零。

大英帝國的憲制秩序

這裏涉及到大英帝國憲制秩序的本質邏輯，這一邏輯是在"宗主國—殖民地"關係中展開的。大英帝國以不成文憲法名世，以普通法這樣一種高度"去政治化"的法制技藝普遍地建構了一種"普通法共同體"（Common Law Commonwealth），香港法律精英對法治、司法獨立與基本法的理解，至今還大體保持在這一"普通法共同體"範疇之內。[16] 在香港漫長的殖民史中，民主政治的要求被高度吸納入總督的行政框架和法院的司法框架之中，形成了"行政吸納政治"、"司法吸納政治"的獨特的殖民地憲制框架。然而，行政與司法都不是真正的"政治"，因而也不可能完全吸納和磨滅香港人的民主參政需求。甚至隨着在港英國人的增加，這些英國人也產生了強烈的香港民主化需求，這與北美殖民地白人族羣的自治民主甚至獨立要求，在政治邏輯上是一致的。

大英帝國高超的"普通法"技藝[17]取得了重大成功，但未能阻擋各殖民地的政治民主訴求。根據美國著名憲法學者麥基文教授（Charles H. McIlwain）在《美國革命的憲法觀》（1924）[18] 中的考察，愛爾蘭作為英國殖民地，早在 1641 年開始就與英格蘭議會產生了嚴重的憲法衝突。愛爾蘭人的憲法邏輯是，英國普通法同時適用於英格蘭和愛爾蘭，但英國議會法案之效力需要區別對待，其中的確認性法案（affirmative act）可以通過司法判例證明而納入愛爾蘭法，但是議會的引介性法案（introductory act）屬議會主權的實質性運用，愛爾蘭承認國王主權但不承認議會立法主權，故後一法案必須經過愛爾蘭議會實質性審查和轉化立法才能具有法律效力。這一區分實質性否定了英格蘭議

16　這就是所謂的"普通法自由主義基本法法理學"的理論基礎。基本法本於法制延續性的考慮，保留了香港司法在"普通法共同體"中的屬性與地位。

17　對普通法心智之思想史研究最精彩深入的，當推波考克（J. G. A. Pocock），參見波考克：《古代憲法與封建法》，翟小波譯，譯林出版社，2014 年版，尤其第二章"普通法心智：習慣與'不可追憶'"。

18　參見 Charles H. McIlwain, *The American Revolution: A Constitutional Interpretation*, Cornell University Press, 1958，中譯本參見麥基文：《美國革命的憲法觀》，田飛龍譯，北京大學出版社，2014 年版。

會對愛爾蘭的立法主權，重申了愛爾蘭的立法自治，且這一自治對普通法的普遍適用無損。美國革命之前亦經歷了複雜的憲法鬥爭，相繼經歷了"憲章維權"、"普通法維權"和"帝國憲法維權"，最後才抵達革命階段。[19] 雙方爭論的根結點在於議會主權在殖民地到底具有何種效力，英國議會的觀點是它對殖民地具有"全面管治權"，但殖民地政治精英認為殖民地憲制基礎來源於國王憲章，英國光榮革命僅對其本土有效，作為革命成果的議會主權不及於殖民地，而殖民地在內政事務上"高度自治"，只是在對外貿易上基於帝國整體利益的考慮而接受議會的相應立法權。美國的憲法鬥爭凸顯了"國王"與"議會"、"帝國事務"與"內政事務"的區分，這一區分最終遭到英國議會的全盤否定。英國議會在十八世紀面對殖民地憲制危機，相繼出台了 1719 年針對愛爾蘭的《宣言法案》和 1766 年針對北美的《宣言法案》，宣稱對後者具有主權性質的"全面管治權"。但由於英國缺乏成文憲法，"宗主國—殖民地"的二元憲制體系儘管有着普通法的"法律認同"，卻沒有基於成文憲法的"政治認同"，最終不得不朝向"帝國事務"日益萎縮的"自治領"[20] 方向前進，直到演變為今日不具有嚴格憲法意義的"英聯邦"，[21] 而普通法也

19　參見田飛龍：〈美國革命與麥基文的憲法心智〉，載《財經》總第 408 期，2014 年 10 月 13 日。

20　事實上"自治領"已經無法與英國本土在政治上整合為一個"國家"，其獨立傾向難以逆轉，從而開啟了二十世紀英帝國殖民體系的總崩潰和大撤退，我國政治學者樓邦彥曾在二戰期間專門討論此主題，參見樓邦彥：《不列顛自治領》，商務印書館，2013 年版。

21　對於殖民地自治帶來的英帝國危機，英國著名憲法學家戴雪（A. V. Dicey）曾撰文討論，極力反對維多利亞女王後期自由派推動的《愛爾蘭自治法》，反對所謂的高度自治（Home Rule），認為這將損害議會主權和帝國體系的秩序權威，瓦解帝國的穩定性，後來的歷史果然應驗，參見戴雪寫於 1886 年的《英格蘭反對自治的理由》（*Eng-*

日益喪失了憲制建構意義，演變為純粹的司法技術體系。

港英啟動香港民主改革

大英帝國的憲法史充分證明了"普通法憲政主義"[22] 的不足，憲法認同還得借助民主政治和成文憲法來實現。而在漫長的殖民史過程中，香港的民主化一再被提出，但也一再被擱置。在英國政治家看來，殖民地的"去政治化"的普通法秩序是有益無害的，但普遍賦予選舉權的民主自治則可能重演和加劇大英帝國的解體與撤退，儘管後一過程一直在進行。二戰前後，三個主要歷史因素促使港英當局考慮啟動香港民主改革：第一，二戰中英國在東南亞殖民地的普遍失敗和民眾的政治冷漠，促使其反思單純的"普通法"無法建立政治認同；第二，美國作為盟友的政治批評；第三，國民黨政府嚴正的主權聲索立場和外交努力。這些因素促成了二戰後"楊慕琦計劃"（The Young Plan）的出現，其核心在於設置市議會並開展議員直選。但該計劃在快速變換的中國政局（解放戰爭和新中國成立）、香港資本集團以及英國保守政治勢力的衝擊下不了了之。

不過，在殖民史後期，一方面華人參政力量和訴求日益強烈，另一方面主權回歸大勢已定，港英當局進入"帝國撤退"的政治安排階段，香港民主化的內外心結均已打通，故在 1980 年代和 1990 年代初期出現了"快速民主化"的潮流，香港的政黨

---

land's Case Against Home Rule）。

22　對普通法憲政論的討論，可參考斯托納（James R. Stoner, Jr.）：《普通法與自由主義理論：柯克、霍布斯及美國憲政主義之諸源頭》，姚中秋譯，北京大學出版社，2005年版。

政治與民主文化也大體孕育於這一時期。與殖民末期"民主化"相伴的是，中國作為主權接收方開始了不同於"普通法"的成文憲制創制，其核心標誌為：第一，1982 憲法第 31 條設置的特別行政區條款；第二，1990 年通過的香港基本法。

《中英聯合聲明》有無憲制地位？

普選爭議中有人抬高《中英聯合聲明》的憲制地位，但實際上作為國際法條約的這一聲明只是中英關於香港主權回歸的技術性安排。儘管其中包含了與基本法相似的表述和要求，但香港的憲制基礎只能基於憲法和基本法，只能來自中國人民關於香港特別行政區存在形式與類型的政治決斷。在基本法立法完成以及 1997 年回歸之後，《中英聯合聲明》已全部被中國國內法吸收，英國與香港之間已不具有任何憲制性聯繫。況且，彭定康時期英國單方面破壞已作出的政治承諾和基本法安排，違約在先，而中國的"另起爐灶"在後。中英雙方沒有因為回歸過渡期的政治鬥爭而直接否定《中英聯合聲明》的法律效力，但也沒有關於 1997 年之後該聲明如何繼續有效並執行的任何共識或機制安排。況且，英國完全退出回歸後香港管治事務，正是中方回歸談判之主權立場的嚴正要求，亦為聲明本身所確認。至於該聲明在聯合國條約程序中的"備案"，亦不可作為 1997 年之後英國主張任何對港權力或義務的法律根據。備案不過是例行性的條約管理程序，具體權利義務及其履行由締約雙方確定，聯合國不負責審查和實質性監督。而且這只是雙邊協議，並不構成具有普遍約束力的國際法。因為《中英聯合聲明》所設立之條約執行與監督機制的主要目的在於平穩過渡，不可能包含回歸後超越中國主權界限的延伸干預，而中英聯合聯絡小組（Sino-British Joint Liaison Group, 1985.5.27 - 2000.1.1）亦於回歸之後不久即解散，該聲明項下有關義務和安排已履行完畢，在中英雙方未就香港問題另行增訂條文或設立合作機制之前，該聲明已無具體執行內容與執行機制。誠如末代港督彭定康在佔中運動中所言，英國今日對香港所負的不過是"道義責任"，[23] 一方面表明其承認英國干預香港事務缺乏法律基礎，另一方面也暴露了英帝國干預主義邏輯依然強勁。佔中運動後期英國議會調查團訪港被拒，距離中英聯合聯絡小組解散日（2000 年 1 月 1 日）已有十餘年。至於反對派赴英國議會乃至於聯合國人權機構求援，只是民間性的政治遊說行為，在基本法上不具有任何法律效力。回歸以來，港人治港和高度自治的制度實踐已日益發展成熟，普選亦為嚴格的中國內部民主程序，故干預之道義基礎亦難以成立。

總之，殖民末期的"民主化"沒有全部完成，也沒有直接的普選安排，但卻為香港普選之路準備了政黨政治和民主文化這兩個核心條件。普選的政治決斷（或承諾）是通過基本法作出的，但需要遵循基本法程序軌道以及"實際情況"和"循序漸進"原則，中央更是在普選爭議中明確表示國家的"主權、安全與發展利益"應具有優先地位。

23　參見彭定康：〈香港困局考問英國道義責任〉，載《金融時報》（英國），2014 年 9 月 3 日。

三、回歸史中的普選議題：民主逸出法治

對於香港普選之路而言，基本法的政治決斷和香港本土的政黨政治／民主文化幾乎具有同等重要的地位。沒有基本法決斷，普選根本不可能成為一項合法的政治目標。[24] 沒有香港本土的政黨政治和民主文化，普選之爭就不會成為有意義的政治民主運動，普選過程也不會產生具有 "華人民主" 試驗價值的成套經驗。無論如何，普選是載明於基本法的政治目標，是基本法秩序變遷的法內軌道，是回歸史上最重大的香港政治議題。

普選之爭："基本法模式" 與 "普適民主模式"

今日香港普選之爭，我們可以大體概括為 "基本法模式" 與 "普適民主模式" 之爭。按照基本法框架，特首普選需依照一個權威而排他的提名委員會機制進行提名，之後再交給全民普選。按照普適民主框架，提名委員會的壟斷不符合民主原理，因此需要引入符合國際標準的 "公民提名" 和 "政黨提名"。反對派組織的三次 "商討日"，其結果也是產生了皆含有 "公民提名" 要素的政改方案。基本法規定提名委員會 "可以" 參照原 "選舉委員會" 組成，中央和建制派將之理解為 "應當"，理解為不放棄四大功能界別的基本結構，但可以進行適當的民主化改造。全國人大常委會的 8.31 決定則明確地將 "參照" 確認為 "按照"，作出更保守的安排。但反對派在根本立場上即不認同這種基於 "功能代表制" 的界別組合模式，廢除 "功能組別" 是其一

24　比如《澳門特別行政區基本法》就沒有普選安排，澳門人爭取普選的法律基礎就明顯不如香港人優越。

貫的政治主張。

普選本來應該是在法治框架內展開的選舉模式之爭，但在香港政改的特殊語境下卻移位為提名模式之爭。具有更強本土基礎的"公民"和"政黨"是否能夠直接提名，被反對派建構為普選的真假標準，建構為對抗提名委員會篩選功能的核心機制。無論是在商討、公投、遊行還是實際佔中的過程中，"公民提名"幾乎與"真普選"劃上了等號，而具體的選舉模式則甚少分歧，沒有成為爭論焦點。

普選之爭的程序前移以及"公民抗命"的強勢出鞘，表明了反對派對基本法秩序和中央意圖的深刻不信任。這種不信任與香港特殊的民主文化有着深刻聯繫。香港的民主文化並不來自於長期連續的民主實踐，因為在殖民地時期很難落實嚴格的自治民主，但這不妨礙該種民主文化的現代屬性和國際性特質。

香港民主文化大體具有如下特質：第一，普通法的民主觀，儘管普通法不可能建構完備的政治體系，但卻提供了法律平等觀念和自由權利文化，具有高度的普遍主義和現代主義形式特徵，香港民主對"普適性"的迷戀與此有關；第二，民主國際主義思維，即《公民權利和政治權利國際公約》與香港的國際主義身份認同相結合，在精神上超越了基本法的成文法具體制約；第三，香港人的歷史優越感，這主要建立在作為內地動亂時期"庇護所"和發展時期"國際窗口"的特定歷史經驗，以及回歸前後相對於內地的長期經濟文化優勢上；第四，對殖民母國的精神依戀，即在非殖民化意義上尚未"斷奶"，這一現象並非香港獨有，而是完全殖民地地區在獨立後普遍出現的對殖民文化的重新親和與依戀。由此不難理解陳方安生對英國挺"香港民主"不力的批評，因為英國的表現破壞了香港人的殖民母國想像；第五，對內地政治文化與體制的陌生與抵觸，由於長期接受西方價值觀薰陶，香港人尤其是法律和政治精英在認同上無法與內地政治文化和體制趨同，回歸以來呈現出日益分離的傾向，這是導致此次普選之爭互不信任及衝突升級的重要心理動因；第六，香港成為內地政治負資產的儲備和發酵中心，成為中西政治對抗的前哨，這成為中央嚴守"愛國者治港"底線和提出香港政改必須維護"主權、安全與發展利益"的基本背景。

大陸崛起帶來的整合壓力

然而，面對大陸的強勢崛起，香港和台灣一樣感受到了一種"生存事實"對"價值規範"的滲透與整合壓力。[25] 台灣不缺乏相對健全的民主法治框架，但反服貿的"太陽花學運"依然強勁發生，表明台灣的"生存性精神危機"超越了具體法制和利益理性。香港對內地的反感與反彈與此有關，散見於對"雙非"的限制、奶粉限購、港鐵進食事件、街頭童便事件，等等。這些兩地居民的民間性衝突，如果放在大陸落後的民國時代甚至建國後的"大逃港"時代，是完全無法想像的。大陸的整合壓力已經嚴重刺激了香港的本土意識、鄉愁情懷[26]和自治衝動，而

25　這種懼怕整合的精神危機，在素來敏感的藝人群體中最為激烈，參見田飛龍：〈個別藝人言論折射地方性"尊嚴焦慮"〉，載《大公報》，2014 年 5 月 17 日。

26　在 2014 年 6 月圍繞新界東北撥款項目的議會拉布戰和新界農民衝擊立法會事件中，這種"鄉愁"氛圍極其濃郁。就在佔中運動如火如荼的 2014 年 10 月，港大校園舉辦了一次以新界東北發展反思為主題的藝術展，即《一念天堂 —— 新界東北藝術展》，

相對削弱了民間層面的同胞之愛和政治層面的認同互信。天堂太遠，大陸太近，通往天堂的路經過大陸，這是當代香港的命運與現實。香港人如何走出日益虛幻的歷史優越感和日益嚴峻

主辦者為香港本土藝術家，包括新界東北村民藝術家，宣傳海報上刊載了題為《一念天堂》的鄉愁詩歌：

"沉思的鐵人手執鐵線的花，
默坐山頭，
守望着沉重的邊城。

北方直衝天際的射燈，
干擾着南方的魚塘。
在青山綠水的盡頭之處，
在一道虛弱的鐵網之後，
就是鋼筋水泥組成的灰色世界。

虎視眈眈者的唾液已經在嘴角溢出，
等着吞食着五千公頃的盛宴。
哪管，
是我城僅餘的農田；
哪管，
憩靜村落遭逢滅頂，
人血釀饅頭。

已有太多的美麗，
被發展主義的誘惑，
變成記憶。

然而，
我們還是只要留下記憶嗎？
我們的家，是那樣美，
在這全民覺醒的大時代，
我們互換轉念，
轉念，就在當下。"

在 2014 年 7 月 1 日以佔中為基本主題的民主大遊行中，新界東北農民成了首列方陣。香港人的本土家園保守主義匯流入民主抗爭運動之中，直接針對香港社會的官商勾結與地產霸權（港式資本主義）以及內地發展主義的強勢滲透與整合。這使此輪佔中運動具有了民主、民生、鄉土性、反城市化等複雜因素和意象，也為後佔中的管治改良和社會關係修復帶來複雜性和高難度。

的現實生存焦慮所造成的過於濃厚的“鄉愁”式的集體無意識，以開放心態面向大陸崛起及其整合趨勢，是其精神解困與突圍的正道，如果一味求助遙遠的西方，悲情、幽怨之外裹挾着價值自負，則雙方互動互信將更為困難。

鄉愁是一柄雙刃劍，是自我記憶的存在標識，也是自我封閉的精神逃路。在此背景下，港台藝人屢有“反中言論”出現，港大民主牆在佔中清場前後甚至出現了本土學生斥責內地學生為“共匪”的激烈言辭，而早在佔中運動之前甚至就已出現了具有“港獨”傾向的本土自治理論 —— 香港民族論[27]與香港城邦論[28]。在此氛圍和意識下，以“公民提名”為核心的“真普選”運動似乎已成為建構強固的本土自治架構的一個主要方向，不僅運動參與者篤信之，中央決策者亦受此刺激而反彈。

對此，主權一方的疑慮是難以避免的，就像曾經的英國議會對愛爾蘭、北美甚至香港的自治民主要求懷有疑慮一樣。大英帝國的殖民秩序是一種本土與殖民地的二元憲制，一國兩制儘管不具有殖民性質，但在制度安排上也具有二元憲制特徵。白皮書的“共同基礎論”就是為了彌合這一憲制二元性的嚴重政治後果。憲制二元性並非不能見容於現代政治，聯邦制就是典型的二元憲制，但聯邦制具有嚴格的縱向分權框架，具有為一國政治統一所必要的聯邦權力，且隨着國內市場一體化發展，聯邦權力的擴展和聯邦制的“國家化”是必然趨勢，憲法認

27　香港大學學生會編：《香港民族論》，學苑，2014 年版。

28　陳雲：《香港城邦論》，天窗出版社有限公司，2011 年版；《香港城邦論 II —— 光復本土》，天窗出版社有限公司，2014 年版。

同與政治統一更有保障。這正是美國聯邦制的故事。基本法的制度設計顯然不是聯邦制，而是單一制下的特別安排，卻賦予香港遠超聯邦制下地方權力的各種高度自治權力。

一國兩制的特殊性與司法終審權問題

一國兩制在中國憲制體系中處於非常特殊的地位，所建立的是一種高度非均衡的制度框架，不僅特區自治權超越一般的聯邦單位，而且加重了中國憲法建構整體"同質性"和認同框架的制度負擔。具體到基本法秩序，由於放棄了中央對香港地方司法權的制度化監督，將終審權配置給香港終審法院，導致中央缺乏有力的制度內法治手段來調控香港事務。[29] 這一設計體現了基本法立法者對司法與法治的某種"忽視"，強調中央調控地方的行政機制，甚至立法機制之中央調控也相對薄弱。這種所謂的"行政主導制"造成了中央調控香港特區在制度上對行政分支（特首）的過度依賴，從而倒逼中央對特首普選設置各種實質性條件 —— 政制發展主導權、愛國愛港、實質提名權、實質任命權，等等。試想，英國殖民舊制為何不放棄本土樞密院的司法終審權？美國憲法與聯邦最高法院為何不放棄對各州的司法終審權，而是通過縱向司法審查和"州際貿易條款"不斷地限制州權，促進聯邦統一？因為憲法的根本技藝不是多元化和

29　關於香港法院終審權與一國兩制關係的一般歷史考察，參見易賽鍵：《香港司法終審權研究》，廈門大學出版社，2013 年版；有關香港司法與中央主權的憲制性爭議，參見強世功：〈和平革命中的司法管轄權之爭〉，載《中外法學》2007 年第 6 期；強世功：〈司法主權之爭 —— 從吳嘉玲案看"人大釋法"的憲政意涵〉，載《清華法學》2009 年第 5 期。強世功基於上訴考察和反思提出了中央擁有"最低限度司法主權"的觀點，與白皮書中的"三軌制"基本法解釋權模式頗有呼應之勢。

各自為政，而是自由和秩序的辯證統一，在自由過多的地方需要強化憲法認同和中央控制。

在"雙普選"壓力下，中央面臨着香港立法與行政分支"實質本地化"的壓力，特首本為中央與香港制度性溝通的樞紐，在普選壓力下可能成為對抗中央的代表性機關，而中央在基本法框架下又缺乏同等有效的替代性機制來彌補普選造成的政治不確定性，由此造成中央在普選立場上過分強硬，白皮書就是這一立場的直接體現。因此，普選的衝突升級與基本法結構設計上"重行政、輕司法"有着直接關係。放棄"司法終審權"造成了回歸之初香港司法精英對"一國"主權原則的法理與程序挑戰，也造成了此次白皮書事件中大律師公會關於法官不是"治港者"，且無需愛國之類的普通法偏見和嚴重的政治疏離感。白皮書提出"三軌制"的基本法解釋模式，意圖打破終審法院在程序上對基本法解釋的壟斷，化解基本法第 158 條關於終審法院提請解釋程序的死結 —— 這本是一種高度尊重香港法院解釋權的合作性程序，但由於互不信任以及法院的普通法自信，導致該程序在規定時幾近死亡。大律師公會對白皮書提出的全國人大常委會"主動解釋"模式，無法在憲政法理上否認，但卻表現出極大憂慮，希望後者"絕少且謹慎"地行使。白皮書發佈後，以香港律師為主體的"黑衣人"靜默遊行更是對這種"重建中央司法監督權"之意圖的警惕和反彈。其實，如果能夠創制某種針對香港司法權的中央司法監督機制，將之常規化、程序化甚至獲得某種"準管轄權"地位，倒是中央權力控制性焦慮的一種合理轉移，對特首之政治實質性條件的要求就可能適當放鬆，提名之爭與普選抗命亦可有效緩解，更可實現央港關係從"行政控制"模式向"司法控制"模式的法治化轉變，回歸現代民主國家調控央地關係的正常模式。如此，則中央就可適當免除其對普選結果的精神負擔（或"心魔"），從容於以嚴格的基本法框架和司法監督體制，重建央港政治互信和法治協調。香港方面亦需洞察中央關於"主權、安全與發展利益"的核心關切之合理性，認清特區之地方政權屬性，在相互諒解、彼此讓步與妥協中共同推進基本法秩序的結構性優化。

"五十年不變"中的良性變化

儘管白皮書以充分數據說明了香港回歸17年來的繁榮穩定，但"繁榮穩定"並非香港的全部價值，也不是基本法的全部追求，香港民主化同樣是回歸史的核心主題。基本法於改革開放初期制定，立法者的憲法心智和制定時的具體情勢具有一定的局限性，"50年不變"正好構成一個合理的制度變遷周期，即"不變"不是固化和僵死，不是"井水不犯河水"，而是為良性的"變"儲備充足的制度經驗和價值共識。普選之爭使央港關係陣痛連連，關於"外國勢力"的各種猜測也是影影綽綽，而近來香港民主發生的立法會惡意拉布和街頭民主運動不斷升級的現象，也使不僅香港的"繁榮穩定"之憂慮沒有因為白皮書的強勢背書而有所緩解，甚至白皮書關於"全面管治權"的主權式表達（全面、直接、最高）頻頻引發了關於香港民主前途的憂慮，導致雙方陣營內的溫和派日益邊緣化，政改面臨崩盤危險。這並非危言聳聽，而是香港民主化的實際處境，其風險需要充分提示，也需要雙方理性認知與合理管控。

提名權之爭的本質是民主模式之爭。全國人大常委會 8.31 決定以嚴格守護基本法"機構提名"模式的方式終結了這一爭議，但提名權之爭所指涉的民主模式優化問題仍然存在，反對派的核心訴求依然鎖定在超越基本法的"公民提名"。提名權之爭在 2017 年之後的"繼續民主"進程中仍然不可迴避，因而仍是一個值得重視和預作研究的政改課題。

四、結語：普選陣痛與民主未來

香港普選之路已不可逆轉，但普選之爭經過"公投"、七一大遊行和白熱化的"佔領中環"階段，依然看不到立場性或技術性的和解前景。如此膠着，原定的"政改五部曲"恐難順利走完，2017 年普選前景存在嚴峻挑戰。香港的民主化孕育於殖民地法制，後者為其準備了必不可少的政黨政治與民主文化，但這一孕育過程同樣造成了香港"身體回歸，心理未回歸"的扭曲精神狀態，造成了央港關係深層的政治不信任，香港的非殖民化和回歸在憲法和政治認同意義上並未完成。[30] 當然，整個中國的現代國家建構也尚未完成，香港民主化應被視為中國國家建構的重要組成部分。儘管香港是一個法治社會，但基本法並不能夠完全吸納和承載香港民主化的全部訴求，公民抗命就是逸出法治軌道的典型表現。這種逸出，在法治邏輯看來固然不

30　擔任過港府中央政策組首席顧問的劉兆佳教授亦有類似觀察結論，參見劉兆佳：《香港的獨特民主路》，商務印書館（香港）有限公司，2014 年版，序言，第 ii-iv 頁。

可取，但在民主政治邏輯看來卻是推動法律變遷、實現政治目標的中等強度政治威懾手段。而且，公民抗命有着久遠的道德與政治傳統，具體法制難以成為完備的否決理由。儘管如此，抗命領導者也需明瞭，公民抗命不是革命，內含着對共同體更高的愛和道德維護意識，因此保持有序、節制、和平非暴力，且適時回轉與退場，就不僅是一種美德考驗，也是一種政治組織的技藝考驗。

對香港的 "政治體檢"

　　短暫逸出法治並不可怕，美國也出現過激烈的公民抗命（民權運動），[31] 這不過是一種非常規的政治議程設定方式，要害之處在於促進體制回應和反思，增強體制制度擴容和吸納能力，實現政制框架的優化。當然，這是理想結果，取決於運動各方與政府的各種政治智慧與互動技巧，也取決於社會的政治文化條件與成熟度。無論成敗，普選抗命都會測試出並回答出白皮書無法充分揭示和回答的香港民主與法治深層次問題，就相當於回歸 17 年來的一次 "政治體檢"，白皮書是官方體檢，普選抗命是民間體檢，重要的是各主要利害相關方（中央、特區政府、建制派、泛民主派以及香港民眾，但不包括所謂的外國勢力）對一國兩制與基本法的 "變" 與 "不變" 有共同的維護共識和分寸意識，直面問題，理性互動，誠心求解，磊落進取，當可在穩健推進香港民主化的同時，繼續保持白皮書用一系列

31　阿克曼教授將美國的 "民權革命" 解釋為一次具有憲制轉型意義的 "高級立法"，參見 Bruce Ackerman, *The Civil Rights Revolution,* The Belknap Press of Harvard University Press, 2014。

數字證明的、回歸以來香港的持續"繁榮穩定"。

佔中運動以追求"民主"貫穿始終，但在實際行動進程中不僅始終遭遇法治的責難，也日益遭遇民生秩序的反彈。當某種高懸的政治價值（民主）以破壞既有的正當價值（法治與民生）為代價時，這種破壞在運動最初階段可以被市民與政府適度容忍，但當破壞效果積累到臨界值，增量訴求危及存量資本時，香港社會從政府到民意便很難繼續"容忍"此種破壞行為了。這就可以理解，為何港九社團力量、普通市民、行業協會、本地商戶會逐漸發起"反佔中"街頭對峙和法律訴訟，也可以理解為何警方自 11 月 13 日以來的"準清場"行動和 12 月 11 日終極清場基本順利完成。儘管清場引發了輕微暴力對抗，甚至出現了個別性的警員過度施暴事件（如曾健超事件），但總體過程平穩順利。綜合來看，作為街頭運動的佔中抗命基本失敗與終結，但長期而廣泛的"政治不合作"將緊緊纏繞香港管治過程。

法治不能完全吸納和轉化政治訴求

這是一場基本失敗和流產的政治抗命，具有違法的外觀與民主的形式。佔中的違法性及其後期追責是不可避免的，這既是在邏輯上回應公民抗命之行動者美德的需要，也是法治社會阻遏違法先例成形的必要。不過，客觀評價這一運動，違法性與民主性不能相互否定，必須堅持違法的歸違法，民主的歸民主。違法部分自然由法律和法官說了算，但運動的民主部分則需要通過政治對話予以吸納和轉化。如果對話不開展或無積極成效，警方的徹底清場便不可能鞏固，即使一時完成亦有反覆。"鳩嗚團"和"流動佔中"現象就是例證,表明法治雖可支持清場並基本恢復秩序,但不可能完全吸納和轉化政治訴求。在雙方的想像中,對話仍為運動不可或缺之一環,亦為終結運動的唯一可接受形式與台階。所幸,政府與學聯的對話還是在萬般艱難之中開始了,從而正式鋪就了運動終結的"台階"。遺憾的是,學聯一方未能充分把握首輪對話"四點倡議"就勢推動運動轉型,造成繼續對抗、終極清場和第二場對話遲遲不能開展。

但對話並非毫無原則和前提,而是以基本法和人大決定為基礎。撤回決定或重啟五部曲意味着中央法律決定的逆轉,超出特區政府權限,亦為中央政治立場所不許。對話應申明必要的前提和基礎,同時給予足夠的商談空間。對話前景則高度取決於運動一方如何調整自己的訴求目標,以及如何將民主過程長期化和策略化。顯然,無視法制和中央權威的漫天要價並非最優策略。真正的民主派,要能夠走得上街頭,也下得了廣場,鬥而不破,公益在心,不與民意為敵,長期堅持。更關鍵的是,運動一方應適當區分運動廣場期和理性商談期(二次政改諮詢),前者奉行理念優先,後者遵守效果優先。這自然是在考驗運動一方的政治智慧與成熟度。當然,特區政府對話大門不可關閉,二次政改諮詢應充分公開透明,容納多元意見。

對普選的合理制約與限定

香港特區行政長官普選不是一個獨立政治實體的普選,而是在一國兩制與基本法憲制框架內的地方行政長官的普選,同時又是在政黨政治並不發達和規範的條件下的普選，因而需要受到特定憲制性條件與本港政治條件的限定。這些限定主要體現為提名委員會的預選式提名，和中央以"愛國愛港"為政治標準的實質性任命，介乎二者之間的才是"一人一票"的普選。這是一種有限的普選，其有限性來源於特首在憲制地位上的地方性。普選以基本法和全國人大常委會決定（2007 年決定和 2014 年決定）[32] 為法治基礎，以按照選舉委員會的形式組成提名委員會，這一機制以功能代表制為基礎，主要體現均衡參與原則，與"一人一票"的普選原理有別，構成對普選的合理制約與限定。中央決定限定了過半數出閘條件和不超過三人的候選人數目，決定了提名委員會的提名具有預選（primary）性質。這一預選安排若以純粹國際標準而言，有着不合理"篩選"的外觀，但若以一國兩制與基本法的憲制安排來看，則具有合法與合理的理性基礎。

但這種預選式普選可能造成基本法體制下，行政主導制在實際管治過程中的進一步困難：第一，泛民主派在特首普選上的制度性挫折，將倒逼其加強 2016 年立法會選舉的生死爭奪，選民意願亦可能基於制衡理性而反彈支持泛民，導致立法會否決權之爭白熱化，並朝着不利於政府和建制派方向演化，行政主導制遭到實際削弱，議會拉布現象惡化；第二，行政長官無政黨背景將進一步制約其管治聯盟的形成，建制派在政治護航

32　更完整的法治基礎還應包括全國人大常委會 2004 年的解釋，該解釋完成了政改從"三部曲"向"五部曲"的躍遷，強化了中央對香港政改事務的主導權，有關程序變遷及政改決定的合法性論證，參見朱國斌：〈中央對港政改決定的憲法法理〉，載《大公報》，2014 年 10 月 14 日。

與權力分享上的失衡，可能導致與特首的進一步疏離，特首在政治上更加孤立且管治人才匱乏；第三，司法界基於對白皮書及中央強硬決定的反彈，可能以司法覆核方式頻頻攻擊政府政策，司法政治化加劇，與立法會拉布共同夾擊政府；第四，特區政府固有的特首與"政務官治港"傳統之間的矛盾，亦可能因缺乏有效的制度創新與人才儲備而無法疏解；第五，民主運動街頭化不會因為普選而消失，更可能藉由各種具體政策爭議而激化。

佔中派和泛民主派的"責任倫理"

中央強勢主導的普選將加劇香港本地政治的二元化和特首上下負責的張力，加劇立法與司法分支對行政的不合作與夾擊，誘導行政主導制朝向三權分立制方向演化，管治困難的結構性困局沒有因為普選而疏解，反而可能加劇。矛盾的根源在於政治共識的匱乏導致的對基本法秩序與一國兩制框架的差異理解與互不信任，是殖民史觀與回歸史觀的長時段對沖與博弈，導致地方民主化背負上國家安全與央地管治權爭奪的沉重政治負擔。其進展與演化必然是複雜、緩慢、充滿不確定性的。無論如何，在既有法治框架內實現 2017 年特首普選就是"雙贏"，原地踏步則是"雙輸"，香港的佔中派和泛民主派應在"信念倫理"之外具有高度理智化的"責任倫理"，[33] 以回歸政治理性和基本法軌道，成為推進香港普選和民主化的忠誠反對派與協

33　這兩種倫理觀及其相互關係來自韋伯（Max Weber）的理論建構，參見韋伯：《學術與政治》，馮克利譯，三聯書店，2005 年版。

同力量，如此才可彰顯香港本土政治家風範與反對派的"政治成熟"。

　　總之，香港普選之路有着複雜的歷史淵源與制度演化過程，發生於 2014 年的佔中運動是以普選為主題的公民抗命運動，雖沒有取得直接成果，但為第二輪政改諮詢中具體方案的"最大民主化"增加了不可忽視的政治分量與可能性，亦為 2017年之後香港的"繼續民主"命題進行了充分的政治社會動員，更可能長久影響和支配香港本地政黨政治與政治生態的重組和變遷。

第二章
基本法模式下的中央與地方關係

　　"一國兩制"在香港成功實踐，創造了國家統一的"香港基本法模式"，澳門實踐從立法到實施都具有對香港的"模仿"痕跡。[1] 香港治理成功與否才是"一國兩制"是否成熟的唯一標誌。不過，該模式處理中央與地方關係時過分偏重行政控制，相對弱化立法控制，基本放棄司法主權，這是回歸以來香港若干次"憲法危機"的最重要制度根源，也是普選爭議過程中央"苦守"特首忠誠與行政主導底線的背景理由。基本法模式在中央與地方關係的處理上，採取的是一種高度依賴"協商政治"傳統的"政治模式"，嚴重忽視了以法治化和司法控制為中心的"法律模式"。

　　在香港民主化擴展和"憲法危機"迭出的條件下，"法律模式"應成為香港基本法新思維的重點和未來香港政制改革的基本方向，以及構成基本法"大修"時需嚴肅思考的結構性議題。白皮書提出的"三軌制"基本法解釋模式，在某種意義上體現了中央重建對港"司法主權"的政治意圖，自然也引起了香港社會和法律界的高度警覺。不過，這屬於重新思考香港憲制基礎與制度架構的宏大命題，必須面對，但也要審慎商討。

一、導論：吳嘉玲案與央港憲制危機

　　香港回歸已有 17 年，在此期間，作為香港繼續繁榮穩定的

1　近來由於佔中運動，官方頗有抬高澳門個案作為"一國兩制"成功典範之趨勢，但香港才是吃"一國兩制"第一隻螃蟹的特別行政區，也只有香港的治理成功才具有真正的制度典範意義。澳門個案因制度模仿性、宗主國弱小、地域和人口規模偏低、國際地位有限、兩制衝突與整合壓力偏低、制度安排缺失普選環節而不具有制度試驗的典型性，但可以作為驗證性樣本存在。

根本制度基礎的《香港特別行政區基本法》也經受了一系列的挑戰與考驗，取得了重要的制度效果，但也暴露了一些根本性的制度缺陷。對中華民族而言，香港回歸意味着國家統一進程的推進，這在中國正統的政治文化心理中具有核心的地位，因而其民族心理的價值補償意義可能超越具體的制度性或經濟性收益。下文的分析將會表明，這種心理影響到基本法的具體制度安排。對香港人而言，基本法賦予了他們前所未有的自治權力，[2] 而中央政府的持續慷慨 [3] 又保證了香港的金融穩定和社會發展。公法學者通常更關注香港基本法實施中提出的富有憲法意義的實際問題，特別是香港基本法作為中國"一體多元"的國家結構形式的獨特"一元"，在處理中央與地方關係（分權與自治）上的制度安排問題。

中國"一體多元"的國家結構特點

　　這裏有必要對中國"一體多元"的國家結構形式進行簡要的解釋："一體"體現了中國國家結構的單一制特徵，這是主體特徵，但由於中國地域、歷史和文化的內在多樣性以及中國複雜的現代遭遇（西方殖民主義的衝擊與中國的半殖民地化），"一體"的前提之下又包含了多樣化的分權安排，比如作為國家與社會分權模式的基層自治（包括城市的居民自治和農村的村民自治 [4]）、作為整合多元民族制度形式的民族區域自治，以及

2　典型的如獨立的司法權與終審權，這在殖民地時期是無法想像的，因而那時香港案件的終審權是由英國的樞密院掌握的，基本法將該終審權讓渡給了香港本地法院。

3　典型的如 1997 年金融危機，中央政府的大力支持是香港金融穩定的重要基礎；CEPA 的安排使香港經濟得到基本的保障。

4　基層自治的制度創制源於人民公社體制的歷史性失敗（該體制塑造了一種完全的社會

為解決國家統一剩餘問題（港、澳、台）而創制的特別行政區自治（一國兩制模式）。這裏重點分析以"香港基本法"為代表的中國分權與自治的制度探索，下文中出現的"中央與地方關係"即側重於分權與自治的制度層面。

通過閱讀和思考，我們會發現"香港基本法模式"對中央與地方關係的處理並非盡善盡美，甚至遺留了一些非常重要且棘手的憲法問題，這些問題將進一步考驗大陸的政治智慧和大陸憲法學者的理論能力。這便是本文重提"吳嘉玲"案的一個基本原因。

"吳嘉玲案"引發的"憲法危機"

"吳嘉玲案"[5] 是"從香港特別行政區成立以來香港法院判決的所有案件中最轟動和影響深遠的案件"，[6] 原因即在於該案直接成為 1999 年央港"憲法危機"的導火索。該案涉及香港居民身份確認問題，本文在此無意於糾纏該案所涉及的具體法律解釋技術問題，而是側重觀察該案所涉及的在憲法學上有意義的中央與地方關係危機問題，以及基本法所能提供的解決此類危機的方式。該案中最值得探究的是香港終審法院在其判決中表達的下列觀點：

國家化體系），有關的歷史和制度分析參見羅平漢：《村民自治史》，福建人民出版社，2007 年版；以及田飛龍：〈參與式民主和中國村民自治〉，載姜明安主編：《行政法論叢》第 11 卷，法律出版社，2008 年版。

5　[1999]1 HKLRD 304.

6　陳弘毅：〈單一與多元 —— "一國兩制"下的特別行政區基本法〉，載張千帆主編：《憲法學》，法律出版社，2004 年版，第 514 頁。

"鑒於制定基本法是為了按照《聯合聲明》所宣示和具體
說明的內容，落實維持香港五十年不變的中國對香港的
基本方針政策，上述論點便更具說服力。基本法第 159
(4) 條訂明基本法的任何修改均不得抵觸既定的基本方
針政策。為了行使司法管轄權去執行及解釋基本法，法
院必須具有上述的司法管轄權去審核全國人民代表大會
及其常務委員會的行為，以確保這些行為符合基本法。"

　　從律師的角度看，香港終審法院在這裏採用了"目的論"的
憲法解釋方法，明確宣告了自身的違憲審查權，[7] 並將之覆蓋到
全國人大及其常委會的行為，由此引發北京方面的激烈反應。
依照香港終審法院的司法邏輯一推到底，中央對於香港將無法
進行任何有效的控制，因為不僅基本法的解釋權被其壟斷，而
且全國人大修改基本法的行為也要受到其所謂的"違憲審查"，
由此釀成 1999 年的央港"憲法危機"。這一危機的本質是基本
法模式下的中央與地方關係的制度梗阻問題，該問題內含於基
本法最初的制度設計之中，是基本法過分讓渡"中央司法主權"
的必然結果。

　　為了糾正香港終審法院的"過激行為"，中央政府與香港特

---

[7]　有學者認為這裏的"違憲審查權"是普通法傳統的結果，筆者則不以為然，因為作為
　　普通法傳統"母國"的英國奉行議會主權，法院並不享有獨立的違憲審查權，而中國
　　的"人大至上"與英國的"議會主權"形異神同，故香港法院宣稱其享有當然的違憲審
　　查權是一種僭越，普通法傳統也並不支持其違憲審查權。美國違憲審查權的成立，基
　　於普通法傳統之外嚴格的三權分立與成文憲法兩個基礎。關於違憲審查權的產生及
　　理論上的爭議，參見張千帆：《憲法學導論：原理與應用》，法律出版社，2004 年版，
　　第 152-157 頁。

區政府通過"政治協商"[8]並以全國人大常委會專門法律解釋的方式，最終解決了這一問題。[9]該問題實際上是在一系列特殊條件下得以"政治的方式"[10]解決的：法院判決的結果與特區政府的人口控制政策及居民的普遍福利發生衝突，這是導致特區政府提請釋法的根本原因；中央保持對香港的巨大政治和經濟影響力，這種影響力通過各種管道在香港擴散；中央的"協商政治"傳統及成熟的政治經驗，等等。因此，這裏的中央與地方關係梗阻的化解完全是一個特例，一個在多重嚴格條件下協商解決的結果。設若該案的一些條件發生變化，特別是法院的判決如果與特區政府的政策及香港居民利益一致，提請釋法是否還有可能？不進行釋法，中央如何約束高度自我膨脹的香港"違憲審查權"？基本法的解釋權及修改行為的合憲性是否永久地易手予香港法院？這可能導致更加嚴重的憲法危機。而且，此次釋法的成功與中央的整體國家能力有直接的關係，這種高度依賴國家政治能力的處理模式是否能夠持久？這些都是擺在我們面前的重要問題，逼使我們通過憲法學的理論和知識去認識和化解。

---

8 這是毛澤東時代以來處理中央與地方關係的一個重要傳統，關於該傳統的一個法律分析，參見蘇力：〈當代中國的中央與地方分權 —— 重讀毛澤東《論十大關係》第五節〉，載《中國社會科學》，2004 年第 2 期。

9 "協商"的具體表現是：大陸學者表態，香港法院的觀點否定中央主權；香港律政司司長梁愛詩進京商討和領命；特區政府要求香港終審法院作出"澄清"；特區政府提請國務院向全國人大常委會尋求"釋法"。在 2014 年 6 月的白皮書中，特區政府提請釋法成為基本法解釋的一個正式軌道，成為具有"憲法慣例"意義的憲制程序，從而對香港法院的司法終審權構成有效制約。

10 筆者對政治方式和法律方式的基本區分是：重要的憲法問題在中央一級能否獲得司法化，即是否存在中央司法主權，肯定則為法律方式，否定則為政治方式。該處的區分同樣適用於下文將提及的"法律模式"與"政治模式"。

　　對此系列問題的基本判斷是：香港基本法模式的設計及其運行高度依賴大陸的"協商政治"傳統；基本法在處理國家的司法主權時，將原英國樞密院的終審權完全給予香港法院是一種制度失誤，而對這種失誤的糾正完全依賴現行體制下的人大釋法模式將是力不從心的。因為基本法沒有建立中央對香港的任何意義或機制上的司法主權（人大釋法實際上仍然是立法主權的體現），因此未來央港關係的發展仍將適時出現危機，這都提醒我們去反思基本法模式的不足。

　　本章以下將通過對基本法的文本閱讀、模式定位及主權規範理論的考察，對上述判斷作出說明和論證，並試圖提出一些法律上的建議。

二、基本法的文本閱讀：中央與地方在權力面上的對應與缺失

　　"吳嘉玲案"引發的中央與地方之間的"憲法危機"，顯然需要從基本法所創設的中央與地方關係的體制面上尋找原因。這裏無意繁瑣地檢驗每個具體條文，而側重香港高度自治權的基礎性條文和因應該條文而安排的中央權力的控制機制。[11]

　　規定香港特別行政區高度自治權的基礎性條文是基本法第2條：

11　對於通常被提及的中央政府的駐軍權和外交權，屬於一般的主權權力範圍，並且是單項列出的，在筆者看來更多是主權的象徵性宣示意義（當然在國家宣佈緊急狀態的情況下就不再是象徵性的了），而並沒有對應性地反映出基本法所安排的中央與地方關係的特殊性與本質性，故不予專門討論。

"全國人民代表大會授權香港特別行政區依照本法的規定
實行高度自治，享有行政管理權、立法權、獨立的司法
權和終審權。"

從該條的直接規定來看，香港所實際享有的自治權的高度，實
在是令世界上任何其他形式的地方自治感到"高不可攀"，以致
於從主權角度研究香港基本法問題的陳端洪教授也不得不提出
"高度自治的頂限（ceiling）"問題。[12] 以下我們再來檢索與香港
高度自治的三種基本權力相關的中央政府權力。這些條文集中
在第 15 條、第 17 條第 2、3 款以及第 158、159 條。[13]

中央政府對香港的行政權力

在行政權方面，中央掌握着對香港特區主要官員的任命
權。陳端洪教授推測：隨着香港特首普選改革的推進，未來將
會出現香港民選的特首不獲中央任命的可能性。這一可能性在
此輪普選爭議中被中央認定為一個主要的"憲制危機"，而作為
危機管理的優先策略，中央選擇了守"前門"而不是如某些香
港學者建議的守"尾門"，希望在主導權威下變被動為主動。這
具體涉及基本法第 15 條與第 45 條第 1 款（特首產生條款）之
間的協調問題。陳端洪教授認為這種人事權的危機是難以避免
的，憲法學家的任務正是要洞察制度的空隙，改進制度設計從

12　參見陳端洪：〈主權政治與政治主權：香港基本法對主權的應用與突破〉，載陳端洪：
《憲治與主權》，法律出版社，2007 年版，第 164-165 頁。
13　具體條文規定詳見《香港特別行政區基本法》本文。

而防止危機。[14] 已故的王叔文教授則認為這種危機可以通過中央與地方的事前協商及徵詢意見得到解決。[15] 這也是為甚麼現在的基本法第 45 條規定的特首產生辦法包括兩種：選舉或協商。這就為中央所慣常運用的"協商政治"預留了空間。但是如果隨着香港民主化的進一步推進，特首產生辦法必然被特定化為選舉一種，此時將應驗陳端洪教授的"危機意識"。此輪普選爭議果然出現了對未來特首人選失控的焦慮，於是出現了"愛國愛港"的實質性政治要求，和趨前控制的保守取向的 8.31 決定。未來中央對特首及其他主要官員的任命權是否仍然可以維持實質性，將影響到中央在行政權層面對香港地方的有效控制。

　　但從可能趨勢來看，總有一天香港的民主化發展可能衝破中央的實質任命權，屆時的危機如何化解一時還難以推測。[16] 中央之所以緊抓住特區主要官員的實質任命權不放，問題就出在基本法初始設計時放棄了中央的司法主權，導致中央對香港的控制高度依賴行政和立法兩大分支。在有中央司法主權保障的前提下，中央放棄對地方主要官員的實質任命權也未嘗不可，像聯邦制下的美國各州州長就是由地方居民直接、完全選舉產生的。美國有強而有力的聯邦司法審查權，不顧忌州長對國家是否忠誠。因此面對未來香港的民主改革，特別是特首普

14　參見陳端洪：《憲治與主權》，法律出版社，2007 年版，第 182 頁，註[8]。

15　參見王叔文主編：《香港特別行政區基本法導論》，中共中央黨校出版社，1990 年版，第 97-98 頁。有趣的是，筆者 2007 年曾參加與香港原律政司司長梁愛詩的一個座談會，會上有人問及該問題，梁女士的回答與王叔文先生的基本邏輯一致。

16　其實，董建華在第二任特首任期內所遭受香港民主派的質疑，已經初步顯示出中央實質任命權與地方自治下的民主選舉權之間的衝突，雖然這種衝突還是非程序性的。

選的推進，中央很難再使用慣常的"協商政治"傳統來支持其實質任命權，不如變換一下思維，放棄行政官員的實質任命權，將其交由香港地方民主解決，而尋求建立某種中央司法主權體制。當然，這涉及基本法框架的遠期重構，也涉及央港雙方就基本法修改達成某種相互信任的"權力互換"共識。在這一新的共識與相應制度安排到位之前，中央依然只能堅守特首忠誠與行政主導，於是出現了白皮書和 8.31 決定這樣的中央政策解釋方案和普選決策。值得指出的是，在對香港地方行政權的控制方面，中央權力主體是**國務院**。

中央政府對香港的立法權力

在立法權方面，中央掌握的是基本法的解釋和修改權，以及對香港自主立法的發回權。中央對香港的控制，在立法權方面是頗費思量的。儘管香港擁有基本法以下的普通立法權，但該權力受到中央的備案程序及發回程序的限制。在這兩種程序中，後者是最重要的程序，體現了對香港普通立法權的實質控制——因為被發回的法律立即失效。立法控制的另外兩個重要機制是基本法的解釋權和修改權。我們看到幾次的央港"憲法危機"，基本上都是通過全國人大常委會的"釋法"得以最後解決的，甚至 2004 年關於政改的"三部曲"向"五部曲"的程序變遷也是通過人大釋法完成的。對這一程序變換及中央主導權的擴張，當時並無特別異議，全國人大常委會 2007 年的普選路線圖，更是再次確認了這一安排。在此輪普選爭議中，亦有反對派人士再次提出程序合法性的質疑，學聯在佔中期間的首輪對話中也有涉及，但在法律層面已不構成有意義的問題，其程序效力亦得到香港社會與法律界共同認可。

儘管有學者認為解釋權在本質上屬於司法權，並認為全國人大常委會因此而享有部分司法權，[17] 但這裏的人大釋法並不宜解釋為司法行為，而是立法行為，因為全國人大是主權者代表，其行為只能是普遍行為，而不可能是個別行為。在該解釋權的具體行使程序上，香港法院認為必須由法院提請才能發動，並因此質疑 1999 年 "憲法危機" 期間特首提請釋法的程序正當性問題。依香港法院的邏輯，人大對基本法的解釋權就是被動性的，而且只要香港法院不提請釋法，全國人大常委會就不能釋法，並且是否符合提請釋法的標準，由香港法院自主認定。這種邏輯的一個必然結果，就是架空全國人大常委會的法定解釋權，這對於實現央港關係的法治化是不利的。而且，在普通法傳統下，尤其是在香港社會存在懼怕中央權威的異議心理作用下，香港法院自然是對人大釋法 "避之唯恐不及"，而1999 年人大釋法前夕更有學聯代表進京請願，表示抗議。對於法院的極端觀點，香港資深法律人士也表示異議，如香港原律政司司長梁愛詩就曾表示："社會起初對全國人大常委會擁有的權力有些誤解，認為只可由法院提出要求作出解釋，但其實如果人大按照基本法及其程序作出法律解釋，法院不能對此作出質疑，亦不存在不合憲、不合法、不應行使權力的批評，如果可以由一個特區去約束全國最高權力機構行使的權力，這是不

17　參見陳端洪：《憲治與主權》，法律出版社，2007 年版，第 179 頁。

合理的。"她還呼籲香港法律界人士應透過法院案例的建立、法律解釋等,以開放腦筋接受新制度的變化。[18] 這也從一個側面反映了普通法司法傳統在處理央港關係問題上的局限性,而港方資深法律人士已有所認識。

其實從主權角度來回答這個問題就非常明晰了,最高國家權力機關當然有對其制定的法律根據自身判斷隨時進行解釋的權力,而且其解釋的效力當然可以約束香港的任何一級法院。在香港基本法的解釋權問題上,由於基本法基本放棄了中央的司法主權,因此全國人大常委會的法律解釋權就必須是主動和經常性的。當然,如果將來恢復了中央的司法主權,該解釋權可以考慮從全國人大常委會剝離給最高法院,但在中央司法主權缺失的情況下,該解釋權必須由全國人大常委會掌握,並在程序上和效力上得到強化。

立法權控制的另外一個機制是修改權,為保持基本法的穩定性,其修改一般不宜經常啟動,但修改權歸屬中央是非常重要的,這將保證中央具有最終決定香港整體性政治法律制度發展的必要權力。在修改權的提案程序上,基本法規定了香港代表團之外的全國人大常委會和國務院這兩類主體。這將從根本上保證中央啟動基本法修改程序的主動權,這是真正主權者的權力。否則,自己制定的法律卻不能修改,豈不荒謬?當然,這是指基本法本文的正式修改,關於基本法附件之修改,通過

---

18 參見:〈香港前律政司司長梁愛詩:回歸十年香港法治無倒退〉,載中國新聞網,http://news.china.com/zh_cn/focus/xianggang/11062384/20070613/14158204.html,2014 年 11 月 13 日訪問。

政改"五部曲"進行，由全國人大常委會最終批准或備案，可稱之為"小政改"。此輪普選爭議，反對派要求的"公民提名"入法在法律上需要修改基本法第 45 條，屬於"大政改"，權力歸屬全國人大，而政改"五部曲"只設計附件部分修改，權力歸屬全國人大常委會，屬於"小政改"。[19] 值得注意的是，對香港立法權進行控制的中央權力主體是**全國人大及其常委會**。

中央對司法主權的放棄

在檢索並比較完了中央與香港在行政與立法兩大權力模塊上的控制、對應及互動發展的關係之後，我們自然而然地想到了司法。在此追究的不是中央司法主權缺失的事實本身，而是該種事實形成的原因，以及未來其他權力模塊發生變化之後中央司法主權得到恢復的必要性與可能性。檢索整個基本法的條文，我們發現最高人民法院在該法中竟無任何實質性的法律地位 —— 沒有針對基本法的司法管轄權，似乎基本法與最高人民法院是完全"絕緣"的。中央放棄司法主權可能基於下列一種或多種原因：

（1）**對國家統一的追求帶有傳統帝國模式下"懷柔政治"的痕跡，對主權內外功能的理解存在傳統與現代之別。**在中英談判時中方對於國家主權一直堅持原則立場，甚至不惜談判破裂，[20] 但對回歸後的基本法設計中，在主權問題上並沒有嚴守原則，而是作了最大可能的讓步。所有讓步中最大也是最要

19　參見田飛龍：〈小政改定位與公民推薦改進〉，載《大公報》，2014 年 4 月 24 日。

20　關於中英香港問題談判中，中方對主權原則的堅持及對此的理論分析，參見強世功：〈主權：政治的智慧與意志 —— 香江邊上的思考之六〉，載《讀書》，2008 年第 4 期。

緊的，就是司法主權的放棄。這是有其歷史傳統，因為中國在處理歷史上的國家與民族統一問題時，基本採取一種"帝國模式"——以自治甚至財政上的逆向輸出換取地方實體對中央的基本效忠，並使地方實體保留在一個大的中央體系之下，這種體系或可稱為"天下體系"。[21] 這不是一種成熟的現代國家觀念，而是建立在中華文明所特有的中央的道德優越性和文化的高度開放性基礎之上的。因此，在受到傳統政治思維影響的中國政治家看來，主權的功能主要是對外的，滿足國際交往中的獨立性和國家之間利益競爭的需要，而對內則不必拘泥於嚴格的主權原理，可以為了更加現實的目標作出獨特的制度安排。因此，"回歸"就是"統一"，而並非符合主權原理才是統一，統一的文化／政治意義超越制度／法律意義。這裏對主權對外功能的理解上是現代的，而對主權的對內功能（國家統一維度）的理解則是傳統的。

香港基本法作為中國內部秩序的一部分，其模式就並非簡單地移用主權原理，而更多地反映了中國傳統內部秩序的構成原理。這種對於主權內外功能的差異理解，有着特殊的近代史背景。在 1840 年以前，中國國家秩序的構成基本遵循封閉而完整的"天下體系"原理，這是一種在東亞文明中有着深厚歷史基礎的"中華帝國模式"。1840 年以後，在列強入侵、民族危機深重的情況下，民族意識與主權意識出現結構性變革，但這

21　對"天下體系"的初步解釋，參見趙汀陽：《天下體系：世界制度哲學導論》，江蘇人民出版社，2005 年版；更加深入的思想與制度建構，參見趙汀陽：《壞世界研究：作為第一哲學的政治哲學》，中國人民大學出版社，2009 年版。

種變革主要服務於整個中國近現代的"救亡圖存"主題。中國近代主權意識的產生主要不是內部秩序的需要（因而與西方主權觀念的發生背景不同），而是在外敵入侵的背景下，追求獨立和解放的需要。因此，西方主權觀念對近代中國的衝擊，主要集中在主權的對外功能上，而內部秩序的維持仍然依賴原有傳統。在"救亡圖存"需求壓倒內部秩序需求的情況下，中國的政治家所分享的對主權內外功能的差異理解，也就是一種自然而然的結果了。後來的革命儘管對於中國內部秩序產生了巨大衝擊和改造，但中國傳統的內部秩序構成原理及其思維，仍然深深地影響着中國幾代的政治家們。

（2）**對央港實力對比上中央一方政治優勢與國家能力的高度自信。**香港的地理面積過分狹小，經濟過分依賴自由港地位基礎上的轉口貿易，日常生活消費資源高度依賴內地的供給。作為一個地方實體的香港，儘管在法律上高度獨立，但這種獨立依賴複雜的地緣條件和政治條件的支持，因而必然是一種受非法律因素制約的、有限的獨立。張千帆教授將香港基本法的這種分權安排概括為"法律上高度獨立，政治上有限自治"，[22] 至為精當。也因此，中央政府能夠承受中央司法主權的放棄，而服膺其"協商政治"的傳統。

（3）**在大陸的政治法律傳統中，司法部門的重要性一直都被看低。**司法獨立在中央一級一直沒有實現，而法理上的"人大至上"和事實上的"行政主導"使最終在基本法安排的、承擔

22　參見張千帆：〈論國家統一與地方自治 —— 從港澳基本法看兩岸統一的憲法機制〉，載《華東政法大學學報》，2007 年第 4 期。

對香港地方自治權力控制任務的主體，就只是全國人大及其常委會，以及國務院。基本法的安排實際上正反映了中國整體國家生活中立法和行政的優越地位，以及司法的輔助性角色。這也可以解釋為何最高人民法院在香港基本法中幾乎不具有任何制度性的地位與功能。

（4）**政治上滿足英國人和香港人依賴普通法司法傳統保護自由與利益的需要，換取回歸協議簽署和香港回歸平穩過渡。**英國經營香港 150 多年，在香港遺留下重要的實體利益和貿易利益，而這種利益的保護需求及其方式，必然成為中英回歸談判的一個核心。英國服膺其普通法傳統（戴雪的法治觀便將普通法司法傳統放在極其重要的位置上[23]），因此將利益的保護寄託在獨立的普通法司法體制之上。中國方面承認並有效保護英國的在港利益，成為中英啟動談判的一個基礎。如果中國尋求在香港基本法的安排上建立某種強而有力的中央司法主權，英國人會很自然地感覺到自身的利益無法得到保障。作為一種政治上的妥協，滿足英國人依賴獨立的普通法司法傳統保護利益的需要，中國方面放棄了未來基本法設計中的中央司法主權。[24]同時，司法終審權地方化也可以進一步安撫香港人心，穩定回歸過渡期的基本秩序。此外，香港基本法還是落實中方承諾於《中英聯合聲明》中的各種基本方針政策，並對英方利益主張作

23　對英國普通法傳統最具系統性的憲法學解釋者就是戴雪（A. V. Dicey），參見戴雪：《英憲精義》，雷賓南譯，中國法制出版社，2001 年版；近期的重申參見麥克法蘭（Alan Macfarlane）：〈法治為何重要〉，載《南方週末》，2014 年 11 月 28 日。

24　英國人對自身培養的香港法律人士（律師、法官、法學教授等）的信任，顯然遠遠超過對中國中央政府的信任，香港的地方性司法獨立成為習慣於法律思維的英國政治家的理性訴求。

出妥協的一種結果，需要保持政治承諾與法律化的一致性。妥協主要是針對英國作出的。在此意義上，對於香港人來說，司法的終審權可能只是一個"反射利益"，一塊"天上掉下來的餡餅"——因為在其他任何的現代國家結構安排中（無論是聯邦制還是單一制），完全的地方性司法主權是不可想像的。

（5）**香港制度的試驗性質。**"一國兩制"最初是針對台灣問題的，只是由於歷史時空的擠壓而優先在港澳問題上適用。[25]中國最大的統一問題是台灣問題，而"一國兩制"作為偉大的憲制性構想在實踐中到底如何，需要歷史長時段的觀察，港澳問題適時地提供了這種實踐和觀察的機會。我們可以把中央司法主權的放棄視為面向更大統一問題的一種制度試驗，無論其最終成功還是失敗，都將為未來更大的國家統一提供難得的歷史經驗——畢竟"一國兩制"也是"摸着石頭過河"。[26]當然，"一國兩制"也並非完全的首創，其歷史淵源在世界史範圍內可以追溯至殖民憲制下的"宗主國—殖民地"模式和天下主義下的華夷秩序模式，在二十世紀革命史範圍內，更可從"陝甘寧邊區"這樣的獲得國民政府合法承認的特別行政區體制中汲取靈感，後一經驗對共產黨領導層構思"一國兩制"有着更為直接的歷史經驗啟發。當然，革命史中"一國兩制"的早期實踐

25　儘管台灣地區人民對"一國兩制"的港澳模式有所排拒，但作為未來兩岸關係國家化建構的一種參照性憲法思維，"一國兩制"的港澳經驗不可迴避，參見田飛龍：〈一國兩區兩制——未來兩岸憲政溝通的法理思考〉，載《台灣民情》，2013年第3期。

26　關於港澳模式對台灣問題的憲法意義，參見張千帆：〈論國家統一與地方自治——從港澳基本法看兩岸統一的憲法機制〉，載《華東政法大學學報》，2007年第4期，以及〈統一與自治：遏制"台獨"的憲法機制〉，載《華東政法大學學報》，2008年第6期。

是短暫、不穩定和歸於失敗的。我們今天講"一國兩制"的創新性和制度典範意義，重點並非在於其所有的觀念要素和制度要素皆為首創，而是在於第一次在一國憲法範疇內進行"兩制"試驗，探索一種"一體多元"的現代國家憲制秩序，而不是傳統殖民體系、中華帝國體系或準獨立的革命根據地體系。在此意義上，以港澳治理為優先受體的"一國兩制"，就具有嚴格的現代憲制開創意義。

原因可能更加複雜，而且原因本身可能就提供了歷史選擇的正當性，但還是必須指出：基本法在處理中央與地方關係問題時，在立法與行政兩大基本模塊上，做到了對應性的設計且大致符合主權原理；但在司法模塊上，中央司法主權的根本放棄，無論基於甚麼理由，都是違背主權原理的，並進而為國家統一之後的深度整合製造了根本性的障礙。

三、基本法的模式定位及主權規範理論的考察

基本法的模式定位："政治模式"優先於"法律模式"

通過第二部分的條文考察與分析，我們看到，基本法在處理中央與地方在權力方面上的關係時，輕司法而重立法與行政，從而導致整個基本法放棄了中央司法主權，這是歷次央港關係出現"憲法危機"的最重要制度原因。在立法與行政兩大基本權力模塊的設計上，行政權方面的中央實質任命權不斷受到香港民主化發展的挑戰，最終可能不得不放棄，而立法權方面的設計在現有體制下是最有效的，因此歷次"憲法危機"基本

上都是以"人大釋法"的模式得以最終解決。這種輕司法而重立法與行政，並且高度依賴中央所慣常的"協商政治"傳統來處理中央與地方關係的模式，可稱之為香港基本法在中央與地方關係問題上**"政治模式"**，這是現實存在的模式。值得指出的是，附設於全國人大常委會之下的香港基本法委員會，正是這裏的"協商政治"傳統的功能性機構。

與之相對應的是通過中央司法主權的確立與有效運行而實現對中央與地方關係的控制，為中央與地方關係的法治化提供中央一級的司法保障，這一種模式可稱之為**"法律模式"**（或稱司法模式），該模式在未來香港政制發展與基本法改革中，特別是香港民主化進一步深化，導致中央不得不放棄行政官員的實質任命權的條件下，將成為極有價值的一種參考模式。

基本法的這種"政治模式"對於實現中央與地方關係的法治化，實現香港的持續繁榮與穩定，在短期來看問題不大，但在長期來看弊處可能逐步凸顯，特別是未來需要面臨更加複雜的香港民主化格局和政黨政治。採取"政治模式"解決中央與地方關係發展中的諸多問題，雖然具有一定的靈活性，從而保證了相對充分的政策空間，但卻不利於得到問題解決的規則化與效率化。因此，就一個長期的綜合評價而言，"法律模式"要優於"政治模式"，並且應該成為"五十年"之後基本法發展的基本方向。儘管目前基本法的整體架構是恰恰相反，中央應對普選衝擊波的主要反應也是繼續強化現有控制模式及其成效，擱置對基本法結構進行"大修"的任何倡議，但這並不代表預作研究就沒有意義。"法律模式"的研究需要大大提前，才能夠為未來的基本法改革提供必要的智識基礎。

"政治模式"的歷史解釋：毛澤東的"協商政治"傳統

歷史最害怕還原，但還原又常常必要。對"一國兩制"這種國家統一的創新模式的認識也是這樣。以下通過對基本法條文的系統考察及分析，概括出基本法在處理中央與地方關係問題上的模式特徵——"政治模式"。該模式是統一於鄧小平的"一國兩制"基本邏輯之下的。而關於中央與地方關係的處理原則，基本法的智慧——"政治模式"基本上還沒有超出毛澤東在 1956 年發表的《論十大關係》第五節"中央和地方的關係"中的思想框架。毛澤東在該報告中指出：

(a) "中央與地方的關係也是一對矛盾。解決這個矛盾，目前要注意的是，應該在鞏固中央統一領導的前提下，擴大一點地方的權力，給地方更多的獨立性，讓地方辦更多的事情。"[27]

(b) "我們要提倡同地方商量辦事的作風。黨中央辦事，總是同地方商量，不同地方商量從來不冒下命令。在這方面，希望中央各部好好注意，凡是同地方有關的事情，都要先同地方商量，商量好了再下命令。"[28]

27　毛澤東：《論十大關係》，第五節"中央和地方的關係"，載《毛澤東選集》(第五卷)，人民出版社，1977 年版，第 275 頁。

28　同上註，第 276 頁。

（a）段思想後來轉化為現行憲法第 3 條第 4 款的內容，[29] 成為指導中央與地方關係的憲法性原則。（b）段實際上建立了黨和國家處理中央與地方關係問題上的"協商政治"傳統，這種傳統更深的歷史淵源是革命根據地時期的協商傳統與按政策辦事的習慣。"商量辦事"長期以來成為中共處理國家各方面事務的重要傳統，在中央與地方關係問題上也是一樣。這種傳統是特定歷史時期的產物，也是在"法律虛無主義"時代氛圍中"政策主導型"政治的必然結果。

80 年代初進行回歸談判時，雖然經濟上開始了市場化的努力，但在政治法律層面，"政策主導型"的政治思維並沒有根本改變，"協商政治"的傳統在處理中央與地方關係問題上仍然佔據主導地位。在此背景下，以當時領導人的政治理解，基本法選擇依賴"協商政治"傳統的"政治模式"處理中央與地方關係，而且完全排除建立中央司法主權的可能性，也是可以理解的。但問題是，經過二十幾年的改革開放和現代化建設，特別是 1992 年確定市場經濟目標和 1997 年確定法治國家目標、2014 年四中全會作出依法治國決定之後，"政治模式"在處理央港關係問題上的制度性效用日益降低，並且不斷需要中央的慷慨傾斜來慰留香港的人心。幸好中國何其之大，香港何其之小，以及三十幾年來中國經濟的持續增長，中央政治與法律能力的不足，通過經濟上的"慷慨"而得到一定程度的彌補。

但是我們一定要看到：這種中央與地方權利義務的失衡和

29　即"中央和地方的國家機構職權的劃分，遵循在中央的統一領導下，充分發揮地方的主動性、積極性的原則。"

"憲法危機"的迭出，所證明的不是基本法模式的優越性，而是基本法模式背後的"協商政治"傳統及其支持的"政治模式"的缺陷。蘇力在一篇研究論文中也指出，"商量辦事"和"兩個積極性"的傳統，應該在新的時期獲得法制轉化，[30] 這實際上指明了在中央與地方關係問題上，需要逐步擺脫對原有政治資源及模式的倚重，學會進行法制轉化並以法律（在操作上即為司法）的模式來處理相應問題，實現中央與地方關係的法治化。

主權規範理論的簡要考察

香港基本法在制度設計上居然放棄了中央司法主權，而且該法的立法主體不是香港地方，而是全國人大，是中國的最高國家權力機關。這種處置讓熟悉主權規範理論的人大跌眼鏡，同時也暗暗佩服實踐者的膽量。這可稱之為一種"政治浪漫主義"。[31] 但理論上的問題仍然存在，那就是作為主權者代表，全國人大是不是喜歡放棄甚麼權力就放棄甚麼權力？作為機構意義上的主權者，全國人大到底應該具有甚麼樣的權力，才能夠成其為全國人大？在此只考察主權規範理論的兩個代表者：博丹（Jean Bodin）和霍布斯（Thomas Hobbes）。[32]

提到主權理論，我們幾乎一下子就會想到博丹，因為他是

30 參見蘇力：〈當代中國的中央與地方分權 —— 重讀毛澤東《論十大關係》第五節〉，載《中國社會科學》，2004 年第 2 期。

31 參見田飛龍：〈主權原則與政治浪漫 —— 寫在香港回歸十周年之際〉，載北大法律信息網 http://article.chinalawinfo.com/ArticleFullText.aspx?ArticleId=38746，2014年 10 月 20 日訪問。

32 關於主權理論，洛克（John Locke）和盧梭（Jean-Jacques Rousseau）也有重要的貢獻。洛克的有限政府理論直接支持了近現代憲政主義的發展，但即使是有限政府，在中央一級也仍然保持某種形式的司法主權，盧梭絕對主義的人民主權理論就更不用說了。

"十六世紀法國最偉大的法學家和最有原創性的政治理論家。他的主權理論是現代政治理論（憲法理論）的轉折和基礎。"[33] 在他著名的《國家六書》(*Les Six Livres de la République*) 中，他明確地將主權界定為"國家的絕對和永久的權力"。在主權的具體構造上，博丹採取的是權利束的思維，這是典型的法律思維——他列舉出主權的若干項權能，並把它們界定為主權者不能放棄的絕對權力，認為只有不放棄這些權力，主權者才成其為主權者。在他所列舉的諸多主權權力中，**終審權**被明確地列為第四項主權特權。[34] 霍布斯在其名著《利維坦》(*Leviathan*) 中採取了與博丹類似的思維，將主權設定為絕對權力，並以權利束的思維進行經驗性的列舉，他也將司法權明確列入了主權範圍，並堅持包括司法權在內的主權權力都不能分割，不能轉讓。[35]

　　重讀博丹和霍布斯的主權規範理論，並不是要復興其絕對主義的主權觀，[36] 也無意具體品讀他們各自結合自身經驗所作的權利列舉，這裏所重視的是其中蘊含的深刻思維方式，即關注政治共同體秩序的建構，並且深刻地指出這種建構必須立基於兩個基石之上：一是存在明確界定的共同體的公共利益，[37] 二是存在這種公共利益的最終守護者（即主權者），因而需要賦予主

33　陳端洪：〈博丹的立法主權理論〉，載陳端洪：《憲治與主權》，法律出版社，2007 年版，第 50 頁。

34　同上註，博丹的主權權利束到底包括哪些重要的權力，參見該書第 54-57 頁。

35　參見霍布斯：《利維坦》，黎思復、黎廷弼譯，商務印書館，1985 年版，第 138-140 頁。

36　這種絕對主義的主權觀，後來被近代的政治理論和實踐所改造，在水平方向上被分權學説改造，在垂直方向上被聯邦主義改造。

37　這種公共利益在博丹那裏是"秩序"，在霍布斯那裏是"和平"，而在盧梭那裏是"公意"（general will）。

權者絕對而永久的權力，並禁止主權權力的分割與轉讓——即主權者必須成其為主權者，主權者要合格，在理性與本質規定性上不得"自殺"。

這一主權規範理論的思維方式，值得我們借鑒來思考香港基本法問題，思考本章所提出的基本法架構中"中央司法主權缺失"的評價問題。以主權規範理論來檢視香港基本法在中央與地方關係上的安排，我們會發現主權者存在太多的讓步，甚至讓出了維繫其根本生命的中央司法主權。[38] 這樣的"慷慨"出讓是有特定歷史條件的，這在第二部分已作過分析。但隨着新問題興起，如香港的民主化發展可能對中央實質任命權構成挑戰，香港過分獨立的司法已經構成了對基本法建立的中央與地方關係的威脅，特別是對中央主權權威的威脅，這些都必須轉化為有效的理論問題，並進行憲法理論上的解答。因此，回歸主權規範理論對於我們觀察、思考和評價基本法的制度架構，以及研究未來香港政制發展與基本法改革具有重要的知識論意義。

四、結語：作為嚴格結構問題的基本法問題

行文至此，我們易於產生一種更大的不安，這是一種由於在理論上洞見了未來的趨勢與困難之後，對於政治法律結構調整可能性的一種焦慮。現行的基本法模式在創設之初放棄了中

38　試想想，當初英國為何讓她的樞密院牢牢地控制香港的司法終審權，英國人深諳霍布斯的主權理論，而中國人在對外時嚴守主權立場，但在對內真正關乎制度設計時，卻遺忘了主權思維，在實用主義與政治浪漫主義之間往返跳躍。

央司法主權，現在看來在當時那種"速定統一"的激情之下確實是過於草率。由於中央司法主權的缺失，香港法院能夠憑藉普通法司法傳統嘗試性地挑戰中央主權權威，雖然後來通過基本法內置的"政治模式"而獲得解決，但那只是基本法模式的個案性勝利，是以強大的中央政治能力與"協商政治"傳統為基礎的。隨着"法治國家"時代傳統"政治模式"的式微，我們必須不要把特例[39]和個案當作普遍的經驗，也不必過分留戀過去屢試不爽的政治解決傳統。

須研究央港關係的"法律模式"

思考香港基本法問題，尤其是其中的中央與地方關係問題，為了促進國家統一之後的深度整合，為了辨認、識別和維護中央與香港的共同利益，為了減少中央與香港交往中的政治碰撞，促進中央與香港關係的法治化，以及相應糾紛解決的規則化、司法化與效率化，必須充分研究中央與香港關係問題上的"法律模式"，在民主化壓力下可能棄守行政控制的情況逐漸明朗時，及時地探討恢復建立某種形式的中央司法主權機制的可能性。50 年，長亦長矣，短亦短也，但確實是對我們整個國家和民族制度智慧與深度整合能力的高度挑戰。在此意義上，統一的問題往往在統一之後，此話不虛。而基本法結構性改革的思路與經驗，也將直接影響未來兩岸關係憲法架構的具體設計。基本法問題是嚴格的結構問題，從而也是嚴格的憲法問

39　陳端洪教授就明確地稱香港基本法模式是國家統一的特例而非普遍經驗，筆者同意
　　這種判斷，參見陳端洪：《憲治與主權》，法律出版社，2007 年版，第 190-192 頁。

題。這應當是中國基本法（憲法）學者的挑戰時代，也是美好時代。[40]

第三章

不規範議會：
惡意拉布及其治理

一、引言：香港立法會的"拉布"現象

根據基本法的體制設計，香港立法會在整體管治架構中佔據重要地位，對政府財政預算法案及其他重要法案具有嚴格的審議與否決的權力。[1] 儘管基本法體制具有"行政主導"[2] 傾向，但隨着立法會民主成分的增加和立法會泛民議員與社會性民主運動的協同，立法會內部逐漸衍生出一種日益惡劣的"拉布"（filibuster）文化，尤其是在 2013 年以來的特首普選爭議的背景下，拉布文化及其個案實踐越演越烈，嚴重損害了立法會的理性審議功能和特區政府的管治權威，造成公共政策無法落實，社會公共利益無人守護。香港立法會拉布文化的惡質化及其規範治理，已成為香港基本法實施與政府管治改進的重要課題，也是優化立法會內部治理、理順行政與立法關係的關鍵環節。

在回歸之前，由於實行殖民秩序下的總督負責制，立法局與行政局成員均不可能對總督形成有效制約，而且立法局主要是諮詢審議機構，缺乏明確而必要的憲制地位和法定職權，不是可制衡行政權的代議機構，故"拉布"現象並不突出。這在港督制下的"行政吸納政治"[3] 格局中完全可以理解。更何況，

1　這體現了香港政制的"制衡"特徵，也表明香港政制並非完全的"行政主導"，參見陳弘毅：《一國兩制下香港的法治探索》，中華書局（香港）有限公司，2010 年版，第24 頁。

2　關於香港政制的"行政主導"特徵分析，參見程潔：〈香港憲制發展與行政主導體制〉，載《法學》，2009 年第 1 期；楊建平：〈論香港實行行政主導的客觀必然性〉，載《中國行政管理》，2007 年第 10 期；胡錦光、朱世海：〈三權分立抑或行政主導——論香港特別行政區政體的特徵〉，載《河南省政法管理幹部學院學報》，2010 年第 2 期；關於香港行政主導制的系統化研究，可參考傅思明：《香港特別行政區行政主導政治體制》，中國民主法制出版社，2010 年版。

3　關於香港殖民政制中"行政吸納政治"的特徵分析，參見強世功：〈"行政吸納政治？"的反思〉，載《讀書》，2007 年第 10 期。

經過 150 多年的殖民秩序磨合，尤其是經歷"六七"左派暴動之後，香港社會在精英整合與價值認同上已無突出的結構性矛盾衝突。回歸之後，香港本地精英面對的是一種完全跟殖民秩序與西方主流政治文化不同的體制，即所謂的"新憲政秩序"，[4] 這裏存在"殖民史觀"與"回歸史觀"的精神衝突，更存在"泛民主派"（pro-democratic）與"建制派"（pro-establishment）的長期二元對抗格局；而立法會的"功能組別／直選組別"的對分設計及分別點票機制，更鞏固並強化了這些既有分歧。更何況，香港的代議民主政治主要於 1980 年代的回歸博弈期間起步，而於末代港督彭定康的"民主直通車"[5] 階段加速發展，其累積效應正好延期於回歸之後的立法會運作之中起作用。

回歸以來有社會影響的拉布

回歸以來的立法會拉布既發生在立法會會議與全體委員會會議上，也發生在財務委員會及其下屬小組委員會上，而且建制派與泛民主派都曾運用過拉布策略推動或阻止相關議案的通過。但隨着拉布實踐的常態化，泛民主派幾乎成為拉布行為的唯一主體。檢索回歸以來的拉布實踐，在立法會層面較為顯著和較有社會影響的主要有四次：

第一次：1999 年 3 月 10 日《區議會條例草案》二讀。該草案一讀歷經三個多月，二讀從 3 月 10 日下午 4 時恢復，通宵審

4　關於 1997 年回歸對香港憲制變遷的意義，有學者提出了"新憲政秩序"說，見 Yash Ghai, *Hong Kong's New Constitutional Order : The Resumption of Chinese Sovereignty and the Basic Law*, Hong Kong University Press, 1997。

5　關於彭定康的政制改革取向及其後果，參見張連興：《香港二十八總督》，三聯書店（香港）有限公司，2012 年版，第 404-409 頁。

讀辯論，至 3 月 11 日上午 7 時三讀通過。該次拉布的顯著特徵為：通宵開會；拉布議員過分積極發言，非拉布議員較多沉默；拉布議員提出多達 16 項修正案並多次搶先發言；記名表決多達 35 次；民主黨議員李永達個人表現十分突出。此次拉布實踐對香港立法會拉布文化及其個案運用起到重要的開啟與示範作用。

第二次：1999 年 12 月 1 日立法會二讀審議解散民選市政局和區域市政局草案，即所謂的"殺局"草案。這一草案由特區政府提出並積極推進，建制派議員護航支持，但票數不足，各政黨代表發言完畢，臨近表決環節，使草案面臨流產風險。為拖延表決，爭取有利表決結果，民建聯議員譚耀宗和曾鈺成申請繼續發言，其他建制派議員紛紛加入，導致會議一直拖延到晚上 10 點休會，當晚無法表決。第二日復會表決時，草擬獲得足夠票數通過，民選之市政局和區域市政局被解散。此次民建聯議員拉布目的是為了拖延表決，爭取有利票數，與通常的拉布實踐中拖延表決是為了程序梗阻，不了了之的不同。可見，拉布作為一種程序戰術，可以根據具體個案情況進行不同的配合目的運用。

第三次：2012 年 5 月的《2012 年立法會（修訂）條例草案》審議。此次拉布的焦點是審議表決《立法會議席出缺安排議案》。人民力量議員黃毓民和陳偉業就此議案聯合提交 1,306 條修正案，長達 2,464 頁，而社民連的梁國雄亦協力拉布，導致冗長辯論三星期仍沒有結果。[6] 此次拉布呈現出消耗戰特徵，

6　參見〈人民力量"冗長辯論"逼撤次替補案〉，載《蘋果日報》，2012 年 5 月 1 日。

而且出現了場內拉布與場外抗議的聯動態勢，也是香港民主文化的新跡象。此次拉布號稱史上最長拉布，直至 5 月 17 日立法會主席曾鈺成動用"議長警察權"(《立法會議事規則》第 92 條終結辯論條款) 果斷"剪布"，強制表決，有關議案才獲得通過。此次拉布創造了某些拉布先例：拉布議員頻繁要求清點參會法定人數，並在缺額 1 名時故意不進入會場而導致立法會流會；數以千計的修正案和長時段發言；議長警察權的動用。作為對惡意拉布的一種程序制約，"剪布"開始作為一種立法會自我治理手段獲得常規化運用。拉布與剪布，構成香港立法會程序文化的孿生現象。

　　第四次：2013 年 4 月 24 日開始的《2013 年撥款條例草案》審議。此次拉布的主力是社民連議員梁國雄及人民力量三名議員，目的在於無限期拖延表決年度撥款議案，逼迫政府提出"全民退休保障"諮詢時間表，並安排向每名成年永久性居民派發現金 1 萬元。這是泛民主派以拉布為武器，逼迫政府調整政策議程，以民生議題捆綁常規撥款議題。拉布議員共提出 710 項修正案，準備再度開展如 2012 年那樣的拉布消耗戰。5 月 13日，立法會主席曾鈺成再次作出"剪布"安排，援引法律依據包括基本法第 73 條的立法會財政預算法案審議通過職能、第 72條第 1 款的會議主持條款，以及《立法會議事規則》第 92 條的程序終結條款，定出 5 月 14 日下午為終結辯論最後期限。撥款草案最終於 5 月 21 日三讀通過。[7] 泛民主派議員指責立法會主

7　　參見《2013 年撥款條例草案》，立法會網站，2013 年 5 月 21 日。

席之"剪布"安排濫用權力及妨害議員言論自由。而再次的剪布實踐,亦進一步澄清了立法會程序規制的基本法依據和治理規則,導致議員拉布與議長剪布之間的制衡機制日益成熟。

除了立法會層面的拉布實踐之外,財務委員會及其附屬小組委員會的拉布,也構成香港立法會整體拉布文化與個案實踐的重要組成部分。委員會層次的拉布事件,較有影響的包括:第一次,2009年12月至2010年1月的財務委員會審議廣深港高速鐵路撥款申請案;第二次,2012年10月至12月7日,財務委員會審議"長者生活津貼"議案,社民連議員梁國雄一人發動冗長拉布,要求政府取消該項津貼申請時的資產審查規定,最終以政府修改議案、增設社會福利署專職崗位的方式變相通過,遭到泛民主派激勵批評;[8]第三次,2012年10月19日財務委員會審議民建聯議員葉國謙提出的會議程序修正案,旨在對議員提出的議案數目和預告期進行規制,可視為對惡意拉布的一種程序制約,但治理拉布的修正案本身即遭到泛民主派議員的惡意拉布,提出海量再修正案,導致程序擱置;第四次,2013年四川地震捐款1億元的撥款申請案,遭遇議員惡意拉布,拖延長達10日,最後在行政協調之下才勉強過關;第五次,2014年新界東北開發撥款案,遭遇泛民派惡意拉布,引發新界東北團體衝擊立法會事件,最終由財務委員會主席吳亮星果斷"剪布",強制表決通過相關撥款案。[9]此外,梁振英特首2014年在立法會講話中遭到的惡意拉布與阻撓,也可視為立法

8　參見〈政府突襲通過特惠生果金〉,載《蘋果日報》,2012年12月8日。

9　參見田飛龍:〈濫"拉布"折射港式民主危機〉,載《大公報》,2014年7月5日。

會拉布惡質化以及行政與立法關係惡化的表徵。[10]

　　申言之，香港立法會的惡意拉布現象已然越演越烈，[11] 這裏既有基本法體制設計的結構性原因，也有香港政黨政治二元化的淵源，更有香港殖民史觀與回歸史觀二元衝突的精神背景，如今在特首普選的宏觀政治衝突下，更引發了拉布實踐的激烈化。與拉布同期發展的則是"剪布"規則及其實踐的對應性開展，構成立法會拉布治理的重要特徵。以下即擬對作為民主伴生現象的拉布文化進行歷史追溯，對香港立法會拉布的"議場—廣場"互動效應進行關聯解析，對拉布規則治理提出針對性政策建議。拉布是民主的伴生物和議員的程序特權，但濫用特權也將根本偏離並危害民主的理性審議功能，更損及特區政府的管治績效，惡化行政與立法關係。因而，科學解析拉布原理與特徵並提出針對性的治理策略，將構成維護一國兩制與基本法、優化立法會審議理性、改善立法與行政關係的重要路徑和支撐。

二、特權、程序與民主拉布史

　　拉布是議員特權，也是民主職業病。在前民主時代，國家議事大體採取的是一種威權主義模式，無論是部族長老會議，還是君主御前會議，由於會議主持者往往就是酋長或君主，其道德權威與政治權力足以保障會議井然有序。中國古代廷議，

10　參見田飛龍：〈反"拉布"的三個建議〉，載《大公報》，2014 年 5 月 31 日。
11　香港社會對此亦有反思和檢討，參見陳景輝：〈拉布，議會精神的沉淪或復興？〉，載《蘋果日報》，2010 年 1 月 12 日。

儘管鼓勵諫議，但作為當然"議長"的皇帝可以隨時中斷會議，甚至可以當庭杖責敢於"拉布"的大臣。[12] 在當代未完成民主轉型的政治體中，古典的威權議事要素有所保留，議會由於未真正"議會化"而保有表面的和諧及全體一致，"拉布"也無可能。因此，如果我們必定選擇民主，那麼"拉布"似乎無可避免，但這不意味着我們要禮贊拉布，而是需要凝聚更強的民主價值觀和更精緻的議事規則來對治這一民主的職業病。

嚴格來講，"拉布"實在是民主發展到一定程度產生的程序異化現象，是民主的"肢端肥大症"，從而使治理拉布變成了民主體系的一種"減肥"舉措。而對於未民主化或半民主化政體，"拉布"是否出現以及如何開展，則成為民主發展進步的一個經驗指標。因此，絕對不能以"拉布"本身評價民主之成熟度，而是要看到"拉布"是民主的伴生物，在弱式民主條件下需要催生甚至強化程序"拉布"，在民主高度發展階段則需要通過更精細的規則治理"拉布"，抑制其程序異化。香港民主顯然已達到這一治理階段。

拉布是議員的特權

現代民主史幾乎就是一部"拉布"史，同時也是一部反"拉布"史。拉布在美國是聯邦參議員的特權，被視為美國政治言論自由的重要保障，是賦予反對派議員的重要程序武器。從歷史表現來看，拉布在美國同樣遭到了濫用，拉布議員常常以連續演講數十小時的方式癱瘓議事程序，而其演講內容竟然可以和議題無

12　明朝的"廷杖"制度就是佐證。

關，比如可以朗誦《聖經》、電話簿等。在二戰後的民權運動時期，南方保守派參議員頻繁"拉布"以阻撓民權法案通過。在加拿大、台灣地區以及香港特區，拉布也不時被作為反對派的程序武器來使用。隨着互聯網傳媒時代的到來，拉布更被戲劇化為議員對選民的隔空表演，使議會民主的審議理性日益落空，議而不決。施米特（Carl Schmitt）在《當今議會制的思想史狀況》（*Die geistesgeschichtliche Lage des heutigen Parlamentarimus*）中曾嚴厲批判了議會制是如何從十九世紀基於"辯論"和"公開性"的經典狀況，墮落演化為二十世紀政治多元主義（political pluralism）[13]下的委員會體制與秘密會議傳統的。[14] 實際上如果增加"拉布"維度的觀察與評估，則經典代議制的墮落即使在"辯論"和"公開性"這樣的程序意義上，亦發生了嚴重的異化。當然，這種程序異化可能恰恰是政治多元主義之下議會體制的委員會化和秘密會議化的結果。

　　拉布的英文是 filibuster，由西班牙語 filibustero 演化而來，最初含義是海盜或劫掠者，含"騎劫"之意。拉布是香港地區的習慣譯法，有時也稱為"冗長演說"或"冗長辯論"，在台灣地區則通常譯為"阻撓議事"。從詞源上即可看出該行為的"海盜"淵源以及社會公眾對這一行為的厭惡。然而，即使社會多數人厭惡拉布，但拉布現象和拉布者依然絡繹不絕，為甚麼呢？第

13　關於政治多元論的思想史線索，我國政治學者蕭公權先生有過系統精闢的考察與梳理，係其 1926 年完成的康奈爾大學的博士學位論文，參見蕭公權：《政治多元論》，周林剛譯，中國法制出版社，2012 年版。

14　參見施米特：《當今議會制的思想史狀況》，載施米特：《政治的浪漫派》，馮克利、劉鋒譯，上海人民出版社，2004 年版。

一，拉布議員只需要對影響自己當選的少數選民負責，多數人無法決定其政治前途，而這正是政治多元主義的當然邏輯；第二，拉布的危害與威權決策的危害相比要小，兩害相權取其輕，因而是人類能夠容忍的體制之害；第三，辯論是民主理性的本質，因此不宜建立過於嚴苛的程序規則抑制辯論的形式與期限，這就為拉布保留了空間；第四，議員具有"代表"性，從而享有"代表"這一概念的神學背景以及相應的程序特權，如果完全剝奪這些特權，則整個代議制的顯性的理性基礎，與隱性的神學基礎皆遭廢棄，該體制也就喪失了存在的基本正當性。

合理的反"拉布"：議事規則

但是，民主職業病畢竟也是一種體制病，其極端化必然損及民主社會的基本價值。所以，美國民主史也是一部反"拉布"史。面對參議員對程序權利的濫用，議事規則的修正就成為必要，其焦點在於如何設定合理的辯論終結規則。英美數百年議會民主的最大財富除了選舉之外，就是體系化的議事規則，在議員辯論權和議會審議理性之間不斷尋求微妙而精緻的平衡。每當"拉布"技術前進一步，相對應的"剪布"技術及其規則也將前進一步。可以説，在民主選舉實現之後，區分民主優劣的標準就是議事規則，就是對"拉布"的有效管控以及對審議理性的積極支持。美國在這方面的豐富經驗已凝聚為完整的《羅伯特議事規則》（*Robert's Rules of Order*）。這是美國羅伯特將軍對英美議事規則系統化改造的結晶，1876 年出版以來不斷修訂，成為廣泛運用於美國議會審議、民間團體決策的通用規則。[15]

美國規則有着深刻的英國議會史淵源。光榮革命之後的 1689 年，英國議會內部出現了一部議事規則彙編《議會》（Lex Parliamentaria），對當時市面上流傳的 35 部議事學著作進行了整理與綜合，初步形成了現代議事規則的基本原則框架，舉其要者，包括：(1) 單一議題規則，同一時段只處理一個議題，不可偏題或隨意插入其他議題；(2) 相反意見優先發言規則，以確保審議過程呈現最多元的意見，保障意見表達的自由與機會平等；(3) 正反兩方分別表決規則，使反方意見亦可獲得獨立表決機會；(4) 禁止人身攻擊規則，確保審議"對事不對人"；(5) 議題拆分規則，即如果某個議題可以拆分，且拆分後更有利於討論和表決，則議事規則應支持拆分處理；(6) 一事不再理規則，即同一議程中對已決議題不再審理，除非出現特殊情況。

這些初步規則經過殖民者帶入北美，通過殖民地議事實踐而日益完善和豐富，最終形成了《羅伯特議事規則》。這些規則是西方議事經驗的凝煉，飽含着人類理性審議的智慧，每一個精細的規則幾乎都有着發生學上的具體實踐情況及其應對技巧。比如，針對議會辯論中的偏題和人身攻擊問題，議事規則

15　這一規則對中國的影響最早見於孫中山的《民權初步》，其最新、最系統的中譯版本，參見亨利·羅伯特（Henry Martyn Robert）：《羅伯特議事規則》（第 10 版），孫滌、袁天鵬譯，世紀出版集團 / 格致出版社，2008 年版。譯者之一的袁天鵬先生在美國留學期間擔任過"學生議會"成員，後從事議事規則翻譯及其中國實踐推動工作，是美國議事專家協會（National Association of Parliamentarians, NAP）的中國首位會員，有關經驗及其進展，參見寇延丁、袁天鵬：《可操作的民主：羅伯特議事規則下鄉全紀錄》，浙江大學出版社，2012 年版。

確立了"面向主持人發言規則",即參與者之間不能直接辯論,必須面向主持人進行發言。這一規則雖然細微,但對於審議過程的理性推進卻意義重大。議事規則的精細化,是治理"拉布"的不二法門。

香港儘管在 1842 年開始即被納入英國的殖民地系統,但卻與英國的北美殖民地不同,後者是以"白人新教徒"為主體的高度自治,而前者卻長期實行非代議性質的委任總督制,直到回歸過渡期內仍然沒有發展出憲制性的自治架構。香港的代議政治架構主要來自回歸談判以來的建制與推進,因此歷史相對短暫,經驗亦不充分。立法會議事規則儘管亦借鑒了《羅伯特議事規則》的精神與架構,[16] 但尚不夠精細,尤其是針對拉布的本地經驗還未發展具系統的針對性規則,故其修訂仍當精研《羅伯特議事規則》,吸收西方民主真正的精華,建立香港立法會優化議事程序的更完備規則基礎。

三、"議場─廣場"互動效應與香港拉布的惡質化

以上述及,自從 1999 年"拉布"現象於立法會運作中出現以來,拉布惡質化現象越演越烈。2013 年 12 月 3 日,特區政府開始首輪政改諮詢,既有的管治矛盾以及高度敏感的特首普選議題,便成為反對派惡意拉布的重要導火索。

2014 年 5 月底,特首梁振英在立法會答問程序中,遭遇數名"拉布"議員無端打斷及擲物,立法會主席曾鈺成援引議長警

16　立法會現有規則參見《香港特別行政區立法會議事規則》(1998 年 7 月 2 日訂立,2014 年 3 月 21 日修訂)。

察權中斷會議。事後，香港各界反應激烈。多次"拉布"的議員梁國雄堅持"拉布有理"，亦有評論者援引台灣以及其他民主政體之"拉布"先例佐證之。然而，主流意見已開始積極反思"拉布"的民主正當性，並尋求加以價值觀和議事規則的雙重制約。

　　所謂"拉布"就是阻撓議事，指少數議員對法定辯論特權的濫用，通過冗長辯論和惡意提出多項修正案等各種程序、阻撓行為拖延阻卻待決議案的表決通過。台灣地區的"拉布"實踐重點不在於冗長辯論，而在於擲物、呼喊、辱罵、肢體衝突等杯葛行為，可稱為廣義的"拉布"。從那次梁振英答問會遭遇來看，港式"拉布"有從狹義的冗長辯論走向廣義的台式杯葛之虞。然而，台式拉布並非先進經驗，台灣內部也運用各種方式反擊惡意拉布，其"國家政策研究基金會"更進行了"議長警察權"的深入研究和對策設計。[17] 港式民主如要看齊台式民主，需學習其反思與調整的思路和理性，而不是照搬其民主表象，以"病態"為常例。

　　2014 年 6 月 27 日晚上的立法會財務委員會"強制表決"新界東北發展前期撥款，艱難通過。此次審議實踐亦表明香港立法會的"拉布"惡質化現象越演越烈，常規議事程序已無法有效支持理性審議與正當表決。反對派議員激烈"拉布"，會議幾近癱瘓。建制派議員指責主席吳亮星執法軟弱，延誤表決。吳

17　較有代表性的討論參見黎家維：〈我國國會議長行使警察權問題之檢討〉（憲政【評】101-050 號），http://www.npf.org.tw/post/1/10969；陳錫蕃、何志勇：〈建立糾儀長制度刻不容緩〉（國安【析】101-050 號），http://www.npf.org.tw/post/3/10942；台灣學者亦進行了適當的比較研究，參見何展旭：〈日本國會警察權概述〉（憲政【評】098-135 號），http://220.128.175.146/post/1/6634。

亮星於會議後期果斷運用議長警察權驅逐"行為不檢"之議員，簡化最終辯論程序，強制推動表決，使撥款案順利通過。對於表決結果，建制派認為"剪布"得當，民生利益獲得保障，民主程序得保尊嚴與效力。泛民主派則義憤填膺，指稱吳亮星濫用職權，議事與表決程序不合法，威脅啟動司法覆核予以全盤推翻。果斷"剪布"的吳亮星主席個人更是在隨後的"七一大遊行"以及港大等主要大學的"民主牆"上遭到形象醜化與人身攻擊，被指責為"議會之恥"，而"剪布"前後亦出現過近年較為少見的衝擊立法會羣體事件。區域發展議題博弈的背後，折射出港式民主在"雙普選"背景下的躁動情緒和激進主義精神困擾，[18] 部分議員罔顧法治和公益，放任了"議場廣場化"的不良趨勢，導致議會惡意拉布與廣場違法抗命的惡性互動與循環，充分彰顯了立法會民主代表性與整體性的斷裂特徵。

個案勝利不代表精神脫"困"

艱難"剪布"只是新界東北撥款案的尾聲，前期曾引發多輪慘烈"拉布"和抗議民眾衝擊立法會事件，幾乎重演台灣"佔領立法院"的故事。場內拉布與場外抗議並舉，所折射的是香港民主化過程的精神危機，即以抽象普適價值、議會程序主義和廣場民粹主義激進"癱瘓"特區政府常規管治體系，渲染政府"民主認受性"低落印象，為泛民主派的政治進取贏得最大的空間。

隨着"雙普選"的臨近，港式民主呈現出一種從市民精神到

18　關於香港民主中的激進主義特徵，參見田飛龍：〈高度激進主義損香港民主前途〉，載《大公報》，2014 年 9 月 25 日。

議員言行的"躁動"情緒，對於"功能代表制"下的政府管治正當性與認受性，逐漸表現出一種"不耐煩"傾向，主張一次性廢除功能組別，追求純粹民主制的政治理想。在此背景下，任何一項哪怕是公益性突出的政府項目，都可能成為"拉布"對象，而利益受到影響的部分基層民眾也會在這種"泛政治化"的動員機制下形成場外配合。吳亮星艱難"剪布"贏得了個案勝利，但這只是"前期撥款"，整個項目工程還將遭受全程"狙擊"，後續"拉布"與現場抗議將不可避免，甚至還可能直接遭遇"司法覆核"之憂。

人們經常可以在港大校園電視裏，看到學生羣體對場外抗議行動的支持，甚至有低齡學生傳授衝擊機關的實戰技法，警方執法中也有繳獲各種破門器具。香港的學生政治早已走出校園，不僅形成了學民思潮、學聯等正式政治團體，培育了"未夠秤"的"少年民主黨"，將廣場民主思潮帶入大學以下的校園和基層社會，更是積極關注和參與政治諮詢、電子公投和佔領中環動員。各大學的"民主牆"文化與"民主女神"崇拜，更形成了香港民主文化的重要象徵。這些在"民主"意念與旗幟下成長起來的一代青年，對於"愛國愛港"的大共同體倫理、"功能代表制"的精英理性、香港民主的地方性與制度邊界、香港的中國性與國際性的平衡並無特別的理解與認同，而是"一路向西"追逐民主的普適理想，近者光榮自保，遠者反哺大陸。[19]

19　這一本土論述邏輯典型體現於香港學者陳雲的"香港城邦論"中，參見陳雲：《香港城邦論》，天窗出版社有限公司，2011 年版；《香港城邦論 II —— 光復本土》，天窗出版社有限公司，2014 年版。

青年人的青春理想氣質、西式民主的歷史優越性與個人主義美學特徵、廣場政治的民粹美學與英雄主義想像，這些混雜意象與要素在歷次抗議中有着複雜的重組結構，進一步加重了港式民主的體制外"口味"和不妥協品格。這是基本法下的香港民主秩序遭遇的更深層精神挑戰。反對派議員不自覺地配合了這一激進訴求，而未能成為自覺抵制激進主義的理性屏障。

新界東北撥款案就處於這樣的民主化浪潮與漩渦之中，且與白皮書事件、佔中公投等議題合流，聲勢更強。吳亮星的"快刀斬亂麻"只是個案勝利，只是新界東北工程項目的階段性推進，不可能疏解港式民主的深層精神危機，一種逸出法治軌道和理性限度的激進主義危機。

議員言行是民主成熟標尺

在香港民主轉型遭遇激進主義精神困擾時，立法會議員的整體理性與個體自覺便成為民主成熟的主要標尺。然而，多次異常慘烈的"拉布"與"剪布"之爭折射出部分立法會議員對法治和公益的漠視，以一種凡俗化的經驗主義和程序主義觀點看待自身的職責與代表性。而且，以一種表現主義的"議場廣場化"樣式極大地削弱了議會審議程序的理性特徵與議事效率，阻斷了議會整體通過理性辯論與公開交流，達成"公益性共識"的制度預期。

當代民主制在實踐上走入了一種經驗主義和程序主義的誤區，將民主過程演繹為：第一，代表是單純的選區代表，只對影響其選舉結果的選民負責，不是整體代表，罔顧公益和法治；第二，民主就是程序安排，是程序權利的充分運用，甚至濫用；第三，民主就是一種多元對抗精神，立場超越理由。這些對民主原理和功能的理解，確實切合了民主制的某些特徵，但不是對民主制本質的完整理解與把握。

根據麥迪遜（James Madison）在《聯邦黨人文集》（*Federalist Papers*）中的界定，代議制民主的本質在於通過"代表"完成公眾意見的收集、凝聚與昇華，而且代表意見獨立於並高於公眾意見。麥迪遜指出："通過某個選定的公民團體，使公眾意見得到提煉和擴大"、"由人民代表發出的公眾呼聲，要比人民自己為此集會，和親自提出意見更能符合公共利益。"[20] 這是一種理性主義的精英民主理論，也是代議制民主在精神起源與制度發展上的根本邏輯。因此，民主過程是一種以"代表"為主體、通過合理程序安排追求實體性"公益"與"共識"的過程，包含着盧梭的所謂本質主義的"公意"（general will）內涵。[21] 這是因為，民主在原理上設定了同質性和代表性的前提，選舉的意義不在於選擇簡單傳遞民眾聲音的"傳聲筒"，而在於選擇在理性能力上高於民眾的"代表"，來對民眾的意願和目標進行"整合"與"深加工"，以"議會"的機構主體性，制定法律或通過決議。施米特對民主的"同質性"理解就來自盧梭政治哲學中的"公意"概念。這是一種本質主義而非程序主義或多元主義的理解，具

20　參見漢密爾頓（Alexander Hamilton）、傑伊（John Jay）、麥迪遜：《聯邦黨人文集》，程逢如等譯，商務印書館，1980 年版，第 49 頁。

21　關於盧梭的"公意"哲學，參見盧梭：《社會契約論》，何兆武譯，商務印書館，2003 年修訂 3 版，第 35-37 頁。

有形而上學的哲學特徵，屬於一種嚴格的哲學建構。[22] 當代民主理論對"代表"概念的理解基本延續了一種多元主義、程序主義與形式主義的哲學傳統，而相對遮蔽或遺忘了"代表"概念的發生學內涵與思想史類型，從而無法對當代民主實踐中出現的諸如"拉布"之類的程序異化現象，給予超越既定理論範式的診斷、批評與重構。

根據美國政治學者皮特金教授（Hanna Fenichel Pitkin）的考察與分析，"代表"制在歷史上大體存在過三種類型：象徵代表制、實質代表制與形式代表制。[23] 當代民主實踐的程序異化現象，與代表理論的類型缺陷存在內在的邏輯關聯。而拉布的氾濫以及"議場廣場化"的不良趨勢，就是對本質主義民主原理的背離，也是對議員"代表"責任之公共屬性的背離。只有具有"公共性"自覺的議會代表才可能將共同體導入理性和法治的優良軌道，才能成功地以整體的議會權威和正當性吸納和消解任何民主政體所面臨的廣場化、大眾化、民粹化的激進主義困擾，才能有真正的作為國家公共生活重心的"議會政治"。

那次吳亮星執法中多次以"行為不檢"為由驅逐反對派議員，有一定道理。個別議員的"行為不檢"儘管在其個人政治考量和相關選民眼中是績優表現，但對於立法會整體和香港選民整體而言卻是不良表現。更關鍵的是，議員花樣翻新的"不檢"

22　關於施米特的民主同質性概念之分析，參見田飛龍："施米特對魏瑪憲制的反思及其政治憲法理論的建構"，載《南京大學法律評論》2014 年春季號，法律出版社 2014 年版。

23　見 Hanna Fenichel Pitkin, *The Concept of Representation*, University of California Press，1967；中譯本參見皮特金：《代表的概念》，唐海華譯，吉林出版集團有限責任公司，2014 年版。

行為，嚴重惡化了議會審議的理性氛圍與公共性追求。論者也許會以台灣地區立法院相似行為佐證，但那絕對不應是民主的榜樣，而只能是反例。代議民主傳統悠久的英美系民主，議員儘管也有着適應大眾化社會的表演成分，但理性、公共性和貴族式責任感仍然構成基本的美德與傳統制約。後發民主社會缺乏這樣的美德制約，但不等於可以放任一種不健康的經驗主義和程序主義表現，不等於可以罔顧公益和法治，更不等於可以濫用由全體選民買單的特權和程序便利，而忘記了甚麼才是優質的代議民主和議員責任。選票多少不是議員合格與否的充分條件，一個健全的民主議會需要議員加強內在修養和學習，共同形成健康的議會文化和議事傳統。

新界東北撥款案雖早已通過，但所折射的港式民主精神危機至今並未消解。在民主轉型的"泛政治化"時代，公益和法治有可能在場內拉布和場外抗議的夾擊之下遭受重創。香港作為商業社會與法治社會，作為一國兩制憲制秩序下的"特區"，無論是基於繁榮穩定的經濟社會效益，還是民主發展的政治效益，都需要一種更接近英美現代代議民主的理性精神與貴族氣質，都需要公益在民主與法治的制度性互動中獲得共識和維護。如果港式民主盯準的只是當代民主，尤其是後發民主中的經驗主義和程序主義特徵，以之為模範，形成場內惡意拉布和場外無序抗爭的"兩極化"民主形態，則香港的法治、民主、人權、商業文明乃至於央港關係都將遭受嚴峻挑戰。[24] 現代政治

24　這一挑戰在 2014 年國慶前後的實際"佔中"抗命中已然顯露，參見田飛龍：〈循民意和法治軌道解"佔中"困局〉，載《大公報》，2014 年 10 月 4 日。

看議會，議會權威看議員，議員表現是民主社會的成熟標尺。以此對照，撥款案無論是作為建制派的個案勝利，還是作為泛民主派的拉布失利和激烈反彈（司法覆核），都生動表現出來並擴大而不是有效彌合了港式民主轉型的精神危機。而對治策略，顯然不僅僅是"議長警察權"的個案強化那麼簡單。

四、香港立法會的拉布治理

當拉布議員及其支持者津津樂道"拉布有理"時，他們遺忘了民主的本質精神不在於小團體主義，而在於公共利益和公共理性。拉布是明顯小團體主義的體現，拉布議員與其選民之間對特殊團體利益的道德認知和政治追求，超越了民主社會共同價值觀與公共利益。這種"四兩撥千斤"式的政治行為，遺忘了民主社會的本質邏輯與常態恰恰應該是：四兩歸四兩，千斤歸千斤。所以，在一個常態健康的民主社會，禮讚"拉布"非常可笑，社會的理智共識應朝向對"拉布"及其小團體主義的制度化管控。隨着香港"雙普選"的來臨，港式民主真正的挑戰已經不是選舉議題，而是反拉布議題。唯其如此，優質的港式民主才可呈現。

議會整體自治與反"拉布"考慮

如何反"拉布"呢？當然不能採取"釜底抽薪"的做法來禁止拉布，就像不能因為病變就隨便割除器官一樣，亦如麥迪遜曾言的，不能因為派系危害而消滅之，否則自由將蕩然無存。主要思路是議會整體自治，可考慮：第一，議長警察權的法制化；第二，議事辯論規則的完善化；第三，議員罰則的強化。

我們已經注意到立法會內部出現了改進議事規則的要求，而立法會既有的"剪布"實踐亦形成了拉布治理的某些具體經驗，這些皆屬於議會自治範疇。為了更加有效地審議和表決以服務公共利益，立法會的拉布治理是不可或缺的根本環節。

打造優良的代議民主政治

回歸以來，香港立法會開展了日益規範化的代議民主運作，但也伴生了現代民主的惡意拉布現象，出現了程序異化和偏離理性審議的傾向，且與議會之外的社會運動和違法抗命呈現惡性互動之勢，對立法會的民主審議功能與特區政府的管治績效造成嚴重負面影響。立法會的惡意拉布既有着現代民主一般發展的階段性特徵，亦有着香港代議民主發展起步較晚、基本法體制設計突出"行政主導"，以及殖民史觀凌駕回歸史觀等複雜的本土實踐性特徵。立法會拉布在特區管治矛盾和特首普選議題下被進一步激化，成為香港改善管治的重要課題。治理思路既在於立法會議事規則和"剪布"實踐的優化和對等升級，亦在於反思重構香港民主文化根植的歷史與政治處境及其理論氣質，從而內外兼修打造"雙普選"條件下更優良的特區代議民主政治樣本，突出其內部管治效應和外溢示範效應。

總之，香港立法會惡意拉布現象，既是香港民主化過程的必經階段，也有着深刻的歷史淵源和意識對抗背景。基本法秩序下的香港管治，顯然不能縱容場內拉布與場外抗命的惡性互動，治理思路應循着議事規則優化的方向進展。值得慶幸的是，儘管遭遇巨大壓力，香港立法會亦在法治與民意支持下，開展了較有成效的"剪布"實踐，一定程度上利用既有規則抑制了拉布的惡意蔓延，但規則細密程度及剪布實踐仍有待完善提升。

長期來看，拉布氾濫與當代民主文化的高度程序化，以及香港社會民主文化對公共利益的認知狀態高度相關。民主議會的成熟程度既基於自身自治程度，亦基於民主社會大環境的文化氛圍與價值取向。只有當公益與法治真正成為一種為立法會和香港社會普遍、深度分享並捍衛的優先性"核心價值"與"公共理性"時，場內惡意拉布與場外違法抗命才可能被縮減至最低限度，香港民主才會超越台式民主和一般的當代轉型民主，而臻於英美式的真正成熟民主狀態。如此，其優良管治效應才可充分釋放，而其對大陸民主化的示範意義才可能真實呈現。因此，香港立法會的拉布治理，也就具有了超出香港本地管治的更宏大的中國憲制轉型意義。

第四章

政改死結：預選式提名 與行政主導制

一、引言：8.31 落閘？

全國人大常委會於 2014 年 8 月 31 日如期作出關於香港政改的決定（以下簡稱 "8.31 決定"），[1] 完成政改 "五部曲" 之第二部。[2] 這一決定從整體來看儘管符合基本法與 2007 年人大決定的法制框架，但卻與香港各界的普選預期有較大距離——泛民主派自然認為是史上最嚴的 "篩選" 制度，是假普選，甚至建制派亦表示方案相對自身一貫主張更趨保守。[3]

提名問題的國際標準與基本法秩序

在香港政改話語譜系中，對 2017 特首普選存在着截然對立的兩種觀點：第一種是泛民主派堅持的國際標準説，引《公民權利和政治權利國際公約》25 條 b 款作為規範依據，強調普選應 "普及而平等"，不應存在 "不合理限制"，否則就構成篩選，屬於假普選；第二種是官方與建制派主張的基本法秩序説，引基本法第 45 條及全國人大常委會 2007 年決定為規範依據，強調普選應以基本法和人大決定為基礎和框架，不存在超越具體法制秩序的國際標準，普選的前提是合乎基本法。[4] 國際標準

---

1 決定全文參見《全國人民代表大會常務委員會關於香港特別行政區行政長官普選問題和 2016 年立法會產生辦法的決定》（2014 年 8 月 31 日第十二屆全國人民代表大會常務委員會第十次會議通過），新華社網站 http://news.xinhuanet.com/politics/2014-08/31/c_1112298240.htm。

2 香港政改 "五部曲" 是全國人大常委會依法確定的香港特別行政區行政長官產生辦法（基本法附件一）的修改程序，確保中央對香港政改的主導權，其完整法律依據是基本法第 45 條、附件一以及全國人大常委會 2004 年解釋和 2007 年決定，具體內容參見《2017 年行政長官及 2016 年立法會產生辦法諮詢文件》，香港特別行政區政府，2013 年 12 月。

3 關於對這一中央決定的整體評價，參見田飛龍：〈泛民應妥協尋求政改出路〉，載《大公報》，2014 年 9 月 1 日。

4 實際上 "公民提名" 入法超出了全國人大常委會職權範圍，後者並無法律能力在 "五

説與基本法秩序説在提名問題上便呈現為"公民提名"與"機構提名"的二元對立。提名機制之爭成為香港特首普選的核心爭議，而具體的"一人一票"選舉制度如何設計卻沒有發生嚴重爭議，這在世界普選史上亦屬特例。不過，這一焦點偏移的特例，來自一國兩制和基本法獨特的制度構造，雙方爭議的本質在於作為基本法支柱與核心原理的"功能代表制"，及其對立法會和特首制度的支配性是否還具有政治正當性。長期以來，反對派立志徹底廢除"功能組別"，將"功能代表制"剔除出基本法秩序，實現基本法與香港政制的徹底"民主化"，而這一訴求在基本法秩序內部是完全無法達成的，於是便有了對國際標準的遠程追溯和對本土違法"公民抗命"（civil disobedience）[5]的持續發酵。在以法治作為核心價值的香港社會，違法的"公民抗命"成為一種主要政治博弈手段，廣場代替議場成為香港政治的主場，溫和理性的商業精神逐步被激進不妥協的青年運動所壓抑和取代，這一發展趨勢表面來看是特別奇怪的，[6]但就反對派銳意進取的"純粹民主目標"及其對國際干預力量的心理依賴與

部曲"框架內接納泛民主張，參見田飛龍：〈人大常委會如何一錘定音？〉，載《大公報》，2014 年 7 月 16 日。

5　"公民抗命"的概念化及其政治運用，來自香港大學法律學院副教授戴耀廷 2013 年初的一篇政論文章，由此掀開香港違法抗命的政治發展序幕，參見戴耀廷：〈公民抗命的最大殺傷力武器〉，載《信報》，2013 年 1 月 16 日；針對中央的 8.31 決定，戴耀廷在晚間集會中宣佈香港進入"抗命時代"，參見〈戴耀廷聲言進入抗命時代〉，載《星島日報》，2014 年 9 月 1 日。

6　不過，在人類政治史的長河中，公民抗命（內地通常譯為"公民不服從"）也是一個古老的政治進化機制與傳統，和平、理性、非暴力的抗爭有助於政治制度的檢討和公共政策的審議，但香港這輪抗命行動卻有民粹化甚至暴力化傾向，使其抗命行為破壞有餘，建設不足。關於公民抗命的思想史文獻，內地學者何懷宏教授曾進行過相對系統的編譯和梳理，參見何懷宏編：《西方公民不服從的傳統》，吉林人民出版社，2003 年版。

想像而言，則可理解一二。[7]

　　以下擬通過對普選國際標準的存在性與適用性的分析，證明人大決定體現了基本法內置的"預選—直選"式普選，而人大決定確立的正是一種"預選式提名"的框架，這是基本法第 45 條普選承諾的本質與真相。未來真普選進取空間應放置於對提名委員會這一基本法功能機構的權力限制與監督上，使其"預選式提名"不能真正演變為"篩選"。同時，人大決定造成泛民主派民主理想的重大挫折，可能導致 2016 年立法會選舉中泛民主派獲得補償性勝利，造成基本法確立的行政主導制開始向權力制衡體制演變，由此應積極檢討"行政長官絕對中立"原則，探討行政長官主導下的執政聯盟的可能性問題，才可維持某種相對弱式的行政主導制。

二、篩選、預選和普選：國際標準問題

　　普選國際標準問題是香港政改的核心爭議之一，是反對派論證"公民提名"與"和平佔中"正當性的超國家法依據，其主要文本來源是《公民權利和政治權利國際公約》第 25 條 b 款，簡稱為"公約普選條款"。從反對派最寬泛的論述來看，其推理邏輯是：第一，公約普選條款作為普選國際標準的規範依據是

7　國際干預的幻想主要針對英美，2014 年上半年政改博弈關鍵時期，反對派代表人物陳方安生和李柱銘，分別專程訪問英美尋求政治干預，但從 8.31 決定之後的國際干預反應來看，已基本失敗，由此推動香港政治轉入"內政化"時代。國際干預的基本邏輯，可見於末代港督彭定康近期的回應，參見彭定康：〈英國有責任為香港發聲〉，載《金融時報》，2014 年 9 月 3 日；關於國際干預的成效評估及對香港政治走向之影響，參見田飛龍：〈反對派"國際干預"美夢成空〉，載《大公報》，2014 年 9 月 10 日。

存在的；第二，公約普選條款適用於香港；第三，香港的特首與立法會普選安排應符合這一條款，否則將構成違反國際法義務。反對派立場可簡括為"國際法義務論"。儘管反對派對這一國際標準的解釋和具體應用花樣翻新，不盡一致，但不影響其政治論述的權威來源，也進一步證明澄清"公約普選條款"與基本法關係的根本重要性。

與反對派針鋒相對，建制派對該條款的反駁邏輯是：第一，最強立場：以普選國際實踐的多樣性否定國際標準的存在，將普選完全作為主權內部事務對待；第二，中強度立場：承認"公約普選條款"的存在及其有效性，但依據英方"1976年保留"和中方"1997年外交照會"排除其在香港的適用性；第三，偏弱立場：承認"公約普選條款"存在且通過基本法第39條適用於香港，但屬於間接適用，必須根據相關本地法律的具體轉化予以實施，但1991年的《香港人權法案條例》對普選標準的引入存在"越權違憲"的嫌疑，相關條款被臨時立法會依據基本法予以廢止，故本地立法依然不能提供實施依據。這一立場可簡括為"基本法秩序論"。

從多數意見與理性立場來看，完全否認"普選國際標準"存在性的觀點，不具有切實的法律基礎與學理基礎，但完全承認這一標準的適用性的觀點，也存在法律解釋方法上過分偏重文義解釋而忽視立法原意解釋的缺陷。內地憲法學者強世功教授曾在《明報》撰文提出，雙方辯論均存在法律立場與學理立場的混淆與倒錯，有一定道理。[8] 實際上，在"雙普選"背景下，

8　參見強世功：〈國際人權公約在香港：被誤讀的國際條約〉，載《明報》，2014年8月25日。

如何看待圍繞"公約普選條款"展開的學理與法律解釋之爭，如
何界定公約之"普選"標準與基本法之"普選"安排之間的相互
評價與對話關係，是香港政改與民主化的長期課題。即使 2017
普選完全按照基本法之普選框架實現，但未來立法會普選以及
更遠期的基本法秩序重構，也需要對這一核心概念及其法律內
涵予以深入剖解。

揭開國際標準的神秘面紗

政治制度的國際標準與工業技術的國際標準有着不同的屬
性和適用方式。在經濟全球化背景下，基於產品國際化與利潤
最大化的理性要求，工業技術的國際標準日益具有強制性與同
質性，如果特定的生產國不能滿足這些標準，將面臨無法出口
和無法進入國際市場的失敗前景。因此，在工業技術領域與國
際接軌，要求原理和技術指標上的簡單一致化。但政治制度屬
於主權和民族整體實踐範疇，特定國家的政治制度在本質上只
服務於本國政治實踐和治理需求，並無出口壓力，也無接受國
際單一標準評價與管轄的完備政治理由。因此，政治制度的國
際標準只是一種建立在人權普適性與國別主權意志相協調基礎
上的、以指導和改進國際整體治理狀況與水平為基本目標的共
同治理行為。這裏不存在"人權高於主權"的激進主張，也不存
在反對派主張的必須符合其"想像"的要點標準才算符合國際
標準的問題，而是在人權價值與永久和平理想的背景下、以尊
重和引導各締約國採取符合公約原則與基準的方式，改進治理
體系的實踐進程。儘管"公約普選條款"在法律上並不適用於

香港，但基本法建構的特首普選與立法會普選目標及其實踐過程與具體制度模式，並不違反普選國際標準，而是為該標準提供一種富有個性與創造性的、"一國兩制"獨特框架下的實踐樣本。退一步，即使公約普選條款適用於香港，基本法的普選制度安排也不需要出口，依然具有充分的自主性和選擇空間。

"公約普選條款"到底是甚麼並非反對派的想像，而是有着確定的法律內涵。《公民權利和政治權利國際公約》25 條 b 款的完整條文如下："在真正的定期的選舉中選舉和被選舉，這種選舉應是普遍的和平等的，並以無記名投票方式進行，以保證選舉人的意志的自由表達。"[9] 該款確定了"普選"的適用範圍、技術標準和主旨目的。就適用範圍而言，該條款適用於"真正的定期的選舉"，即可以適用於締約國依法確定的所有"定期的選舉"，包括立法機關和行政機關的選舉。就技術標準而言，主要確立了三個技術要點：一是普遍性標準（universal），要求選舉權不得被少數羣體壟斷，應擴展至特定政治體內以非歧視方式界定的合格選民；[10] 二是，平等性標準（equal），即每個人的投票（vote）應具有相等的價值（value），也就是通常所謂的

9　這裏適用的是公約的"通行中文本"，根據孫世彥教授的考察，該公約還有一個"作準中文本"，是保存於聯合國的原初權威版本，二者之間存在諸多差異。根據筆者比對，單就 25 條 b 款而言，除了語義翻譯差異之外，不存在法律內涵差異。有關考察，參見孫世彥：《〈公民及政治權利國際公約〉的兩份中文本：問題、比較與出路》，載《環球法律評論》，2007 年第 6 期；兩個中文本與英文本的完整對照表，參見北京大學法學院人權與人道法研究中心"人權文書中國專題"：http://www.hrol.org/Documents/ChinaDocs/Obligations/2012-11/272.html，2014 年 9 月 1 日訪問。

10　梁振英在回應國際標準在港適用時，稱香港普選標準甚至高於國際標準，因為香港的選舉權擴展到了非中國籍的永久性居民身上，而他們並非"中國公民"，參見〈梁振英：普選國際標準説法太虛，要回歸到基本法〉，載《人民日報》（海外版），2014 年 8 月 28 日。

"一人一票，一票一值"；三是秘密性標準（secret），即選舉應以無記名投票的秘密方式進行，這是保障投票人意志自由、抑制早期賄選風潮的關鍵性制度機制。就主旨目的而言，普選國際標準的唯一目標在於在選舉中實現選民意志的自由表達（free expression）。我們看到，普選國際標準的三大技術標準有着確定的法律內涵。

結合第 25 條主文中"權利"與"機會"以及"不受公約第二條的區分和不受不合理的限制"的表述，在法律邏輯上還可推導出"第四標準"，即"合理限制"標準，就是締約國為落實普選三大技術標準改進政治制度，可以在具體的普選制度中實施不違反上述技術標準的"合理限制"，以便普選能夠在國內憲制基礎及合理有序的框架內實現。基本法確立的"提名委員會"不是原來的"選舉委員會"，只具有普選制度中的"提名功能"，儘管這一功能因機構提名屬性與功能代表制限定而具有某種"預選"效果，但不影響選舉階段的"普及而平等"的選舉，只是便利普選組織與安排的"合理限制"，並不違反上述"三大技術標準"，相反卻在根本目的上有利於保障選民意志的合理、有序、自由表達。"合理限制"不是"不合理篩選"，並無不當。

兩次"保留"核心是政改自主性

英國加入《公民權利和政治權利國際公約》時的"1976 年保留"，和中國接收香港時的"1997 年照會"，構成兩次保留，需準確理解其法律含義與政治意志。對英國"1976 年保留"的存在性與有效性，辯論雙方並無異議，但對於這一保留的具體

內涵存在不同理解。建制派認為這一保留繼續有效且為 1997
年之後的基本法秩序所吸收，在法律意義上排除了"公約普選
條款"的適用性，香港不對該條款負有實施義務和報告義務。
反對派甚至大律師公會則要麼堅持公約整體適用於香港，包括
保留部分，要麼認為英國的保留僅限於文字上的"行政局"和
"立法局"（已被基本法廢除），而不包括行政長官和立法會。

　　對英國保留應這樣認識：一方面，這一保留是英國實行本
土與殖民地"二元憲制"模式 [11] 的政治選擇，對應的是英國殖民
秩序下的總督主導制，將立法局與行政局的產生模式排除在公
約普選標準之外，從而保持香港殖民秩序的穩定性和連續性；
另一方面，保留聲明不等於排除香港的民主化，而是保留香港
政制發展的自主性。當然這一自主性屬於英國而不屬於香港，
這從回歸過渡期港英政府的代議制改革可以看出，但這一改革
尚無明確的"普選"安排，而只是逐步擴大立法局（甚至區議會）
的民主基礎。

　　1990 年代初，港英政府在制定《香港人權法案條例》時曾
試圖確立該法案的"凌駕性地位"與基本法對抗，同時以"明
修棧道、暗度陳倉"的方式引入在 1976 年已做保留的民主標
準，但這一法案的"凌駕性地位"被回歸時的臨時立法會廢止，

11　大英帝國的二元憲制模式是其"日不落帝國"計劃的制度核心，實行政治上的殖民專
　　制與法律上的普通法一元化，相對巧妙地"以法律吸納政治"，但在民族國家和非殖民
　　化時代依然遭遇規範性挑戰，最終以"撤退戰略"結束。美國著名憲法學家麥基文教
　　授曾對這一"二元憲制"模式在愛爾蘭和北美的失敗進行過比較研究，參見 Charles
　　H.McIlwain, *The American Revolution: A Constitutional Interpretation*, Cornell
　　University Press, 1958；中國學者對二十世紀上半葉英國"自治領"模式的憲法學分
　　析，參見樓邦彥：《不列顛自治領》，商務印書館，2013 年版，該書 1945 年初版。

而通過相關本地法例撤回"保留"在殖民地憲制秩序中實際上是越權違憲的，更因該法案喪失凌駕性地位而不可能保有效力。[12]1995 年香港法官祁彥輝（Keith J.）的判詞曾涉及《公民權利和政治權利國際公約》25 條 b 款對立法會選舉的適用，亦由於缺乏英國政府的法律授權，以及不被基本法秩序支持而不可能構成具有法律意義的"先例"。[13]

中國政府於 1997 年香港回歸前夕照會聯合國秘書長，聲明英國的"1976 年保留"繼續有效，同年 12 月發出第二份照會，聲明香港的人權報告義務繼續實施，由特區政府起草，外交部代轉。

中國政府的"1997 年照會"的準確法律含義是：公約整體對香港繼續有效，英國保留部分繼續有效，普選保留包含的中央政府（不是香港）對香港政制發展主導權繼續有效。這樣就可以理解，雖然中英兩國政府在"公約普選條款"的保留態度上高度一致，但港英政府末期推動香港政制民主化（動機不論）和中國政府在回歸前的基本法制定中確立"雙普選"目標以及回歸後穩健推進香港普選進程的客觀政治表現亦有協同之效。"保留"與"保留之保留"均應在立法原意和整體政治意圖的意義上理解和解釋，認識到保留的首要法律意義是對該條款適用性的絕對排除，否則就會出現因單純的咬文嚼字而無法區分和銜接殖民秩序與基本法秩序、違背保留聲明原意的法律解釋錯

12　參見李曉惠：《邁向普選之路 —— 香港政制發展進程與普選模式研究》，新民主出版社有限公司，2013 年版，第 486-488 頁。

13　同上註，第 488-489 頁。

誤甚至政治錯誤。[14]

基本法秩序下的"預選─直選"式普選

　　按照政改五部曲，全國人大常委會已在 2014 年 8 月會期正式審議特區政府政改報告，同時已安排專門程序在深圳接見泛民代表並接受其《民間政改報告》。全國人大常委會按照基本法與前期決定框架，結合特區政府政改報告，參酌泛民代表意見及其民間報告，作出合法且合理的"一錘定音"式政改決定，以法律形式和效力確定性排除香港政改辯論中出現的，對"國際標準"的浮泛議論與想像性適用，堅持其在基本法秩序內的普選目標、提名模式以及雖無義務但實質符合"公約普選條款"之三大技術標準的方案框架，而將政改方案細節與具體規則保留給香港本地立法。如果反對派依然寬泛而抽象地堅持"國際標準"，既無法完備論證標準在香港的適用性，也無法指出基本法與人大決定的"普選"安排，在何種具體標準與實踐意義上違反了國際標準，甚至不惜以此為由倉促"佔中"以完成此輪政治反對運動的"交卷時刻"，則其正當性與合理性將面臨基本窮盡的尷尬，其運動的號召力亦將逐步衰竭。當然，佔中行動可能只是政治對抗的第一次攻擊波，"後佔中"時代在立法會、法院、街頭等場域爆發的不合作運動及對政府管治的全面負面影響，才是對基本法與一國兩制的更嚴酷考驗。然而，這場考驗已與國際標準無關，反對派進一步訴諸的可能也就不是尚有確

14　澳門理工學院的王禹副教授亦認為該條款不具有法律適用力，參見王禹：《〈公民權利和政治權利國際公約〉第 25 條 b 項不具有在香港適用的法律效力》，載《文匯報》，2014 年 4 月 18 日。

定規範形式的國際法律標準，而是部分化的"民意"和抽象化的"理念"。認同與整合的政治鬥爭遠未結束。

8.31 決定似乎坐實了泛民主派的"篩選"預判，從而引發其集體"否決"表態，學運系統的罷課與佔中動員更是越演越烈。理念之爭的背後，是對普選"國際標準"認知和適用上的分歧。以上對國際標準進行了具體分析與解釋，以便澄清討論的前提。總體觀點是普選國際標準是存在的，但基於英國政府 1976 年的保留和中國政府 1997 年的外交照會，相關標準並不適用於香港。但在法律上不適用，不等於國際標準不可以作為一種理想性標準對香港普選構成規範評價的準據。在非適用的理想性標準意義上，泛民主派的"篩選"指責混淆了規範適用標準與理想評價標準，超出基本法秩序追求"真普選"，導致其主要訴求在既定法制框架內無法滿足，而人大決定基於此次普選所依據的基本法與前期決定，本着政改循序漸進和維護作為基本法支柱之功能代表制的立場，所給出的普選框架儘管顯得保守與強硬，但並不構成所謂的篩選，而是一種基本法秩序下獨特的"預選—直選"式普選。

三、人大決定確立"預選式提名"框架

無論如何反對，8.31 決定在中國法律體系中具有與法律等同的規範效力，構成香港政改的最新法律基礎。[15] 決定的全稱是《全國人民代表大會常務委員會關於香港特別行政區行政長

15　強世功教授稱之為"政治決斷"，透露出中央主導香港政改的政治意志，參見強世功：〈政治決斷：關於行政長官普選的人大決定〉，載《明報》，2014 年 9 月 3 日。

官普選問題和 2016 年立法會產生辦法的決定》，這表明此次決定並非僅僅約束 2017 年特首普選，而是確定了 2017 年之後各屆特首普選的一般性框架。當然，這種決定仍然只是"五部曲"框架下的"小政改"，[16] 不涉及對基本法正文的修改，但如若今後對基本法秩序進行整體檢討和翻修時，8.31 決定及其普選模式未必不可以再次進入中央政治考量與決斷的範疇。

　　我們需要對這一決定的法律要點予以簡單歸納，以便準確認知其性質與意圖。決定的本身幾乎回應了第一輪政改諮詢中所有的主要爭議點，且以最嚴格的法制標準作出了保守性限定：第一，"參照"變"按照"，即 2017 年特首普選的提名委員會在人數、構成和委員產生辦法上，與 2012 年選舉委員會相同，意味着前期討論中的增加委員人數、委員普選或公司票／團體票改為個人票一概被否決，剩餘空間僅為在四大界別內部調整小界別構成及其委員配額；第二，提名的"民主程序"被確定為過半數標準；第三，候選人人數被限定為 2 至 3 人；第四，全體合資格選民一人一票選出特首；第五，中央對選出的特首人選進行實質任命；第六，政改法案如被立法會否決則沿用 2012 年辦法，特首普選與立法會普選再議。

　　這一框架並未超越基本法秩序，毋寧是對基本法秩序的嚴格守護。當香港輿論討論中央"普選"承諾時，其實並沒有嚴肅並嚴格地從基本法出發來理解和追求既定法秩序下的普選目標，而是將"普選"抽離出具體的基本法秩序，不顧及基本法到

16　關於此輪政改的"小政改"屬性及其制度影響，參見田飛龍：〈小政改定位與公民推薦改進〉，載《大公報》，2014 年 4 月 24 日。

底作出了怎樣的"普選"框架承諾，一味以"國際標準"和非法制的理想性理念作為實際政治主張的基礎。事實上，從基本法起草到實際運行 17 年，對特首普選的制度安排都不是一種"空白支票"式的，可以任意填充的空間，而是對這一空間的結構與佈局作出了既定的體制性安排。這一體制性安排非常清晰地體現於基本法第 45 條第 2 款，即"行政長官的產生辦法根據香港特別行政區的實際情況和循序漸進的原則而規定，最終達至由一個有廣泛代表性的**提名委員會**按民主程序提名後普選產生的目標。"而"提名委員會"就是這一普選體制性安排的中樞性制度，且這一委員會並非沒有參照物或標準，它是以之前運行的"選舉委員會"為參照，延續的是功能代表制的政治構成邏輯，嚴格執行該條款中的"循序漸進"原則。

當泛民主派完全忽視或有意不承認這些既定的體制性安排時，對人大決定相關限定措施的理解和接受，就會出現嚴重非法制化的困難和誤讀。由於這一承諾來自基本法的單方面決斷，《中英聯合聲明》並未提出"普選"目標，且所謂"國際標準"又不能直接適用於香港，故人大決定秉承了這一法制承諾的漸進性和有限性特徵，並未"另起爐灶"，以全面翻修基本法的方式追求"一步到位"的理想型普選。在這一法制框架內，"提名委員會"承受了原"選舉委員會"的基本構成原理和運作邏輯，當該種邏輯與"一人一票"的普選邏輯相結合並發生作用時，提名委員會的"預選"功能便隱秘地藏身於"提名"功能之下，以保障政制發展的延續性和可控性。

機構提名的"預選"性質

這一普選框架比香港各界的各式方案都要嚴厲，顯示出中央一改之前的"自由放任"立場，對香港政改已行使實質主導權。[17] 但是，我們不能泛泛地指責中央背信棄義，違背承諾，而是需要首先搞清楚中央在基本法中的承諾到底是甚麼，以及中央對提名委員會的賦權與維護行為到底是在維護甚麼。總體來看，人大決定確立的是一種"預選式提名"框架。

原來的選舉委員會集"提名"和"選舉"於一身，過半數標準落實於"選舉"環節，故"提名"環節可接受八分之一寬鬆入閘條件。如今委員會僅限於"提名"，"選舉"責任已剝離給全體選民，但人大決定仍然採納了作為選舉標準的"過半數"標準，是否超出了提名委員會的職能範圍？官方的解釋理由是提名委員會是一個機構，是一個整體，其意志需要通過"過半數"來表達。如果從公司或法人決策原理來看，這種解釋也説得過去；而在民主程序的通常理解中，過半數也是一個經常性選項。但是，提名並非一項自足性決策，而是作為普選的一個前置性、輔助性程序而存在。就普選整體目標來講，在"提名階段"是否需要嚴格到"過半數"標準？大律師公會主席石永泰對此就提出過質疑，認為中央將選舉標準與提名標準混淆，造成不合理限制。[18] 這只能解釋為人大決定界定的"提名委員會"並

17　這一立場轉變的最主要標誌，就是 2014 年 6 月發佈的香港白皮書，具體參見中華人民共和國國務院新聞辦公室：《"一國兩制"在香港特別行政區的實踐》（2014 年 6 月），人民出版社，2014 年版。

18　參見〈香港大律師公會主席石永泰：特首提名方案不合理〉，載《中華時報》，2014 年 9 月 3 日。

非純粹"繼承"原選舉委員會的"提名"功能,而是在"提名"與"直選"之間保留了一種"預選"功能,即特首"選舉"功能在制度上沒有完全從"提名委員會"剝離,而是將"預選"功能保留在委員會內,而將具有"覆選"性質的"直選"功能剝離給全體選民,由此構成一種流程化和系列化的特首普選整體性制度。"預選"屬性還可從人大決定對候選人數的嚴格限定上來認知。如果沒有這一人數限定或人數限定較為寬鬆,則"預選"便不具有制度意義。但是,"預選"本身仍然是制度中性的,不等於必然排斥泛民主派,也不等於建制派自然入閘。

那麼,人大決定採取"預選"和"直選"分離的形式,到底是在維護甚麼呢?這需要從概念上進一步追問"機構提名"的特性。[19] 機構提名與公民提名、政黨提名不同之處在於其是基本法建構的獨立機構,有着"廣泛代表性",在法理上具備對香港政治社會的整體代表資格。這一代表資格不是基於"一人一票"的直選基礎,而是基於功能組別的政治基礎。相比之下,公民提名與政黨提名不具備這樣的整全代表性,從而只能採納多元主義的提名原理,根據法定條件和程序提出候選人。但機構提名本身有基本法(包括是次人大決定)之賦權,且在政治代表性上推定代表香港整體政治社會,故其"提名"就不可能是一種多元主義式的社會性提名,而在邏輯上必然包含一種"預選"性質。這也是為甚麼雙方爭議中會出現兩種聲音:一是官方反對提名委員會全體普選產生,認為這樣做就使後續的選民投票

---

19 關於機構提名的憲法學理分析,參見陳端洪:〈論香港特別行政區行政長官提名委員會的合理性與民主正當性〉,載《港澳研究》,2014 年第 2 期。

變得沒有意義，相當於選民二次確認；二是泛民主派指責過半
數提名相當於已經由"小圈子"選出，後面的選民投票同樣喪失
意義。顯然雙方在邏輯上都不否認"提名委員會"具有某種選
舉性質，雙方爭執的要害之處在於提名委員會的"廣泛代表性"
到底是甚麼代表性。顯然，這不是"一人一票"式的代表性，而
是以功能組別為基礎的功能（職業）代表性。

　　這樣看來，"提名委員會"的完整表述應該是"提名和預選
委員會"，維護的是作為基本法支柱的功能代表制在特首普選上
的制度正當性。而泛民主派長期以來致力於完全廢除功能代表
制，無論是在立法會制度上還是在特首制度上，這就造成了雙
方在代表正當性層面的嚴格理念分歧。2014 年 9 月 1 日的政改
簡介會，李飛和張榮順兩位中央官員均同口稱讚"提名委員會"
是一個高明的設計，"越看越可愛"，其隱晦語義在於作為提名
委員會基礎的功能代表制，體現了政治上的均衡參與，體現"港
人治港"與"商人治港"的實質性平衡，有利保護香港商業階層
利益，有助於對"一人一票"的純粹民主制形成一種制度性的制
衡。顯然，中央認為制衡原則至少是與民主原則並駕齊驅的憲
制性原則。[20] 這表明，中央對於完全廢棄作為基本法支柱的功
能代表制是持嚴格警惕態度的，未來立法會普選也未必完全拋

20　這一認知可理解為一種"聯邦黨人理性"，即他們作為美國憲法的制定者，關注的焦
　　點不是傑斐遜式的純粹民主或個人權利，而是一個強大有力、理性制衡的聯邦共和
　　國，其憲制處境即為過於偏向各州自治主權的邦聯（confederation）實踐與 1786 年
　　的謝斯起義（Shays' Rebellion）。"聯邦黨人理性"包含國家理性與有序民主的制衡
　　思維，是一種更加合理與穩健的憲制思想，具體參見漢密爾頓、傑伊、麥迪遜：《聯
　　邦黨人文集》，程逢如等譯，商務印書館，1980 年版；相反的政治憲法思想被稱為
　　"反聯邦黨人主義"，參見斯托林（Herbert J. Storing）：《反聯邦黨人贊成甚麼？憲法
　　反對者的政治思想》，汪慶華譯，北京大學出版社，2006 年版。

棄功能組別架構。

功能組別的政治意義

如何準確認知功能組別在香港民主發展中的價值與意義呢？在 2014 年 4 月 28 日提交給特區政府的政改意見中，大律師公會提出的關於 2017 年特首提名委員會選舉和 2016 年立法會選舉中對公司票 / 團體票以及對基本法附件二所載 "分組點票" 機制的廢除建議，觸及了香港民主政制中一個根本性的問題："功能組別" 在現代政治中還有何意義？在香港民主中還有何意義？因為功能團體的普選化和立法會的實質一院化將標誌着 "功能組別" 這一概念重新被從政治領域排除，而即使繼續存在，也只是還原其經濟社會階層意義而已。

作為商業社會和商人精英領導下的香港，其民主政制安排應為資本創造力和社會領導力保留適當空間，應通過制度構造與合理化設計容納多元價值，使功能組別在未來香港政制中繼續保留並發揮其合理作用。

功能組別的理論基礎是政治行會主義。行會本是歐洲封建制下的一個特定概念，多元的行會體系反映了商業社會的階層結構與生產管理方式。由於技術因素的引入，行會自產生時即存在着 "師傅—學徒" 的對應關係，二者在政治和經濟地位上並不平等。在行會內部，對於代表資格和發言權的界定不是按照現代民主的 "一人一票" 模式進行，而是由 "行業領導者" 說了算，而且基於行業自治的要求，不同行會的內部組織機制也不盡相同。在歐洲中世紀，政治學上的個人主義尚未從基督教共同體以及世俗行會體制的多重束縛中掙脫出來。由於行會在封建政治與經濟中的主導地位，以行會為基礎的"職業代表制"進入了近代政治學和政治制度體系。

　　現代民主的發展就是政治行會主義向政治個人主義的變遷，但這一變遷過程不是一種直線進化，而是緩慢且不斷調整的。資產階級民主革命的基本內涵，是新興資產階級領導平民階層反對封建王權、宗教特權與土地貴族的鬥爭，將更加多元的社會階層帶入政治領域。由於資產階級訴諸的是普遍主義的啟蒙個人主義話語，按照《法律與資本主義興起》(*Law & the Rise of Capitalism*) 的作者泰格教授 (Michael E. Tigar) 的說法，這一"造反法理學"直接推翻了封建體制，但也為被領導的無產者提供了要求政治平權的法律意識形態。[21] 法國著名政治學者羅桑瓦龍 (Pierre Rosanvallon) 在《公民的加冕禮：法國普選史》(*Le sacre du citoyen*) 一書中便全景式展現了法國的"個人"如何一步步進入現代政治史。[22] 法國大革命的暴烈與法國民主政治的長期動盪，跟法國啟蒙哲學中徹底的個人主義傾向有關。

　　今天，香港政改諮詢中對"功能組別"一邊倒式的惡感與排斥，[23] 在意識形態上來源於同樣的政治個人主義。"一人一票"成了民主的名片，成了政治制度安排的第一原則。超越基本法的"公民提名"方案在學理上同樣來源於此。借用羅桑瓦龍的

21　參見 Michael E.Tigar, *Law & the Rise of Capitalism,* Monthly Review Press, 2000, pp.319-324。

22　參見皮埃爾‧羅桑瓦龍：《公民的加冕禮：法國普選史》，呂一民譯，上海世紀出版集團，2005 年版。

23　對香港功能界別政治的一項較有代表性的實證研究，參見馬嶽：《港式法團主義：功能界別 25 年》，香港城市大學出版社，2013 年版。

説法，香港泛民主派似乎也在追求一種"公民的加冕禮"。

然而，吊詭的是，優質的民主並不產生於在理念上徹底與高亢的法國，而是產生於具有保守和妥協特徵的英美。"世界公民"潘恩（Thomas Paine）曾游走於英、美、法之間，鼓吹一種激進徹底的民主主義和世俗理性化的自然神論，但美國的聯邦黨人最終與之決裂，而英國的柏克（Edmund Burke）及議會主流派別乾脆對他進行了缺席審判。[24]

英美政治不是完全的"政治個人主義"，而是在保守主義、理性主義以及貴族美德共同支撐下的混合政制，是對行會代表制與公民代表制的制度綜合，其表現為：第一，兩院制，分別吸納行會代表（廣義）和平民代表，相互制衡；第二，總統選舉中的"選舉院"制，儘管已被政黨政治虛化，但代表了一種折中原則；第三，參議院對法官任命的聽證批准權。[25] 更關鍵的是，這些制度設計有效抑制了法國大革命中頻現而英美政治中少見的"多數人暴政"，令法國政治思想家托克維爾（Alexis de Tocqueville）艷羨不已。

因此，現代政改不是單一"民主"原則的直接制度兌現，而是以民主為基本目標的憲法設計與制度綜合，需要容納最大化的實踐理性。"功能代表制"就是香港政制中最大的實踐理性

24　關於潘恩的激進主義政治思想及神學思想，參見托馬斯・潘恩：《人的權利》，田飛龍譯，中國法制出版社，2011 年版；《理性時代》，田飛龍、徐維譯，中國法制出版社，2011 年版；對潘恩激進思想較為全面的評述，參見田飛龍：〈公民潘恩的權利哲學與科學神學〉，載北大法律信息網編：《責任高於熱愛 —— 北大法律信息網文粹（2003-2013）》，北京大學出版社，2013 年版。

25　關於司法批准權的政治制衡意義，參見馬克・圖什內特（Mark Tushnet）：《分裂的法院：倫奎斯特法院與憲法的未來》，田飛龍譯，中國政法大學出版社，2011 年版。

因素。

在基本法設計中，功能組別一度顯赫，但也長期遭受泛民主派嚴酷的正當性挑戰，在"雙普選"壓力下更是可能遭遇"死刑判決"。在"雙普選"之前，功能組別是香港政治的主要基礎，立法會（半數）和行政長官均由其產生。儘管基本法也要求功能組別內部容納一定的協商與選舉民主，但這一安排的"政治行會主義"邏輯，決定了不可能存在持續有效的團體內民主。公司票、團體票在行會體制下自然被實質轉化為"領導票"。這不是專制，而是行會制邏輯使然，師傅不可能與徒弟平權。這種安排被認為違反了現代民主的"一人一票"原理。

根據 8.31 決定，行政長官 2017 年可通過提名委員會模式普選，立法會 2020 年全部普選。可以想見，在立法會普選爭議中，功能組別即使不被廢除，其內部普選化改革勢將無法阻擋，而立法會內的"分組點票"機制也將面臨嚴峻考驗。這意味着普選帶來了香港民主一元化和"一院化"的前景，香港政治中的行會主義開始衰落，個人主義強勢興起。就民主發展趨勢及其意識形態力量而言，這是不可逆轉的，也是對"功能組別"的簡單功能論證與重申所不能對抗的。在此前景下，功能組別僅僅可能在提名委員會"按照"選舉委員會組成並履職的過程中予以永久性保留，對行政長官的候選人名單產生某種日益弱化的行會主義影響。

這樣一來，香港政制將基本偏向"政治個人主義"的純粹原理，行會主義及其制度保障被降至最低點。從形式上看，這是香港"民主"的劃時代進步，是香港的"公民加冕禮"。但從香港作為自由貿易港和國際金融中心的定位來看，伴隨行會主義衰落而來的是：第一，立法會內部缺乏利益分殊與制衡機制，泛民的簡單多數可能帶來一種"福利主義"，削弱"一國兩制"中香港的資本主義因素及其創造活力；第二，立法會簡單多數對行政權構成壓倒性優勢，香港行政主導體制發生結構性變遷，政府管治能力進一步弱化；第三，議會辯論與政府決策中的"專業性"下降，專業界利益與公眾利益的互動平衡被打破。

當然，民主的標準化擴展在全世界都是一個不可逆轉的趨勢，只能適應，不能對抗。在此過程中，保守美德強健、初始制度合理、政黨政治規範、公民社會完備的西方發達國家，可以有效吸納和承受民主化衝擊，收穫其利；而轉型民主社會的意識形態接受與機械模仿，常常會造成對社會傳統建制與生活方式的誤解與誤傷，得不償失。在"雙普選"實質性重構香港政制的背景下，全體香港人，包括建制派與泛民主派，都需要嚴肅思考一個前提性問題：功能組別在香港政制中還有何意義？如何予以制度化保留和維繫？如何達致行會主義與個人主義的平衡與制度綜合？

追究歷史的話，功能組別進入香港政治體制起源於港英政府 1984 年的政制改革白皮書，作為對英國兩院制之上議院經驗的模仿。1987 年，港英政府更是將功能組別機制作為直接有效的經驗，推薦給基本法起草委員會，從而成為基本法設計相關政制架構的基礎性原理和支柱。[26] 今日，當普選成為一種民

26　相關歷史考察，參見張連興：《香港二十八總督》，三聯書店（香港）有限公司，2012年版，第 408 頁。

主意識形態時，功能組別所代表的均衡參與和制衡理性，是否還可能獲得理解與維繫，仍然構成對香港政治民主化的一大挑戰，也是香港民主文化是否真正理性成熟的重要判準。從 8.31 決定看來，中央是決意保留此種代表制的，從而堅持均衡參與和制約平衡的憲制價值。這也是"預選式提名"得以成立的重要政治與思想前提。

四、從行政主導制到權力制衡體制

行政與立法互相配合及制衡

基本法的宏觀權力模式被通説描述為"行政主導制"，這可以得到基本法中行政長官權力條款的有力證明，也可以得到官方學者和中央權威機構解釋或説明的佐證。[27] 但是，如果我們整體觀察基本法設計的權力架構，所謂的"行政主導制"又受到立法會權力的有效制約，並非完全的"行政主導"。根據陳弘毅教授的考察，基本法在起草時圍繞行政與立法關係曾出現過三種意見：(1) 立法主導模式；(2) 行政主導模式；(3) 行政機關與立法機關既互相配合又互相制衡。最終，第三種模式即制衡模式被實際採納。[28] 姬鵬飛在 1990 年的基本法法律草案説明中提到："行政機關和立法機關之間的關係應該是既互相制衡又互相配合；為了保持香港的穩定和行政效率，行政長官應有實權，

27　關於行政主導制的較為細緻的考察，參見曹旭東：〈論香港特別行政區行政主導制〉，載《政治與法律》，2014 年第 1 期。

28　參見陳弘毅：《一國兩制下香港的法治探索》，中華書局（香港）有限公司，2010 年版，第 24 頁。

但同時也要受到制約。"[29] 其中，"實權"說對應基本法中特首的諸多特權和相對於立法會的優勢權力，而"制約"說則對應基本法中立法會的控制與反制權力。因此，基本法的權力體制是一種側重"制衡"的體制設計，不完全是"行政主導"，更不是"立法主導"。不同的學者對這一體制的主導屬性有不同認知，比如王叔文認為這一體制基本上是"行政主導"，而許崇德則認為基本法接納的是制衡體制。[30]

實際上這兩種認識並非完全衝突，只是表述了姬鵬飛在草案說明中的不同側面。基本法制定之後，末代港督彭定康的政制改革傾向模仿英國議會體制確立立法機構的至上地位，這無疑與基本法中對行政權予以"實權"化建構，以及確立傾向於行政權的制衡體制之立法取向存在衝突，最終導致"直通車方案"失敗，雙方各行其是。[31] 而"行政主導制"日益被中國內地權威憲法學者以及官方確認為保障香港政制循序漸進發展，以及香港繁榮穩定的基石，這其實也回應了姬鵬飛 1990 年在草案說明中突出的"穩定"與"行政效率"兩項基本價值。[32]

29　轉引自陳弘毅：《一國兩制下香港的法治探索》第 24 頁。

30　同註 28。

31　關於彭定康的政制改革取向及其後果，參見張連興：《香港二十八總督》，三聯書店（香港）有限公司，2012 年版，第 404-409 頁。

32　內地學者的有關代表性討論，參見程潔：〈香港憲制發展與行政主導體制〉，載《法學》，2009 年第 1 期；楊建平：〈論香港實行行政主導的客觀必然性〉，載《中國行政管理》，2007 年第 10 期；胡錦光、朱世海：〈三權分立抑或行政主導 —— 論香港特別行政區政體的特徵〉，載《河南省政法管理幹部學院學報》，2010 年第 2 期；關於香港行政主導制的系統化研究，可參考傅思明：《香港特別行政區行政主導政治體制》，中國民主法制出版社，2010 年版。

"行政主導制" 面臨失衡壓力

但是隨着回歸 17 年以來的政制演變，在中央基本遵循 "不干預" 政策的背景下，香港本土政治反對力量及其傳媒控制力與社會動員力均獲得較大發展，日益導致基本法確立的 "行政主導制" 甚或制衡體制面臨失衡壓力：[33] 一方面，立法會內泛民主派議員影響日益增加，掌握政改方案及重大法案否決權，取得政治性與政策性討價還價能力，對政府預算及施政法案通過的程序制約作用越來越大，而惡意拉布更是嚴重阻撓政府施政，導致 "行政主導" 實際不能，政府威信和管治能力日益下降；另一方面，司法界（律師、法官等）保持普通法保守主義傳統，對中央政府干預和特區政府主導持政治警惕與高度審查立場，引發過數次特區憲制危機，[34] 最後不得不借助中央權威和人大主動釋法予以化解，這在暴露 "行政主導" 實際不能的同時，也開啟了中央干預的先河；此外，中央基於對回歸 17 年 "行政主導制" 運行情況的評估，在繼續合法力保 "行政主導" 的同時，在白皮書中明確提出了具有 "全面、直接、最高" 特徵的 "全面管治權" 概念，[35] 甚至將法官列入 "治港者" 行列予以規控，

33　關於反對派對行政主導制的認知，較有代表性的是余若薇：〈行政主導無名無實〉，載《明報》，2007 年 6 月 12 日。

34　典型的如 1999 年的 "吳嘉玲案"，[1999]1 HKLRD 304，對該案憲制原因與影響的分析，參見陳弘毅：〈單一與多元 —— "一國兩制" 下的特別行政區基本法〉，載張千帆主編：《憲法學》，法律出版社，2004 年版，第 504 頁；田飛龍：〈法律的抑或政治的？ —— 香港基本法模式下的中央與地方關係反思〉，載《研究生法學》，2007 年第 6 期。

35　這一概念具有顯著的主權與國家主義理論傾向，不重溫主權理論與國家理論，就無法有效理解和解釋央港關係的關鍵性互動與衝突。有關主權理論的經典文本，參見讓‧博丹：《主權論》，李衛海、錢俊文譯，北京大學出版社，2008 年版；對博丹主權理論較為透徹的解讀，參見陳端洪：〈博丹的立法主權理論〉，載陳端洪：《憲治與主權》，法律出版社，2007 年版。

顯示出以中央權威彌補"行政主導制"不足的政治意圖,以便保障特首效忠和央港關係可控發展。8.31決定同樣分享了這一中央干預意圖,然而這亦表明"行政主導制"的實際式微。不過,由於中央干預在一國兩制與基本法框架下,不可能突破香港權力架構邊界而深入管治細節,因此在人大決定的刺激以及香港政治生態自然演變的趨勢下,所謂的"行政主導制"有可能遭遇到立法與司法分支更加嚴厲的內部體制夾擊與擠壓,從而引發更加嚴重的"管治能力危機"。

具體到這次中央決定的影響,這種預選式普選可能造成基本法體制下行政主導制在實際管治過程中進一步的困難:第一,泛民主派在特首普選上的制度性挫折,將倒逼其加強2016年立法會選舉的生死爭奪,選民意願亦可能基於制衡理性而反彈而支持泛民,導致立法會否決權之爭白熱化,並朝着不利政府和建制派的方向演化,行政主導制遭到實際削弱,議會拉布現象惡化;第二,行政長官無政黨背景將進一步制約其形成管治聯盟,建制派在政治護航與權力分享上的失衡,可能導致與特首的進一步疏離,特首在政治上更加孤立且管治人才匱乏;第三,司法界基於對白皮書及中央強硬決定的反彈,可能以司法覆核方式頻頻攻擊政府政策,司法政治化加劇,與立法會拉布共同夾擊政府;第四,特區政府固有的特首與"政務官治港"傳統之間的矛盾,亦可能因缺乏有效的制度創新與人才儲備而無法疏解;第五,民主運動街頭化不會因為普選而消失,更可能藉由各種具體政策爭議與社會矛盾而激化。

泛民主派制衡政治的格局演化

　　以上分析了人大決定所確立的是延續基本法秩序的"預選式提名"框架，這一決定遭遇到泛民主派政治力量的嚴厲批評和反擊。從政治實力對比及合法性權威存量來看，泛民主派的國際干預訴求、公民抗命壓力以及立法會否決權在整體上並不足以改變中央決定，其前途無非有二：一是在立法會集體否決政府提交的政改方案，2017 年及之後的普選安排"停頓"於第三部曲，政制改革原地踏步；二是少數泛民主派議員理智回轉，政改方案勉強通過，實現了"袋住先"，但泛民多數議員的不合作立場依舊。無論上述結果為何，基於民意的同情補償規律和泛民的悲情動員機制，2016 年乃至於 2020 年立法會選舉無論是否實行普選，都很有可能導致泛民主派議席增加，本地政治版圖發生有利泛民主派的演化，使其不僅取得立法會的絕對否決權，甚至可能逐步取得議案通過的主導權，以此與效忠中央的特首形成更強而有力的制衡政治格局。由此，行政主導制很可能將朝着有利立法會方向的制衡體制演變，香港本土政治的重心可能進一步前移至立法會，而特首將成為一個更加孤立和弱勢的法定機構。當然，如果泛民主派由此掌握立法會主導權，其政策取向在民意控制之下，也未必過分極端或惡意對抗政府，造成管治癱瘓，但無論如何卻導致了基本法秩序下管治權重心由行政向立法的轉移。由於基本法秩序的嚴格限定，特首始終掌握着大量的行政特權和法案制定的主導權，因此這一轉移必然是緩慢和不徹底的。

檢討"行政長官絕對中立"原則

為了有效應對和緩解中央決定力保特首忠誠及行政主導帶來的香港政制內部的結構性反彈與重構，我們有必要嚴肅檢討"行政長官絕對中立"原則，即《行政長官選舉條例》第31條第1款要求的，行政長官不得具有政黨背景的法定要求。這一制度設計因襲自殖民時期的總督制，其主要理由是確保總督超越於各派政治力量之上，保持權威中立，只服從於英王和香港憲制性法律。這一體制可以有效避免政黨政治，尤其是"政黨分贓制"對行政體制的侵蝕，這在總督制所處的特定威權體制下可以有效運作。但特首是基本法秩序下的行政長官，無論是選委會模式的間接選舉，還是提名委員會模式的直接選舉，香港本地的民主選舉過程都具有政治上的實質性。儘管中央任命權也是實質性的，但完全與殖民時期的英王委任權不同，輕易否決人選會引發嚴重憲制危機。正是在這一新的民主條件下，特首中立條款可以進行嚴肅的理論性與實踐性檢討。當然，這又涉及香港民主體制中的政黨政治常規化問題，以及政黨法的規制問題。[36] 為了充實行政長官的執政基礎，在民主化日益深入的條件下，特首的絕對中立性已嚴重妨礙了特首自身建立執政聯盟，以及獲得立法會內多數派穩定支持的政治進取空間。這一制度性的管治困難若不設法解決，將會越演越烈，積重難返。

36　關於香港政黨政治法治化的問題，參見李曉惠：《邁向普選之路：香港政制發展進程與普選模式研究》，新民主出版社有限公司，2013年版，第三篇第二章"香港的競選制度、政黨法制與政黨空間"；內地較有代表性的法學博士學位論文，參見曹旭東：《香港政黨政治的制度塑造——需要怎樣的政黨法律體系？》，北京大學法學院，2013屆博士學位論文。

從長期來看，需要系統檢討因襲自總督制的行政長官絕對中立體制的優劣得失，以便拿出根本解決方案，這可能涉及放開政黨政治發展限制，以及允許出現執政黨的問題，雖然敏感，但很重要，是進一步深入檢討基本法秩序的重要課題。從中短期來看，需要探討特首與立法會建制派之間形成實質性執政聯盟的機制建構問題，以便在不破壞特首中立性的條件下，完成特首與立法會多數派的"政治搭橋"。根據李曉惠先生的觀察，回歸以來的特首與建制派的關係處於相對疏離狀態，特首面臨着"權票分離"的尷尬處境，即掌握執政權但缺乏政黨政治基礎，在立法會缺乏穩定有效的政治支持，而改革要點在於特首與建制派的分權式合作，以及逐步解決特區政府內部的"政務官治港"難題。[37] 執政聯盟的建立以及政治人才的重組和豐富，有助解決這些棘手的體制性與管理性難題。當然，普選後的特首需要具備更加全面的政治基礎，故其執政團隊也應適當吸納泛民主派政治人才，在政治與管理上具備更大的合法性與執行力。

五、結語：香港普選與管治的前途

"循序漸進"的階段性普選方案

香港特區行政長官普選，不是一個獨立政治實體的普選，而是在一國兩制與基本法憲制框架內的地方行政長官的普選，

37　參見李曉惠：《邁向普選之路：香港政制發展進程與普選模式研究》，新民主出版社有限公司，2013 年版，第 361-364 頁。

同時又是在政黨政治並不發達和規範的條件下的普選，因而需要受到特定憲制性條件與本港政治條件的限定。這些限定主要體現為提名委員會的預選式提名，和中央以"愛國愛港"為政治標準的實質性任命，介乎二者之間的才是"一人一票"的普選。這是一種有限的普選，其有限性來源於特首在憲制地位上的地方性。普選以基本法和人大常委會決定（2007年決定和2014年決定）為法治基礎，以按照選舉委員會的形式組成提名委員會，這一機制以功能代表制為基礎，主要體現均衡參與原則，與"一人一票"的普選原理有別，構成對普選的合理制約與限定。中央決定限定了過半數出閘條件和不超過三人的候選人數目，決定了提名委員會的提名具有預選性質。這一預選安排若以純粹國際標準而言，有着不合理"篩選"的外觀，但若以一國兩制與基本法的憲制安排來看，則具有合法與合理的理性基礎。

既然這是一種具有保守性質的"預選式提名"，其所建構的"預選—直選"式普選就仍然不是一種香港政制發展的終極方案，而是"循序漸進"原則下的一個階段性方案。基本法運行17年來，儘管總體上保障了香港的繁榮穩定，但也暴露出香港自治權力架構的結構性缺陷，以及中央調控香港事務的制度性張力。由於過於依賴特首這一"孤立肉身"來調控香港事務，而相對弱化了在立法管道與司法管道對香港事務的制度性調控，導致中央在面對特首普選壓力時，產生了前所未有的"控制力"焦慮。"愛國愛港"的政治標準、白皮書的國家主義傾向，[38] 以

38　關於白皮書的政治精神分析，參見田飛龍：〈白皮書波瀾：央港關係的法治轉型與中國人史觀重建〉，載《法治週末》，2014年6月19日。

及 8.31 決定的保守性框架就連續而準確地傳遞了這種焦慮。焦慮既來自央港關係的互動實踐，也來自基本法的制度結構。50年是基本法設計者預設的制度檢驗周期，儘管當初曾經樂觀地認為"50 年不變，將來也不需要變"，但央港雙方均在發生不可逆轉的歷史性變化，從經濟、政治到法治各方面均有體現，因此基本法秩序所反映的 1990 年代前後的政治判斷與治理心智，未必完全符合回歸 17 年來甚至更長時間以來的治港實踐需要，其間積累的矛盾衝突以及基本法內在結構的張力，必然需要在未來某個時刻以整體翻修的形式，進行理性的系統反思、檢討與修改。這不是在否定任何原初設計與當下採取的"小政改"漸進方略，而是基本法自然演進與變遷的邏輯使然，我們不應該喪失基本自信去面對這一必然的制度變局。

建構香港執政聯盟體制機制

全國人大常委會關於香港政改的決定，為特首普選提供了新的法律基礎，延續並強化了政改以基本法與人大決定為嚴格法制框架的基本法秩序主義。這一決定具有保守漸進的法治特徵，沒有為泛民主派訴求的公民提名或國際標準給出適當空間，在一定程度上反映了中央治港方略從消極不作為向積極干預的轉變，但這一干預並未超越基本法秩序軌道，而是對基本法秩序的嚴格執行與守護。人大決定給出的是一種"預選式提名"，這是由機構提名的法律屬性，以及提名委員會對選舉委員會模式及其功能代表制基礎之總體繼承性決定的，由此構成一種作為"循序漸進"原則下，政制發展階段性框架的"預選—直選"式普選模式，而對功能代表制的基礎性反思與重構，則不在本輪政改範疇之內。這一保守性普選框架意圖以中央外部權威實質性干預和確保香港的特首忠誠與"行政主導制"，但卻可能造成泛民主派更廣泛的政治不合作，以及在立法會內的優勢發展，從而造成更嚴重的政府管治困難，推動行政主導制向有利立法會方向的權力均衡體制演變。疏解這一難題的出路，在於建構香港的執政聯盟體制機制。

總之，中央強勢主導的普選，將加劇香港本地政治的二元化和特首上下負責的張力，加劇立法與司法分支對行政的不合作與夾擊，誘導行政主導制朝向三權分立制衡體制方向演化。管治困難的結構性困局沒有因為普選而疏解，反而可能加劇。矛盾的根源在於政治共識的匱乏所導致的對基本法秩序與一國兩制框架的差異理解與互不信任，是殖民史觀與回歸史觀的長時段對沖與博弈，導致地方民主化背負上國家安全與央地管治權爭奪的沉重政治負擔，其進展與演化必然是複雜、緩慢、充滿不確定性的，而對達致新政治與法律平衡勢態的壓力與前景預期，亦只能保持謹慎的樂觀。

第五章

政改漩渦中的
"愛國愛港"難題

　　1987 年的"鄧公之問"(即鄧小平關於愛國者治港的疑慮)預伏下"愛國愛港"與"民主普選"之間的差異化理解與實質性衝突。特首普選諮詢中呈現出的"愛國愛港"之政治標準與法律標準的爭議，是對"鄧公之問"的回應和具體化，背後透露出香港回歸以來的政治認同難題。基本法以"居民"概念為核心建構了香港居民的雙重身份，包含了基於高度自治的本地化指涉，但未將具有"一國"內涵的中國憲法上的"中國公民"概念，予以充分的制度化、程序化和儀式化。

"愛國愛港"的獨特概念

　　"愛國愛港"這個概念對於香港的主流精英或者法律界人士而言，可能是一個陌生的概念，但是在內地接受政治文化教育的人士對此並不陌生。嚴格來講，愛國愛港不是一個法律概念，甚至不是一個非常嚴肅的政治學概念，它是一個統一戰線的概念。我們知道統一戰線在二十世紀的革命史當中起着一個非常獨特的作用。它是中國共產黨領導中國革命和建設取得成功的法寶，主要功能在於作為中國共產黨正統教義學之下，建構人民的一種歷史形態和組織技術，在不同的層面和歷史時期有不同的名稱。但是統一戰線的基本技術和它的政治原理，是有同構性和穩定性的。它在不同時期可以表現為抗日民族統一戰線、人民民主統一戰線，以及後來建國之後適應國家穩定與秩序建構需要的愛國主義統一戰線。[1] 而愛國愛港最初在回歸

1　關於統一戰線的最新理論與制度發展，參見中央統戰部編：《民主凝聚力量，團結成就偉業：十年來愛國統一戰線蓬勃發展（2002-2012）》，人民出版社，2012 年版；任鋼建等：《同心之路：中國特色社會主義統一戰線理論的新發展》，人民出版社，

之前，是作為一個統一戰線的概念對香港問題上的適用，並且延伸進了 1997 年之後的基本法秩序內部，在今天成為了一個中央用於建構其官方版本的基本法法理學的元概念或者核心概念。

但是這種把愛國愛港作為建構官方法理學核心概念的做法，由於過於依賴內地的政治文化和觀念技術，而不太容易為香港社會所接受。愛國愛港就其特定政治內涵而言在殖民時代和回歸時代與香港本土文化之間存在着較大距離。這其實也是倒逼我們去思考，你怎麼樣去更新這種觀念。我們需要對這種愛國愛港的觀念本身進行一種批判性的反思，怎麼樣抽離它的某些不合時宜的內涵，而用一種更能為現代民主法治理論所兼容的新概念組合，或者一個工具，作為我們建構官方法理學的新的概念。學者的本分，就在於對這個概念和觀念的創新，從而為任何對基本法以及雙方的觀念與制度衝突，提供一個基本的解題工具，同時亦作為擴展認同的始基。是不是“公民”更合適，值得考慮。

那麼，由愛國愛港進一步向抽象層次推展，其實就是一個關於**政治中的愛**的問題。我們知道愛是人類形成羣體共識的一個非常關鍵的情感紐帶，它是超越理性的，同時也是理性的政治組織一個非常重要的基礎。那麼愛，它無論是說還是做都是不容易的，它要付諸於心理忠誠，然後要行為合規，它是表裏一致的一種理想化政治社會意識狀態。在人類的這個組織化建制過程當中，在國家層面通常表現為公民之間的友愛，在家庭

2012 年版；對統一戰線之政治協商與代表作用的討論，參見高全喜、田飛龍：〈協商與代表：政協的憲法角色及其變遷〉，載《華東政法大學學報》，2013 年第 5 期。

116

之間表現為家庭成員之間基於血緣關係的親愛，就是這種友愛精神與親愛精神，共同構成一個政治社會牢固的觀念基礎。目前的香港民主文化，有它自己的特質，中央的認同建構之路並不輕鬆。

基本法建構了多層次、差異化的"愛國愛港"義務框架，不限於特首，而擴及普遍的香港居民。破解認同難題的根本之道，在於回歸公民教育，在於突破基本法的"居民"限定，重申並在制度安排上支持"中國公民"身份的最高性和優先性。

一、"鄧公之問"與普選中的"愛國愛港"難題

"愛國愛港"這個在中央涉港政治話語和文件中多次出現的特定概念，是理解此番特首普選爭議與基本法高度自治權的重要切入點。從概念起源上講，"愛國愛港"確實是首先作為政治標準而存在的，是"港人治港"的政治前提。也就是說，基本法授予香港如此"高度"的自治權並原則上依據"港人治港"設計治理架構，其前提正在於讓真正的"愛國愛港人士"擔任特區主要官員（尤其是特首），確保"一國兩制"的良性運轉。而且，為了幫助"愛國愛港人士"成為合格的特區治理者，基本法安排了一個較為穩妥的政改過渡期，即在特首普選之前實行具有間接選舉性質的"推選委員會"和"選舉委員會"機制，而後過渡到以"提名委員會"為工作機制的普選框架。[2]

2   關於香港政制發展的概況，參見《2017 年行政長官和 2016 年立法會產生辦法諮詢文件》（2013 年 12 月）；更完備的學術考察與解釋，參見王叔文主編：《香港特別行政區基本法導論》，中共中央黨校出版社，1997 年修訂 2 版，第一章"緒論"；陳弘毅：《一國兩制下香港的法治探索》，中華書局（香港）有限公司，2010 年版，第 76-90 頁。

"鄧公之問"與普選的爭議

儘管如此，基本法的頂層設計者對普選與"愛國愛港"之間的政治擔保關係還是存在疑慮，這典型體現於著名的"鄧公之問"。1987 年，中國最高領導人鄧小平在會見香港基本法起草委員會委員時，提出了這樣的疑問："我們說，這些管理香港事務的人應該是愛祖國、愛香港的香港人，普選就一定能選出這樣的人嗎？"史稱"鄧公之問"。鄧公之問坦率而棘手：中央關心的核心問題是"愛國愛港人士"是否能夠長期管理香港，而香港本地人士關心的則很可能是民主普選是否獲得了真正的落實。也就是說，"鄧公之問"中已經隱含了今日特首普選爭議的政治歷史淵源：中央認為"愛國愛港"是特首任職的實質性和優先性條件，偏重"實體正義"，而香港地方人士則傾向於認為"普選"是嚴格的民主程序，不應受制於具有"政治篩選"效果的"愛國愛港"條件。二者之間爭議的實質在於：一種對特首政治品質的實質性設定與一種關於特首普選的純粹民主原理之間，產生的規範性的、難以化解的矛盾與衝突。換用今日普選爭議的話語，一方堅持的是承載這一實質性設定的、法定化的基本法標準，另一方堅持的是國際人權公約載明的國際標準。

在 2013 年初香港大學法律學院戴耀廷等人提出"佔領中環"、[3] 拉升政治對抗強度之後，中央與香港泛民主派之間的政治不信任與政治博弈再次升級。在此背景下，中央管理涉港事務的主要官員，密集地在不同場合以不同方式重述"鄧公之

3　參見戴耀廷：〈公民抗命的最大殺傷力武器〉，載《信報》，2013 年 1 月 16 日。

問"，並試圖將"愛國愛港"條件予以制度化和程序化，比如候選人宣誓安排。2013 年 3 月，全國人大法律委員會主任委員喬曉陽在香港立法會部分議員座談會上明確表示：香港選特首一定要選出愛國愛港的人，不能與中央對抗。[4]"與中央對抗"顯然是在"一國"主權意義上進行闡述的，這在大陸政治文化中是特別嚴重的"政治不正確"。但是，"愛國愛港"、"與中央對抗"和"泛民主派"之間是不是就畫上了等號呢？如果畫上了等號，2017 年特首普選是否還具有民主意義呢？顯然，喬曉陽的講話並沒有就此畫上等號。2014 年 4 月，港澳辦主任王光亞、基本法委員會主任李飛和中聯辦主任張曉明，在上海與香港部分立法會議員座談時明確表示："從無說過所有泛民陣營人士都不符合愛國愛港定義。"[5]

儘管如此，"鄧公之問"引發的"愛國愛港難題"依然存在。雙方並未建立真正的政治互信，"愛國愛港"依然成為中央關於特首普選結果的隱憂（心魔論），同時也成為泛民主派普選抗爭中的"達摩克利斯之劍"（The Sword of Damocles）。原因很簡單，"愛國愛港"在本質上是一個政治標準，但經由立法者"鄧公之問"、基本法相關條款以及當代關於這一標準的中央界定，而成為一種直接影響普選結果的法律標準。政治標準的法律化，在正當性上不取決於該標準是否符合泛民主派所理解的"國際標準"，也不取決於該標準是否明確可操作，而只取決於

---

4 參見〈喬曉陽在香港立法會部分議員座談會上的講話〉（2013 年 3 月 24 日），http://news.163.com/13/0328/10/8R20I7VU0001124J.html，2014 年 10 月 20 日訪問。
5 參見〈中央官員晤港議員：泛民非不愛國愛港〉，載《大公報》，2014 年 4 月 13 日。

立法者所代表的正當主權意志。[6]

“愛國愛港”義務：實質標準與法律標準

具體到本輪政改諮詢，特首候選人是否有“愛國愛港”義務成為一項重要爭議。中央與建制派認為這是一項天經地義的法律義務，是特首候選人的基本條件，而泛民主派則認為這項義務在基本法中無明確規定，屬於抽象性、裁量性的政治標準，不是法律標準，易引發“篩選”效果和政治歧視。爭議背後隱藏着泛民主派對中央兩項實質性權力的擔憂：第一，基於間接控制的提委會“實質提名權”排除有“不愛國愛港”嫌疑的泛民代表；[7]第二，基於“尾門”處的實質任命權以同樣理由排除泛民代表的當選。

從操作性來講，“愛國愛港”在提名與任命階段是否可以作為單獨成立的判斷條件，存在很大的模糊與爭議空間。2014年4月28日，具有一定權威性和代表性的香港大律師公會對“愛國愛港”條件引入選舉法例的正當性提出了質疑——“香港大律師公會認為，有關在選舉法例引入額外條件，要求向提名委員會提出參選意向的人士必須‘愛國愛港’的建議，在法律上是備受質疑的。”當然，大律師公會作出這一判斷是有條件的，即它認為有關基本法規定和法律原則已確保了“愛國愛港”要求，無須額外增加條件：第一，2012年行政長官候選人的聲明

6　施米特（Carl Schmitt）的政治憲法理論對此有着較強的解釋力，參見卡爾·施米特：《憲法學說》，劉鋒譯，上海人民出版社，2005年版，第一章“絕對的憲法概念”。

7　有評論者直接提出以提委會機制回答“鄧公之問”，這似乎進一步坐實了泛民主派的政治憂慮，參見盧文瑞：〈何以解答“鄧公之問”，惟靠提名委員會守閘把關〉，載《文匯報》，2013年10月9日。

內容，作為政治慣例存在；第二，基本法第 104 條的就職宣誓；第三，基本法第 44 條的任職條件；第四，法律的明確性和非歧視性原則。[8]

這裏仍然存在着一種實質性衝突：中央對"愛國愛港"義務的要求是實質性的，在邏輯上是容納政治意志裁量的，但大律師公會的理解和表達是純粹法律性的，具有形式化的特徵。儘管中央一再強調其權力的實質性，但如果僅僅基於"言論"上的"不愛港愛國"，而缺乏有力的"行為"證據，則很難作出有法律基礎和說服力的決定。更關鍵的是，如果在提名委員會環節或中央任命環節出現基於"愛國愛港"理由的實質否決情況，則雙方理解上的實質性衝突將表面化和激烈化。

觀諸普選爭議中的"愛國愛港難題"，相關的論辯存在如下缺陷：第一，以"鄧公之問"為代表的實質條件論與以香港大律師公會為代表的形式條件論之間，存在着主權意志裁量與法律形式確認之間的衝突，雙方未就"愛國"與"愛港"之義務的具體組合與分離關係，進行嚴格的基本法解釋，也未看到單純的基本法框架無法成為論證香港居民"愛國愛港"義務的完備法律基礎；第二，雙方將"愛國愛港"義務的辯論聚焦於特首，相對忽視了這一義務對香港居民的普遍法律意義；第三，雙方論辯遮蔽了"愛國愛港"義務背後的公民教育基礎。本章以下部分將根據中國憲法、基本法並結合憲法認同理論，論證"愛國愛港"是有差別的公民普遍義務，化解"鄧公之問"的根本之

8　參見《〈2017 年行政長官和 2016 年立法會產生辦法諮詢文件〉香港大律師公會意見摘要》第 12 條。

道不在於提名委員會或中央任命環節的實質否決，而在於提升特區公民教育，通過共和主義的"義務承擔"而非單純自由主義的"權利讓與"，使香港居民重建政治認同，樹立憲法共同體意識，培育"一中"的憲法精神源泉。

二、"愛國"與"愛港"：基本法的差異化安排

實際上，基本法框架下的"愛國愛港"具有制度安排上的特殊性，儘管在總體上構成一種公民義務，但存在"居民／公民"的雙軌區分，也存在"愛國／愛港"的雙軌區分。同時由於"高度自治"的權力過度下放，導致對日常公民義務（納稅／服兵役等）的過度豁免，同時在國籍法上又缺乏嚴肅的"入籍宣誓"之類的程序安排，導致一種政治認同上的嚴重疏離感。如何重建港人的"愛國愛港"義務觀及公民德性，是中國憲法與基本法共同面臨的嚴峻課題。

港人政治認同問題

港人的政治認同是回歸後一直存在的問題，至今沒有辦法在政治與法律上獲得較為穩妥的解決。"國民教育"本屬一國現代政治教育的常規科目，但在香港卻被意識形態化為"國教"、"洗腦"等。[9] 這背後折射出香港對內地政治文化與體制的排斥，以及對"大陸化"的恐懼。這種恐懼在中國大陸日益崛起的背景下，便逐漸演化為香港部分精英群體乃至民眾的"尊

9　對香港國民教育運動挫折化的分析，參見康子興：〈香港國民教育向何處去？〉，載《新產經》，2012 年第 9 期。

嚴焦慮"。[10] 這種尊嚴焦慮使港人政治文化心理極其敏感和脆弱，這典型地表現在倡導香港本土自治運動的學者陳雲身上。2011 年，陳雲出版《香港城邦論》，提出了光榮孤立式的城邦自保論；[11] 2014 年，陳雲出版《香港城邦論》第二部，實際上已超越了城邦論而提出了一種拯救整個中國的"華夏邦聯論"，而香港就是中國的"梵蒂岡"。[12] 書中充滿了對香港文化的浮誇與自大敍述。這種文化精英的精神對抗並非個別現象，而是百多年長期殖民史的精神遺痕，以短短不足 20 年的回歸歷史尚無法對沖和矯正，更何況內地政治與文化尚處於複雜的轉型之中，尚未形成文明定型與輸出的中心地位。[13]

"愛國愛港"義務的法律基礎

目前的討論似乎將"愛國愛港"僅僅作為特首的法律義務，實際上並非如此，這是一項遍及香港居民的公民義務。泛民主派指稱"愛國愛港"缺乏基本法明文規定，這不符合基本法，甚至也不符合香港大律師公會的認知。我們需要首先回到基本法，準確判斷"愛國愛港"義務的法律基礎。

"愛國"與"愛港"在基本法上是可以適度分離的法律義務。作為香港特別行政區的"小憲法"，基本法對其"政治公民"（永久性居民，有選舉權）採用了"居民"概念，其第三章標題為"居

10　參見田飛龍：〈個別藝人言論折射地方性"尊嚴焦慮"〉，載《大公報》，2014 年 5 月 17 日。

11　參見陳雲：《香港城邦論》，天窗出版社有限公司，2011 年版。

12　參見陳雲：《香港城邦論 II —— 光復本土》，天窗出版社有限公司，2014 年版。

13　中國崛起中的文明論缺陷在海外戰略上也有體現，參見田飛龍：〈中國海外戰略的文明與資本邏輯〉，載《新產經》，2012 年第 3 期。

民的基本權利和義務”。而世界憲法通例一般採“公民”概念，中國憲法亦採此例。為何“居民”概念會進入基本法呢？這是香港特別行政區的“特別”之處，也充分説明基本法並非真正意義上的香港“小憲法”，而只是落實中央“一國兩制”的，具有治理技術意義的基本法律。各國政治制度儘管也有公民之外的“居民”概念，但那主要是稅法和行政法概念，不可能以這一概念為核心建構政治體制。但香港很特殊，作為曾經的英國殖民地（1970 年代初從殖民地名單中除名只是為了排除獨立選項，並不能否定其殖民地性質），香港居民，即使是永久性居民，也不可能與英國本土公民“平權”，不可能在西敏寺（Westminster）有正式的議會代表。這是殖民主義體系下“宗主國—殖民地”在政治身份上的必然區隔。美國革命曾因這一區隔而起，[14] 整個二十世紀的“非殖民化”也與這種身份上的兩難有關。“一國兩制”對殖民體制有很多改造，對香港有更多授權，但在政治身份的制度建構上，依然沒有完全擺脱“二元身份”的局限性。就基本法框架而言，“中國公民”、“香港永久性／非永久性居民”、“外國人和無國籍人”在政治身份上有着複雜的要素組合，這一組合不是圍繞“中國公民”概念展開，而是圍繞“香港居民”概念展開。由此，“愛國”和“愛港”成為兩種法律義務，“愛國愛港”則成為一種競合性義務。

　　根據基本法第 24 條之界定，香港永久性居民有兩類，一類

14　美國著名憲法學家麥基文教授對此進行了詳盡的思想史考察，參見 C. H. McIlwain, *The American Revolution: A Constitutional Interpretation,* Cornell University Press, 1958，中譯本參見麥基文：《美國革命的憲法觀》，田飛龍譯，北京大學出版社，2014 年版。

具有中國籍，一類不具有中國籍，二者之間在政治權利上存在差異，比如不具有中國籍者在出任政府公職上受到一定限制。基本法第 104 條規定，特區主要官員就職宣誓擁護基本法，效忠特別行政區。基本法第 43 條第 2 款規定，特首應對中央人民政府負責。這樣一來，基本法就建構了一種多層次、階梯化的"愛國愛港"義務：

第一層，特首的愛國愛港義務最嚴密，最完整，這也是特首普選諮詢中"愛國愛港"標準爭議的法律來源；

第二層，永久居民中的中國公民，作為"居民"必須基於基本法"愛港"，而作為"中國公民"則必須基於中國憲法而"愛國"；

第三層，永久性居民中的非中國公民和非永久性居民，作為"居民"必須基於基本法"愛港"，基於自身國籍而各愛其國，不必愛中國。

實際上，對於香港永久性居民中的"中國公民"，其"愛國愛港"義務的法律基礎不限於基本法，而是受到以中國憲法為最高規範的法律體系的綜合調整：

第一，中國公民在中國憲法上的愛國義務，這明確規定於憲法第 54 條，調整對象是所有中國公民，香港居民中的中國公民以個人身份與中國憲法確立政治契約關係，基本法無法豁免其愛國義務，而基本法"23 條立法"之爭在法律性質上就是如何將憲法第 54 條連接入基本法體系，從而實現愛國義務制度化的問題；

第二，基本法本身的界定，這又包含兩層，一是基本法第

42 條關於 "居民" 守法義務的規定，二是附件三所載《國籍法》關於入籍條件與義務的規定。但中國國籍法存在某些缺陷，只是作為行政管理的技術性條例，沒有納入 "入籍宣誓" 安排。

"中國公民" 概念的法律內涵

這裏涉及到一個基本的理論問題，即基本法中的 "中國公民" 概念到底具有怎樣的法律內涵？從形式上看，香港基本法的合憲性基礎在於中國憲法第 31 條 (特別行政區條款)，而根據 "一國兩制" 與基本法的實際安排，中國憲法中大部分條款無法直接適用於香港，全國人大的法律也只限於基本法附件三的有限列舉。然而，基本法的合憲性絕對不可能只來自於孤立的中國憲法第 31 條，這只是施米特 (Carl Schmitt) 意義上的 "憲法律"，而必然來自於整體的中國憲法，尤其是其中的作為絕對憲法的 "根本法"。[15] 正是在這一 "根本法" 意義上，中國憲法的 "一國" 內涵得以對 "兩制" 產生實質性的制度調控。基本法中出現的 "中國公民" 具有嚴格的中國憲法含義，而且在身份內涵上優先於 "香港居民"：第一，只有中國公民可以擔任香港特區主要官員；第二，只有中國公民可以選舉分配給香港的全國人大代表 (基本法第 21 條)；第三，基本法中同時規定 "居民" 和 "公民"，其中 "愛國" 義務由公民身份確定，是嚴格的憲法義務，"愛港" 義務由 "居民" 身份確定，只是基本法界定的法律義務。

15　關於中國憲法之根本法分析，參見陳端洪：〈論憲法作為國家的根本法與高級法〉，載《中外法學》，2008 年第 4 期。

由此觀之，香港居民根據其具體的身份要素組合，承受着強度與形式不一的"愛國愛港"義務，其中作為聯繫中央與特區的唯一"制度樞紐"，特首的"愛國愛港"義務在強度上最高。基於這樣的制度安排，儘管特首在事後都有程序化的就職宣誓，但在參選時也適宜將"愛國愛港"作為必要的政治承諾公之於眾，既滿足法律對候選人的認同要求，也滿足選民對候選人的立場認知。需要補充的是，"愛國愛港"不包含"愛黨"，這是嚴格的法律義務，而黨員的"愛黨"義務是另外的政治範疇。

三、宣誓儀式與政治認同

"居民"與"公民"雖一字之差，但法律內涵迥異。"居民"主要是一個稅法和行政法上的概念，側重對較長期居留人口的稅務和治安管理，相對忽視其憲法與政治內涵，但"公民"是嚴格的憲法學概念，側重凸顯個人與國家之間的政治契約關係，尤其是"公民義務"面向。

然而，"公民"這一共和主義色彩濃厚的法律概念，在政治進化史上越來越受到一種"權利本位"的自由主義政治哲學的改造。其共同體取向與義務、美德倫理受到遏制和削弱，但二戰後有所變化，典型的是德國的思想動向。面對希特勒（Adolf Hitler）的暴政，德語思想界主要出現了兩種反思路徑：第一是以阿倫特（Hannah Arendt）為代表的共和主義，反思猶太人"非政治化"與極權主義之間的隱秘關聯，重啟現代性中的共和主義與公民參政美德之議題，而美德的基礎並非權利，而是義務與責任；[16] 第二是以哈貝馬斯（Jürgen Habermas）為代表的憲法愛國主義，將愛國的道德基礎由 "民族" 轉換為 "憲法"，強調基本權利保護和民主商談倫理。[17] 這是西方式的 "公民" 重建。

"入籍宣誓" 的背後意義

　　除了思想層面的反思性建構，西方國家至今保留着各種形式的 "入籍宣誓"，甚至引發了違憲訴訟，如近期加拿大安大略省有永久性居民提起的 "入籍誓詞違憲" 之訴，指稱其中 "效忠英王" 的部分違憲，侵犯基本權利。[18] 但是，入籍宣誓及其誓詞內容在西方受到保守派的強烈捍衛，以及國家憲法的明確保護。宣誓儀式不僅僅是一種程序化的遊戲，而是 "公民宗教"[19] 的入教儀式。從盧梭（Jean-Jacques Rousseau）到貝拉（Robert N. Bellah），[20] 公民宗教一直充當着憲法的 "高級法背景"，宣誓過程就是讓新入籍者 "走入" 此種背景，激發一種超理性的政治認同。公民宗教被認為是比過薄的憲法愛國主義，更為厚重的認同哲學，但又不是遏制性的國教，以致於大陸新儒家陳明先生明確提出要把儒家打造為中國的公民宗教。[21]

16　參見漢娜‧阿倫特：《極權主義的起源》，林驤華譯，三聯書店，2008 年版。

17　關於哈貝馬斯的憲法愛國主義評介，參見彭剛：〈哈貝馬斯的話語民主與憲法愛國主義〉，載《江西社會科學》，2009 年第 7 期；進一步的理論發展，參見揚‧維爾納‧米勒（Jan-Werner Müller）：《憲政愛國主義》，鄧曉菁譯，商務印書館，2012 年版。

18　參見〈向英女王宣誓效忠入籍誓詞爭議開審，未當庭裁決〉，載加拿大華人網 http://www.sinonet.org/immigrant/news/2014-04-09/328551.html，2014 年 6 月 10 日訪問。

19　關於盧梭的公民宗教概念，參見盧梭：《社會契約論》，何兆武譯，商務印書館，2003 年修訂 3 版，第 166-183 頁。

20　貝拉提出了一種與盧梭不同的 "自下而上" 的公民宗教理論，參見羅伯特‧貝拉：〈美國的公民宗教〉，陳勇譯，載《原道》第 13 輯，首都師範大學出版社，2007 年版。

21　關於陳明的 "儒家公民宗教論"，參見陳明：〈公民宗教與中華民族意識建構〉，載《文化縱橫》，2009 年第 6 期。

有人會提出疑問：入籍誓詞僅僅針對新入籍者，那麼對那些出生即為公民的人呢？從程序上看，"出生型"公民通常無需像新入籍者一樣進行嚴格宣誓，但不等於其沒有愛國義務或不接受認同教育，理由在於：第一，"出生型"公民通常會進入日常化的公民教育體系，這一過程被推定可以完成政治認同的教育和建構；第二，新入籍者通常有着前一種政治認同，宣誓過程作為一種轉換程序，尤為必要。

四、結語：回歸公民教育

認同危機及其理論應對，是二戰後國家治理領域的普遍問題，對此問題形成了強弱不同的理論方案，可大致降序排列為：國家主義、自由民族主義、公民宗教論和憲法愛國主義。白皮書具有國家主義傾向，以單一制主權原理凌駕並穿透基本法的"小憲法"之牆，但這對於自由而多元的香港社會並非完全有效，甚至引發了激烈的政治反彈，造成了更嚴重的認同危機。[22] 在圍繞白皮書的有關"愛國愛港"激辯中，尤其是對香港法官的治港者身份及愛國義務的爭執，最終還是不得不偏離了國家主義的強形式，而回歸到"基本法愛國主義"的弱形式。

由此反觀港人的"愛國愛港"義務觀，特別是特首普選諮詢中引發的重要爭議，表明政治認同難題依然存在。短期內，輿論聚焦的是特首的"愛國愛港"義務，但這不過是一項普遍公民義務和一種長期公民教育過程的聚焦與縮影。

22　有關香港各界的反應及其政治分析，參見田飛龍：〈白皮書波瀾：央港關係的法治轉型和中國人史觀重建〉，載《法治週末》，2014 年 6 月 19 日。

塑造港人愛國觀之途

長遠來看，對於港人愛國觀的健康塑造，在政策上可採路徑包括：

第一，修改《國籍法》，加入明確的“入籍誓詞”，完成對香港永久居民中的中國公民的“入籍”教育，彌補既往入籍程序的儀式性與意義缺失。

第二，加強以中文為主的歷史與文化教育，在常規教育體系中增加相應課程和考試要求，興辦民間書院，建立港人對中國文明傳統及其歷史的完整認知，避免“殖民地文化＋粵語漢音”式的文化偏狹。

第三，反思“高度自治”概念下，對公民日常性義務的過度豁免及其負面影響，建立激勵機制，鼓勵港人服兵役及更多參與內地事務，重建港人與國家之間日常化的政治法律聯繫；這一政策路徑的基本法依據是第 21 條第 1 款“香港特別行政區居民中的中國公民依法參與國家事務的管理”，這一款不應被解釋為僅限於該條第 2 款規定的選舉全國人大代表，而是保障了香港居民中的中國公民，依照中國憲法第 2 條第 3 款之規定，享有與內地公民平等的全國性事務參與權——“人民依照法律規定，通過各種途徑和形式，管理國家事務，管理經濟和文化事業，管理社會事務。”對此參與權，基本法沒有加以排除，中國憲法更沒有加以禁止。

第四，通過港區人大代表、政協委員在結構與代表性上進一步的基層化和廣泛化，以代表性和參與性提升認同度。

第六章

白皮書波瀾與兩種基本法法理學

　　白皮書事件構成一國兩制"香港經驗"的歷史分水嶺。在白皮書之前，中央對香港事務基本保持抽象關注和具體支持的態度，儘管具有"主權"地位，但卻備而不用，對港互動展現出與現代民主法治圖景頗為不同的"協商政治"風格。但是，回歸以來的一系列關鍵性衝突事件，以及近年來圍繞特首普選展開的話語和行動對抗，終於打破了既往的互動默契，刺激中央以"全面管治權"思維、循主權權威和法律管道積極介入，並有效監督香港管治體系。

兩種基本法法理學的對峙

　　白皮書標誌着中央從部分"缺位"到全面"就位"，對香港社會的衝擊與影響不可謂不大，但遠期來看有助推動中港關係的法治轉型，和港人的"中國人史觀"的重建。同時，白皮書代表了一種為內地政治傳統所理解與運用的國家主義立場，較為系統地展現了一種國家主義基本法法理學（Statism-based Basic Law Jurisprudence），[1] 這便與香港社會長期信奉並傳承的普通法自由主義基本法法理學（Common Law Liberalism-based Basic Law Jurisprudence）[2] 之間產生了規範性的、難以消解的衝突和

1　從事香港基本法研究的內地學者大體上具有國家主義傾向，只是具體程度稍異，較有代表性的是北京大學法學院的強世功教授，參見強世功：《中國香港：政治與文化的視野》，三聯書店，2010 年版。這種以國家主義為底色、以新帝國論為修正色的整體主義政治敘事，被香港學者陳冠中先生界定為"中國天朝主義"，並予以批判，參見陳冠中：《中國天朝主義與香港》，牛津大學出版社（中國）有限公司，2012 年版。而強世功本人更被香港輿論普遍認為是白皮書的重要撰寫人。

2　對白皮書的理論性反駁來自香港法律界，包括大律師公會和法官系統，比如拒絕承認法官的愛國義務以及原則上不認同中央對基本法的自主解釋權，這一理路下的論述，在白皮書發表之際紛繁蕪雜。不過，理解這一本土法理學的更可靠路徑，是系統考察回歸以來香港法院的典型司法判例，可參考香港大律師公會羅沛然先生的博士論文著

矛盾。國家主義立場以"一國"為中心，強調主權至上與法律實證主義，強調"兩制"的"異水同源"邏輯，而普通法自由主義立場奉"兩制"為圭臬，篤信"井水不犯河水"邏輯，在抽象尊重"一國"前提之下更加側重香港法制的"普通法世界"歸屬和自由主義定位，由此與"一國"內含的主權與國家定位，產生了若即若離甚至漸行漸遠的精神距離。圍繞白皮書的一切學理性與政治性分歧，皆可從上述"兩種基本法法理學"的對峙脈絡中獲得理解。不過，這也正凸顯出建構一種超越上述單調立場之中間性、互動性與共識性的"基本法法理學"有其必要性和緊迫性。由於政治法律傳統的歷史分隔與結構性差異，白皮書所折射出的基本法法理學衝突與危機，是內在而必然的，需要基本法學者以集體心智創制出超越白皮書和香港本土法律理解的共識型基本法法理學，以此作為央港關係深度溝通與建構的法理學基礎。

一、白皮書預示中央責任的"就位"

　　儘管白皮書以中國特有的政治宏大敘事方式宣佈回歸 17 年的種種成功，但其發佈本身卻根植於中央對香港社會的某種疑慮和不信任。回歸以來的中港互動並非一帆風順，借用香港大學法律學院陳弘毅教授多年前的一篇文章標題可為證明：**回**

作，參見 Lo Pui Yin, *The Judicial Construction of Hong Kong's Basic Law: Courts, Politics and Society After 1997,* Hong Kong University Press, 2014；亦可參考李浩然、尹國華編著：《香港基本法案例彙編（1997-2010）》，三聯書店（香港）有限公司，2012 年版。

歸多風雨，理想一起追。[3] 關注回歸以來的主要衝突事件，可以更為完整地理解白皮書的背景與指向。

回歸以來的衝突事件主要包括：第一，居港權系列案件引發中央對"獨立的司法權與終審權"的疑慮，即基本法規定的終審法院提請解釋程序，在普通法傳統和不信任中央的法律精英政治心理之下形同虛設，倒逼全國人大常委會主動釋法，行使最低限度的司法主權；第二，基本法第 23 條規定的安全立法任務一再受阻，使中央對香港維護國家安全與國家利益的義務履行及政治忠誠產生疑慮；第三，具有反殖民教育作用的國民教育計劃推行受阻，香港政治認同逐步走低；第四，特首普選爭議中香港反對派堅持法外"公民提名"，並訴諸電子公投和佔領中環激進抗命行動，導致香港社會有失序之憂。

以白皮書影響香港政治生態

面對上述衝突與危機，香港特區政府管治能力受到普遍懷疑：立法會惡意拉布導致公共政策無法有效推行；行政團隊認受性、協作機制與施政能力多有缺陷；司法幾成準"獨立王國"。針對回歸 17 年來的關鍵性衝突事件和特區政府管治能力的低迷格局，中央政府以白皮書的形式全面總結和闡釋了一國兩制與基本法的法理內涵、制度實踐及中央責任，意圖以中央權威和資源影響香港內部政治生態，將政治社會衝突嚴格拉回中國憲法和基本法軌道，並對特區政府管治能力予以全面加強。

3　參見陳弘毅：〈回歸多風雨，理想一起追 ——《基本法》頒佈十四周年有感〉，載《大公報》，2004 年 4 月 5 日。

面對中央的強勢介入，香港社會各界反應不一，讚賞者有之，批評者亦有之。白皮書的發佈如同中央政府進行的一次關於 "一國兩制" 的政治田野調查，既有敲山震虎之功，亦有投石問路之效，使香港各界有機會就 17 年來一國兩制與基本法實踐中暴露出的結構性、深層次矛盾進行深入檢討、反思和補救。當然，白皮書客觀上亦刺激了香港反對派和本土部分民眾對其價值觀與生活方式的危機感，有可能反向推動了後來發生的電子公投和佔領中環運動。白皮書儘管是不具有正式法律效力的政府報告，但代表中央權威，且對政改與基本法實施進行了具體化解釋，構成一種香港本地媒體所稱的 "京意"，而反對派認為自己代表的是 "民意"，故李卓人有 "民意戰京意"[4] 的說法。但所謂 "京意" 實際上是更大、更具有憲制合法性的 "民意"，而且也是香港部分民眾（建制派和愛國愛港民眾）的 "民意"。

調整 "協商政治" 強化治港

儘管在有些評論者看來，白皮書只是對既往政策和理解的 "覆述"，並無新意，然而在這個敏感的時間點發佈，以及白皮書中關於中央權力與責任的空前強調，所開啟的將是基本法秩序的一個新時代，也就是中央 "全面管治" 與香港 "高度自治" 更緊密結合的時代。就基本法秩序而言，這是中央逐步調整其 "協商政治" 傳統、強化治理香港的基本法形式責任、清理中港互動中主要觀念與制度梗阻的戰略舉措。中央由原來的部分 "缺位" 到現在的全面 "就位"，儘管符合基本法，但卻不大符合

4　參見李卓人：〈應 "民意戰京意"〉，載《明報》，2014 年 6 月 11 日。

香港人所理解與想像的"高度自治"。雙方之對抗、磨合與互動將經歷一個異常複雜、充滿變數的過程。但這是不可避免的過程，是香港從"身體回歸"到"心理回歸"的必經階段。就像基本法委員會副主任梁愛詩所言，中港關係在回歸初期就像初戀，互相客客氣氣，但隨着接觸深入和關係複雜化，難免磕磕絆絆，重要的是講清講楚，有商有量，彼此互相適應對方的價值觀、核心關切與法律的地位。

　　白皮書於 2014 年 6 月 10 日發佈，短短數日之內即成為香港各界乃至於國際關注的一個焦點：香港關注的理由是白皮書是否意味着對港政策有變，而國際關注的理由是香港的國際金融中心地位和白皮書對"外國勢力"的嚴肅批評。中央媒體以史無前例的文宣強度推介、解讀白皮書，而香港本地媒體依據政治光譜紛紛作出反應。甚至香港藝人羣體（比如黃秋生）也站出來表達對白皮書的憂懼和憤怒，折射出藝人對地方性價值與生存方式的鄉愁式焦慮。這裏簡要從特區政府與建制派、泛民主派、法律精英（大律師公會）三個層面的反應來說明白皮書對香港社會的衝擊與影響。

二、特區政府與建制派持歡迎態度

　　對特區政府與建制派而言，白皮書就像"娘家的家書"，非常及時。在香港本地管治實踐和輿論戰中，泛民主派無論是在立法會、法院系統還是主流媒體上都佔據了相對優勢的話語權和道德高地，以明確的自治目標、國際標準和抗命行動，成為香港政治團體中非常強悍的對抗力量。特區政府與建制派則由於親"中央"的立場，似乎具有香港本地人看來的"道德污點"。

一些建制派人士對於香港日益強烈的"本土意識"和政治對抗行動既感到憂慮，在應對上又深感棘手。而即使像新界東北城鎮化這樣明顯的公益項目，立法會內的拉布和會外的街頭抗議依然激烈無比，政府管治面臨"泛政治化"對抗。因此，在白皮書發佈後的第一時間，香港政府發言人稱，這份白皮書是每一位市民都應當全面認識的重要文件，特區政府將會通過不同渠道讓市民理解有關內容。特首梁振英更表示，這份白皮書對香港社會和國際社會全面總結過去 17 年在香港成功實踐的"一國兩制"，對於進一步深入認識"一國兩制"、"港人治港"具有積極作用。最大的建制派政黨民建聯主席譚耀宗則表示，白皮書發佈並不意味着對港政策改變，只是因為見到有部分人想否定基本法，衝擊香港法治社會，才施以援手。

高度肯定白皮書的合法及合理性

最值得關注的是基本法委員會副主任梁愛詩的表態，除了上面提到的"初戀說"之外，她還表示白皮書完全符合一國兩制和基本法，香港部分人的激烈反彈是因為過分狹隘地理解基本法，以為中央只有國防和外交權力，沒有注意到基本法對中央權力的原則肯定與細節規定。梁愛詩是香港資深大律師，回歸後曾擔任香港特區政府首任律政司司長。建制派團體"幫港出聲"骨幹成員馬恩國律師亦對白皮書的合法性與合理性予以高度肯定。香港本地學生與民眾亦有不少對白皮書的總結和闡釋表示認同，希望香港基本法實施和政改能夠有助港人團結，與中央的關係能夠在基本法框架內逐步修復，重建互信。

三、泛民主派的激烈反彈

與特區政府與建制派的熱烈歡迎相比，泛民主派尤其是其中的激進力量的反應真可謂"冰火兩重天"。"佔中三子"的反應比較典型。香港中文大學副教授陳健民表示，白皮書預示着高度自治已經死亡。香港大學法律學院副教授戴耀廷是"佔領中環"的主要發起人之一，在 2013 年初以〈公民抗命的最大殺傷力武器〉一文正式拉開了香港圍繞特首普選的公民抗命序幕。白皮書發佈後，戴耀廷在本港電台和《蘋果日報》上連續發聲，稱白皮書是專門針對 6.22 電子公投（決出泛民版政改方案）和七一大遊行，又指白皮書是中央普選談判策略，是提前進行的政治威懾，呼籲港人"不要理會北京講甚麼"。工黨主席李卓人則稱白皮書宣揚中央霸權，恐嚇港人，號召港人"民意戰京意"。更有多個反對派政黨及團體於白皮書發佈次日分批前往中聯辦"作秀"，焚燒象徵白皮書的道具。

泛民主派的反應並不出乎中央意料，因為這是本就存在的政治反對力量。而在一個民主化社會，反對力量的存在是正常而合理的。有香港民主教父之稱的民主黨創始人李柱銘表達了激烈反對態度，認為國務院無權解釋基本法，白皮書只是白日夢，不用理會，呼籲市民七一大遊行。

白皮書的關切並不在於取消反對派，也不在於恐嚇任何人，而是對既往"協商政治"傳統的結構性調整，開始強調治港方略向中國憲法和基本法這一"共同基礎"轉型，強調一切政治博弈應限定於中國憲法和基本法框架內，以"法治"約束香港民主化過程中的街頭化、民粹化傾向。除了泛民政治團體，亦有香港部分藝人和民眾對白皮書提到的"全面、直接、最高"管治權表示擔憂，害怕"一國"壓倒"兩制"，高度自治被中央權力架空。

遭遇反彈的原因

白皮書遭遇反彈的原因至少包括：第一，在電子公投和佔中的最後動員期發佈，遭到反對派人為想像和聯結，與泛民主派代表的部分"民意"直接碰撞；第二，港人習慣於既往的中央"虛位"，對於白皮書中的"全面、直接、最高"管治權並不適應，心理反感；第三，中央在白皮書發佈後，以前所未有的文宣態勢予以推介解讀，讓港人有中央"預謀"之感，有被強加意見和命運之感；第四，港人尚未完整建立回歸後的"中國人史觀"，在精神構成上對"西方性"、"國際性"、"本土性"的複雜糅合與認同要比對"中國性"的認同強，而且對 150 年殖民史缺乏宏大的"反思史學"，從而無法正面聯結前殖民、殖民與回歸這三段歷史，無法在"心理"上真正回歸；第五，港人精英中彌漫着一種作為殖民地遺產的"普適價值觀"，香港成為內地政治負資產的發酵中心，這又加重了雙方的心理對抗。

四、香港大律師公會的理性反駁

與政治團體旗幟鮮明的立場相比，香港大律師公會的反應相對理性溫和，但也暴露出普通法偏見和兩地法律文化差異。

大律師公會堅持的是普通法傳統和法律形式主義，這在 2014 年上半年進行的政改諮詢中亦有體現。儘管在價值觀上可能趨同，但大律師公會在政改意見書中，明確否定了不具有法律基礎的"公民提名"。這一次，針對白皮書中涉及基本法解釋權的內容，大律師公會同樣作出了基於法律層面的專業性回應，重申了捍衛香港司法獨立與法治原則的責任與決心。

大律師公會對"三軌制"的回應

白皮書明確提出了基本法解釋的"三軌制"：第一，全國人大常委會主動釋法；第二，行政長官向國務院作出報告並由國務院提請全國人大常委會釋法；第三，特別行政區終審法院提請全國人大常委會釋法。按照基本法第 158 條之規定，基本法解釋權屬於全國人大常委會，同時授權香港法院在司法過程中自行解釋。然而，基本法規定的"提請解釋"機制存在嚴重缺陷，因為在普通法傳統中，法院有足夠的"理論自信"來解釋一切與案件有關的條文，而"提請"機制很容易被視為內地"司法請示"文化的滲透而損及司法獨立。問題是，"提請解釋"機制似乎是中央與特區法院溝通的唯一渠道，但其主動權握於特區終審法院之手，回歸後的實踐已證明這一程序自規定時就已"死亡"。因此，另外兩種解釋機制被創設出來以彌補單一的"提請解釋"機制的缺陷，即主動釋法和特首間接提請釋法，由此構成對特區終審權的憲制性制約。

對此，大律師公會表達了嚴重關切，其回應的正是白皮書中關於"三軌制"解釋模式的表述：第一，全國人大常委會的解釋權（終審法院主動"提請解釋"的除外）應"絕少及審慎地進行"，"在權力行使上適當地自我制約"，這顯示出大律師公會在承認中央法定解釋權的基礎上，又極力以"司法獨立"為理由針對主權者進行權力"勸善"，不過從既往釋法實踐來看，中央堅持了"審慎"原則；第二，法官不屬於"管治團隊"，不受"愛國"政治義務約束，這顯示出普通法偏見，而根據成文憲法傳統，香港法官與法院體制規定於基本法"政治體制"一章，屬於特區政府（廣義）的權力分支，且法官需在獨立委員會推薦後由行政長官任命，亦有宣誓效忠基本法和特區的要求。大律師公會在此混淆了機構意義上、橫向的司法（法官）獨立與法官在基本法意義上的政治忠誠（愛國）義務；第三，基本法的解釋以法院個案解釋為"正確"標準，不接受除全國人大常委會法定解釋之外的主體的任何解釋，隱含着對白皮書涉及基本法有關內容解釋之法律效力的否定，這在法律解釋原理上可以成立。

確實，白皮書並非基本法規定的全國人大常委會的法定解釋，對香港法院不具有直接約束力，在法律性質上屬於一種具有一定法律影響力的"軟法"，屬於行政性解釋和政策性意見，對特區政府具有直接指導意義，而對特區法院則構成一種有價值的參考意見。就司法程序而言，當事人可以將白皮書作為證據提交法庭，其效力由法庭裁定。而中央如要直接將白皮書內容約束特區法院，則必須尋求全國人大常委會的正式解釋。當然，白皮書並非主要針對特區司法權，而是針對特區政府（狹義）的依法施政。

白皮書對國際的影響

此外，白皮書的國際影響也不容忽視。中央發表白皮書既是對 17 年以來"一國兩制"香港經驗的總結，同時也是對國際社會的一種說明，更包含對"外國勢力"干涉香港事務的規勸與批判。由於涉及中國內政事務，英美等國在官方表態上似乎並不直接或激烈。但是台灣地區學運羣體的反應卻異常激烈，比如學運領袖陳為廷認為白皮書標誌着"一國兩制"在香港的徹底失敗，高度自治已被打倒，台灣人不要幻想"一國兩制"來台。本來"一國兩制"構想就是針對台灣的，港澳只是在實踐上優先適用，但香港"一國兩制"的具體成效，卻成為大陸和台灣政治博弈的重要籌碼，即如果"一國兩制"的香港示範失敗，則台灣就不會接受此類安排。自 2014 年 3 月 18 日台灣地區"太陽花學運"以來，港台學運有合流互助之勢。此次白皮書的刺激有可能加深大陸與港台在"一國兩制"上的分歧與對抗。在面對逐漸成長起來的青年一代（在台灣是以太陽花學運為標誌的"解嚴一代"，在香港是以泛民激進團體學民思潮為代表的、缺乏國民教育和政治認同的青年一代）時，舊式的"協商政治"傳統將更加式微，而白皮書代表了一種治港方略的"法治"轉型，即央港互動更加基於嚴格的憲制基礎（中國憲法和基本法）展開，中央管治權根據法定授權和程序全面"就位"。短期來看，白皮書可能會刺激港人在後續政治行動中的激烈反彈，但長期來看是給港人一次重建"中國人史觀"及理解和遵守香港特區"共同憲制基礎"（中國憲法和基本法）的契機。17 年太短，這一中港關係的法治轉型和港人的史觀重建任重道遠。

進一步的啟發是，在整個中國朝向民主法治的理性政治轉型過程中，對於中央和地方關係，在立法和執法各環節，需要嚴肅思考：第一，就中央主權而言，哪些權力是必不可少的，一旦缺失將導致過高的彌補成本，暗伏下嚴重的管治危機；第二，地方的特性和自治需要哪些適當的權力予以維繫，對於已授權出去的自治權力與運作程序，應予以法治化保障，如欲調整也必須遵循必要的憲制程序，不得無故收回或簡單干預，以穩定雙方互動的"法治"信念和預期；第三，自治制度安排必須有利於增進國家認同和建構公民身份，使"中國公民"成為穿透一切其他認同機制的第一認同，這是中國現代國家建構中的"憲法愛國主義"任務。

五、共同基礎論：追求一種共識型基本法法理學

白皮書的最大亮點之一，是澄清了香港法治社會的完整憲制基礎，即憲法和香港基本法共同構成特區的憲制基礎，也就是"共同基礎論"。回歸以來的香港法治實踐表明，對"一國兩制"的憲制含義，香港的法律界和部分民眾未必特別清晰，甚至出現過部分法律精英以"司法終審權"為制度平台挑戰中央管治權的情況，這正是白皮書所指的香港部分人士對回歸帶來的憲制變遷的不適應症。

破解"法治"與"憲制"鴻溝

回歸前後，香港是一個以普通法為特徵的法治社會，但並

非一個憲制社會：第一，殖民統治的大部分時間，香港維持的是一種"行政吸納政治"式的總督統治，民主化沒有實質進展；第二，普通法體系只能提供對個體自由權的法制保護，不能確立個體的公民身份與國家意識；第三，二戰以後確立的"基本權利為體、司法審查為用"的當代憲法學，過分拔高"權利"的憲法地位，不能有效揭示憲制的"政治"層面，以致香港法律界曾有以《公民權利與政治權利國際公約》及《香港人權法案條例》為"中心規範"構築"理想憲法"的想像和嘗試，普選爭議中亦有此種幻影。這些都造成了香港社會在理解"一國兩制"和特區完整憲制基礎上的觀念性障礙。

白皮書提出的"共同基礎論"，試圖破解橫亙於香港社會的"法治"與"憲制"鴻溝，重申中國憲法與基本法之間的憲制性關聯與區分。憲法和基本法是"一國兩制"在法律層面的規範體現，離開憲法單獨談論基本法，就相當於離開"一國"單獨談論"兩制"一樣，容易產生一種"井水不犯河水"的孤立主義，只見樹木，不見森林。白皮書特別強調了對兩種法律理解傾向的警惕：一是只講基本法，不講憲法；二是只講基本法中的孤立條款，不講基本法的整體秩序。根據施米特的理論，這種規範孤立主義犯了以具體的"憲法律"代替作為根本法的"憲法"的概念與方法論錯誤。從法律解釋方法來看，這種取向忽視了體系解釋，而憲制含義恰恰就存在於規範相互關聯的整體結構之中。

"共同基礎論"表達了一種"共同但有區分"的憲制認識論。從法律形式上講，憲法是中國的根本大法，基本法只是依據憲

法制定的基本法律，二者之間的法律位階非常清晰。但是憲法
與基本法的規範性關聯，在憲法條文上又是高度概括和抽象
的，即憲法第 31 條僅原則規定了特別行政區制度和對全國人大
的授權條款。中央對特區的管治權需要通過基本法予以具體實
現。因此，基本法的憲制功能就必然表現為：第一，在原則和
制度安排上落實具有主權意義的中央管治權，即"中央條款"；
第二，基於中央授權建立特區政府的治理架構（行政、立法、
司法），即"特區政府條款"；第三，延續香港的法治與人權文
化，對基本權利作出明確規定和保障，即"基本權利條款"。基
本法的規範構造決定了它不可能是一部自足的"小憲法"，而是
建立在中國憲法基礎上的、以落實"一國兩制"政治決斷為核
心任務的特區基本法。

實現"主權"與"自治"的相互理解與平衡

　　白皮書準確闡釋了"一國兩制"的法律體系特徵，明確了
憲法和基本法作為香港特區的共同憲制基礎，提出了"全面、
直接"中央管治權的解釋性概念，將"一國兩制"的十餘年實踐
與基本法的憲制定位，嚴格拉回了中國憲法的實證制度體系之
中，確立了一種與香港本地之普通法與司法權利文化不同的憲
制文化，代入了以中國憲法為基礎與核心的國家意識與公民意
識。這表明，在歷經十餘年制度實踐之後，在香港政改關鍵期，
中央試圖在政治判斷與憲制解釋上，適度調整過分偏重經濟安
排和特區自治的早期管治哲學，利用憲法和基本法空間及香港
政改契機，自覺釋放並主動承擔起香港社會"國家建構"與"公

民建構"的核心憲制任務，以建立一種中央與特區、內地與港人之間更加緊密的政治認同與憲制關聯，實現"主權"與"自治"的相互理解與互動平衡。

向"共識型基本法法理學"的改造

儘管白皮書整體上體現了一種國家主義基本法法理學，同時顯示出以強勢的國家理解競爭甚至取代香港本土理解的趨勢，但其法理學基礎並非採自蘇聯式的國家法學或者階級鬥爭法理學，而是奠基於主權國家原理和法律實證主義，因而具有現代法理學的基本邏輯品質和解釋學特徵，可以進一步完善並改造為一種共識型基本法法理學。同時，白皮書還提出了"兩種基本法法理學"交融對話的某種可能性，而香港法律界與香港社會儘管對這一強勢的法理學表述頗為不適與反感，卻也在某種程度上表現出積極理解和溝通互動的意願，從而對"一國兩制"產生了重新理解的可能性。這些都構成了"共識型基本法法理學"[5]得以建構的必要政治與智識基礎。

這一"共識型基本法法理學"的基本特徵是：

5　在香港法律界，對基本法秩序的一國前提，以及央港關係的主權與自治原理把握較為均衡與理性的學者，當首推香港大學法律學院的陳弘毅教授，這源於其精湛的憲法學理基礎、開闊的理論與社會視野，以及和內地政學兩界的長期密切互動。而很多香港本土學者想當然地根據自身抽象理念和對基本法某些條文的孤立理解來闡釋基本法法理學，甚至無法區分國際法與國內憲法的法秩序層次與效力原理。陳弘毅教授的基本法法理學較為集中的表述，參見陳弘毅：〈一國兩制與《香港特別行政區基本法》總論〉，載陳弘毅：《一國兩制下香港的法治探索》，中華書局（香港）有限公司，2010 年版，第 2-57 頁。當然，儘管這些理論表述已經非常中肯和理性，但陳教授的憲法世界觀仍存在與內地政治傳統及法理學取向的某些差異，而其整體理解亦未能在結構上取得真正突破，而白皮書事件之後所提出的"共識型基本法法理學"的空白依然存在，相關批評可參考田飛龍：〈兩個憲法世界〉，載《財經》，總第 415 期，2014 年 12 月 15 日。

第一，以中國憲法和基本法作為香港特區的共同憲制基礎和權威文本依據，排除《聯合聲明》、《公民權利與政治權利國際公約》、《香港人權法案條例》等國際法或香港本地"權利法案"作為憲制性文件，或取得"凌駕性"憲制地位的可能性，從而進一步確認並清理了香港基本法秩序的憲制前提。

第二，中央依法行使基本法載明的管治權力，包括法案備案審查權與發回權、行政長官實質任命權及政制發展主導權、基本法主動釋法權和依申請釋法權，從而全面接軌特區政府的三種基本權力，形成合法監督特區管治行為的中央權力體系，謂之"全面管治權"，且本質不在於穿透並深入香港管治過程的任何細節，而在於保留對香港管治過程的實質監督權。

第三，依法保障香港特區的高度自治權，包括普通法傳統下的司法獨立，以及基本法特別賦予的司法終審權，依法維護一國兩制與基本法的核心原則。

第四，香港居民依據中國憲法和基本法所享受的基本權利與自由保持不變，但作為中國公民的憲法義務，以及非中國公民的一般守法義務應予以強調和提升，典型如"愛國愛港"要求。

第五，香港政制發展涉及基本法制度安排和國家"主權、安全與發展利益"，中央享有主導權，並通過基於人大 2004 年釋法所創制的政改"五部曲"程序展開。

第六，功能代表制可修正完善，但不可廢除，這是由基本法制度設計原理和香港商業社會屬性共同決定的。

第七，民主發展不得以破壞法治以及香港社會其他核心價值為代價，而應綜合平衡如下要素，包括：繁榮穩定為前提、法治秩序為基礎、均衡參與為原則，循序漸進為節奏、國家安全為底線、愛國愛港為判準。

第八，國家安全與公民認同成為這一新法理學的政治觀念基礎和制度建構目標，表現出超越國家主義和自由主義的共和主義品格。

第七章

政改民意爭奪戰：
佔中 vs. 反佔中

一、假公投與真民意

香港政改博弈中,"電子公投"是一個富有爭議的政治話題,尤其是 2014 年 6 月 22 日開始的"佔中公投"引發了香港社會的各種討論,亦引起中央的高度關切。首輪諮詢結束後,特區政府依據基本法正在整理"政改諮詢"數萬宗意見,並與社會各界密切溝通共識方案,預備啟動"普選五部曲"之第一部。而泛民的反對派則循着"商討—公投(referendum)—佔中"的政治路線圖另闢蹊徑,先是通過第三次"商討日"活動,決出三個同時包含"公民提名"的激進方案,接着開始進行"6.22 電子公投"強勢動員,並立下了"10 萬"投票數的軍令狀,其結果是獲得了近 80 萬支持票。

這一大規模的"佔中公投"也是催逼建制派"如法炮製"成立"反佔中大聯盟",並開展對抗性簽名活動的主要原因。此種"電子公投"似乎沒有任何法律門檻和程序,沒有任何合法機構的組織與引導,其法律性質究竟如何是一個值得探討的重要問題。總體上,這是一種不具法律效力的"假公投",但其結果卻表現出"真民意",是一種政治社會學意義上的民意調查,同時也構成對政府的一種政治請願(petition)。

曖昧不明的"佔中公投"

"佔中公投"並非香港泛民主派第一次操作"公投"議題。早在 2009 年,"五區公投"已開香港公投造勢之先例。"五區公投"的基本操作是:香港五個立法會大選區各有一名立法會議員主動辭職,通過補選操作進行"變相公投",製造民意表態之程序。當時泛民主派提出的口號是"五區公投、全民起義"，政治目標是"盡快實現真普選，廢除功能組別"。[1] 但這不是真正的"起義"，而是以社會運動形式展開的"公投"造勢，意圖將"公投"首先造就為一種街頭政治存在，進而謀求法律化、制度化。因此，"五區公投"在香港民主進程中既是一種社會運動形式，又是一種政黨政治操作。類似操作在台灣地區也曾出現過。早在 1947 年，台灣即有反對派人士就"台灣前途自決"問題尋求公投，這成為後來民進黨的經典議題，最終導致陳水扁任內通過《公民投票法》。[2] 由此亦可見，港式民主之受台式民主影響之深。但台式民主公投已然法制化，而且有着極其嚴格的法定程序和標準，從而避免了民粹化、街頭化，這亦應是港式民主予以特別留心之處。

從功能上說，"佔中公投"的直接目的是產生一個具有"民意"色彩的單一政改方案，作為"佔中"的政治綱領。這樣看來，此次公投並不具有直接的法律效力和公權力決定屬性，更像是泛民政黨的內部意見凝聚機制，即泛民主派精英與選民就特首普選模式問題展開的政黨內協商與決策。對外而言，則具有向特區政府、立法會、全體香港居民、中央進行政治請願的性質。泛民主派的政治操作本質是"名為公投，實為請願"，所推動的

1　對這一次"五區公投"，中央和特區政府均表示反對，一為不合法律規定，二為浪費公帑，參見〈國務院港澳辦發表聲明：所謂"公投"公然挑戰基本法，損害香港良好局面〉，載文匯網 http://bj.wenweipo.com/?action-viewnews-itemid-713，2014 年 12 月 20 日訪問；〈曾蔭權稱"公投"違憲逆民意，港府不予承認〉，http://news.163.com/10/0127/08/5U18SNJC000120GU.html，2014 年 12 月 20 日訪問。

2　關於台灣"公民投票"的歷史與法律效力問題，參見張莉：《台灣"公民投票"考論》，九州出版社，2007 年版。

"6.22電子公投"實為"6.22電子請願"。但請願是公民合法行使的政治權利，而"6.22公投"卻與違法"佔中"直接勾連，似又有逸出合法請願權軌道之嫌。

香港律政司司長袁國強當時指出，公投乃國家憲制性安排，基本法沒有創設，香港作為地方行政區又無權創設，似指責"6.22公投"徑直違法。實際上，"公投"指向"佔中"，違法性指責似乎又在"公民抗命"的道德祝禱之下被削弱。"佔中公投"的發起人皆為香港知識精英，但並未指明此種公投之確切法律屬性與正當程序，刻意混淆"公投"與"請願"，又將實質上的合法"請願"與後續的違法"佔中"關聯，游走於知識與政治、合法與違法的邊緣，令香港社會與一般公眾如墜雲裏霧裏，看不清，道不明。因此，有必要對屬於嚴格公法概念的"公投"進行正本清源，明確其性質、類型與程序特徵，避免在香港民主中誤用和濫用。

公投是多樣化的直接民主

公投是民主政治利器，使用不當會對既定政治體制和共同體團結造成負面影響。為此需正確認知其基本原理和限定。公投是"公民投票"的簡稱，是直接民主的體現。在人類民主與民權史上，直接民主一直是一個"立意甚高"的政治理想，古有雅典城邦垂範，今有盧梭契約論啟蒙。但由於"城邦時代"的終結和政治地理規模與政治多元性的擴展，一種基於代表制的間接民主，最終取代了直接民主成為現代民主的主導形式。[3]然而，

3　美國的聯邦黨人和法國大革命中的西耶斯（Emmanuel Sieyès）對民主理論的代表制

直接民主從未完全退場，在理想意義上一直作為民主的純粹形態存在，而在制度意義上則落實為選舉、公投等有限但重要的政治形式。[4] 直接民主被孫中山稱為直接民權，包括選舉、罷免、創制、覆決四種權能，普選就是選舉意義上的直接民主，而公投通常就是憲法框架下的創制與覆決。但孫中山的直接民權依然是憲法框架內的公民集體行動。完整譜系的直接民主或公投還包括法外情況。

由此，我們可以將作為直接民主的"公投"予以簡要的類型化，以便熟習其不同類型與法律操作特徵。公投可分為法外公投和法內公投。

法外公投是人民以整體名義行使的一種主權權力，是一個革命行為，是制憲權的生動體現，無需任何實證法律的授權。此種公投的正當性來源於對人民主權的神聖性、始源性、創造性認同。這在盧梭政治哲學中有很好的理解，個體通過社會契約結成整體化的人民，人民通過整體出場作出政治決斷，締造憲法與國家權力。人民每次出場的問題有二：一為重新決定是否延用原政體形式（憲法），二為重新決定是否延用原政府（公務員體系），二者均涉及公民投票，前者為法外投票，涉及政治

轉化，起到了重要推動作用，參見漢密爾頓、傑伊、麥迪遜：《聯邦黨人文集》，程逢如等譯，商務印書館，1980 年版，第 48-51 頁，尤其是麥迪遜對代議民主控制黨爭之優越性的討論；西耶斯：《論特權，第三等級是甚麼》，馮棠譯，商務印書館，1990 年版，第 56-68 頁，尤其是西耶斯對制憲代表過程的理論模擬；陳端洪教授在解讀西耶斯的代表制民主理論時，提出了"最後的人民集會"概念，作為連接／區分直接民主和代議民主的邏輯分界線，參見陳端洪：〈人民既不出場也不缺席 —— 西耶斯的民族制憲權理論解讀〉，載《中外法學》，2010 年第 1 期。

4　在此意義上，盧梭理論從未過時，參見陳端洪：〈人民必得出場 —— 盧梭官民矛盾論的哲學圖式與人民制憲權理論〉，載《北大法律評論》，2010 年第 1 輯，北京大學出版社，2010 年版。

體重構,後者為法內投票,是在既定憲法框架內對選舉、罷免等權能的實際行使。法外公投在行動者看來是革命和制憲,但在現政府看來則屬於叛亂、分離或分裂。

近代革命多有法外公投的情況發生,是革命建國的必要手段,但憲法創制之後,這種公投形式或者被法律廢棄,或者被法律轉化為法內公投。但這一公投並未絕跡,即使在當代亦時有發生,比如不久前進行的克里米亞公投就是以分離為目的、違反烏克蘭憲法的公投,從而構成一場超越法制的真正革命。與此相對照,2014 年 9 月發生的蘇格蘭公投,則屬於符合英國憲法與具體法案的合法公投。[5] 民進黨操作過的 "入聯公投"、"台獨公投" 等也有法外之嫌,在 "一中各表" 憲制框架下不僅受到《公民投票法》的法制限制,也同時受到八二憲法和中華民國憲法之根本法 (國家統一原則) 的嚴格限定。[6]

法內公投是現代直接民主的主流形式,其原理在於代議民主有精英化、集團化、政黨化以及功能衰退的傾向,僅僅依靠數年一度的選舉無法有效制約政府按照民意和公共利益施政,故在嚴格的代議機構程序和革命之間,設置了公民整體參政程序。法內公投通常由一國之憲法作出規定 (如瑞士和瑞典),亦可由憲法作出原則規定,再由法律予以細則化 (如台灣)。

---

5 對蘇格蘭公投的法律分析,參見田飛龍:〈分離主義的幽靈〉,載《新產經》,2014 年第 10 期。加拿大的魁北克亦曾有過合法公投,而西班牙的加泰羅尼亞一直沒有爭取到憲法認可的獨立公投權利。

6 國家統一可視為兩部 "一中" 憲法的共同根本法,屬於施米特政治憲法學意義上的 "絕對憲法" (absolute constitution),具有界定政治體存在類型與形式的主權決斷意義,因而是憲法守護者的優先護衛責任。關於施米特對 "絕對憲法" 的討論,參見田飛龍:〈施米特對魏瑪憲制的反思及其政治憲法理論的建構〉,載《南京大學法律評論》,2014 年春季號,法律出版社,2014 年版。

作為直接民主，法內公投通常具有較高的門檻，可細化為如下權能或程序：第一，公投提案權，即法律規定滿足一定比例的公民聯署，可以啟動公民投票；第二，政府審查與組織權，即公投提案並非由發動者直接執行或訴諸所謂的電子公投，而是交由政府專責機構予以審查，確認公投聯署的有效性以及公投方案是否存在誤導和不當政治宣傳。為求政治公平，政府亦可決定添加相反提案以供人民完整審議和決定，審查與調整完畢則由政府組織公投；第三，公投投票權，即合格公投提案被提交給公民，通常要求過半數選民參與投票並獲得過半數支持，否則視為對公投提案的否決，在聯邦制國家（如瑞士）涉及憲法修正之公投時，還必須獲得過半數州同意。

公投效力與港式假公投

法內公投是否具有直接法律效力呢？從民主原理上說，法內公投是法律賦予人民的一種直接民主權利，此時之人民並非通常情況下針對政府的請求權主體，而是替代政府的、合法的決斷權主體，相當於特定公投議題範圍內的"臨時政府"，故其投票決定是一種公權力決定，政府負有完全履行之責。瑞士聯邦的公投就具有憲法上的直接效力。但也有不具直接效力的公投，比如瑞典憲法規定的公投就是一種諮詢性公投，人民處於協商民主地位，而不是決斷權地位，政府可對公投結果進行自由裁量式的考慮與取捨，但在民主政治下通常也會遵行。

不過，世界上大多數民主國家均未創設公民投票制度，而是將民主決策主要限定於機構決策，通過民主代表性和政治自由權利予以保障和監督。是否創設法內公投是一國憲法事項。就香港情況而言,只有通過憲法 (基本法) 修改才能確立,立法會亦無權創設。因此,是否有公投也就不是民主的普遍標準,而只是一種政治選擇。

由此觀之,"佔中公投"實際上是假公投:第一,不是革命性的法外公投,因為沒有涉及基本法下政治體制的根本改動,且和平非暴力的外觀又確保了對現行秩序衝擊的有限性;第二,不是合法的法內公投,因為中國憲法和基本法採行世界大多數國家之選擇,建立了議會民主體制,沒有創設法內公投。從其操作上看,無論是之前的"五區公投"還是此次的"佔中公投",都只是一種政黨內部的意見凝聚與政治造勢,對外則表現為一種政治請願權。就代表性而言,"五區公投"總人數50萬左右,"佔中公投"80萬,無論是法理還是制度意義,都不可能代表全港500萬選民,二者之間沒有任何具有法律意義的代表性連接,只是泛民政黨及其選民的內斂性表達。其冒用"公投"之名,無法理和法律依據,屬於單純的政治操作,港人應予明辨。

二、"公投週":民意許可證的競逐遊戲

儘管存在對"公投"名義的冒用,但直到"白皮書"以及黑客攻擊事件之前,反對派進行的一直是一項"民意調查計劃",合作方也是"香港大學民意研究計劃",使用的是"商討日"和"公投日"概念。如今,這種民意調查性的投票,已經演變成一場以政改方案為主題的"公投週"運動,是一場民意爭奪戰。

根據主辦方公佈數字，投票從 6 月 20 日開始，截至 21 日晚間已超過 50 萬，至關閉投票平台後總數達到 80 萬。反對派歡呼"民意"的勝利，中央、特區政府和建制派則堅持嚴格法治主義立場，聲稱此種投票非法無效。

對於投票非法論，戴耀廷等人並不否認，但是否"無效"則有不同理解。就法律效力而言，無論投票結果和人數如何，均不直接產生規範效力。但是就政治邏輯而言，其對"民意"的汲取與整合可謂成功，對"民意許可證"的競爭顯露優勢，對特區政府和中央構成較大政治壓力，則亦不可無視。戴耀廷撰書指導過公民抗命的"政治心理戰"，[7] 此種民間投票則是"網絡前哨戰"。當法律邏輯遭遇政治邏輯，單純的法治主義思維儘管在奉行法治的香港社會，亦屬核心價值並頗具影響，然而並不充分，亦不能夠有效吸納已然逸出基本法軌道的"公民提名"訴求。當港式民主運動沿着堅定的"民意政治"方向前進時，基本法及其警察權體系可以守護基本秩序，但無法積極回應和引導民主發展方向，亦不可能根本消除運動所攜帶的根本政治訴求。

"公投"是政治與法律的雙重變奏

"公投"是配合"佔中"的，前者冒用名義，但還沒有違法，後者則是明確衝擊社會秩序的違法行為。從圍繞"公民提名"相互拉鋸的首輪政改諮詢開始，建制派和泛民激進派的對抗，就存在政治邏輯與法律邏輯的錯位。法律邏輯的核心編碼原理是合法與不合法，依據是實證的法律規範，也就是基本法。政

7　參見戴耀廷：《佔領中環——和平抗爭心戰室》，天窗出版社有限公司，2013 年版。

治邏輯的核心編碼原理不是施米特式的區分敵我，也不是代議政治的合程序與不合程序，而是同意與不同意。反對派訴諸的不是基本法，不是代議政治，而是一種直接的"民意政治"。公民抗命同時違反實證法和代議政治，但卻將自身理據追溯至超越具體法秩序的共同體價值觀與民意正當性。反對派不在乎非法性責難和違法性威懾，他們競取的是一種關於政治改革的"民意許可證"。

甚麼是"民意"？就是人民的意見，即人民對特定政治問題與方案的內心判斷。甚麼是"民意許可證"？就是人民對特定政治團體之提議的外部覆決結果，構成一種政治授權。在人民主權意義上，這種授權具有根本性和最高性，也具有對現行法秩序最大的衝擊力和破壞力。正因如此，各國法治體系要麼引入公投法予以規範，要麼通過代議政治的優化以及協商政治的補充予以充分吸納。在有公投法的國家或地區，這種關於"民意"和"民意許可證"的競爭，是在法定程序內進行的，比如瑞士就是通過法定公投程序否決最低工資標準提案的。中國憲法和基本法均未創設公投制度，但"公投週"的系列操作，在政治的本質邏輯上具有與真正公投的某種相似性。

不過，即使按照這種"民意政治"邏輯，反對派的"勝利"也早了些，80 萬投票遠未構成一種"整體民意"，本質意義上的"民意許可證"遠未獲得。首先，此輪投票由於缺乏法律基礎和代議政治支持，只能是一種"1：1"的民意調查，代表性無任何"放大"機制，80 萬人只能代表 80 萬人，多 1 個也不行。其次，如果最終投票數未達到全港合資格選民（500 萬）的半數 250 萬，則只能算是一種代表少數意見的"團體"意見，而不代表"整體民意"；如果最終投票數突破 250 萬，這才是真正的"民意"勝利，表明多數香港選民贊同"公民提名"方案，反對派獲得本質意義上的"民意許可證"。但這種許可證尚不構成直接有效的法律，而是一種有分量的政治意見，需要政府方面予以認真考慮和轉化，其直接的意義在於推動一項法律修改議程。

數字政治與公民抗命的道德底線

如果反對派的投票動員乃至於"佔中"不是刻意違法和對抗，而是作為一種"忠誠反對派"而採取的適度非常規威懾手段，則 250 萬這個"數字門檻"是他們需要合理承受的。數字在民主政治中具有特殊意義，"簡單多數"、"絕對多數"、"全體一致"往往被用於重要性不同的政治決策上。反對派如要將"公民提名"這一政治要求從"少數意見"轉化為"整體意見"，在數字比例上就無法迴避"過半數"的基本要求，否則依然屬於"少數意見"。當然，即使不能"過半數"，由於投票已達 80 萬，仍然構成一種具有一定重要性和政治分量的"少數意見"。

"公投週"並非孤立的政治事件，其服務目標是"佔中"。這裏會出現對反對派行動正當性的進一步挑戰。如果"公投週"未能取得過半數的合資格"民意許可證"，則"佔中"行動在民意代表性上就具有先天缺陷。如果取得了"民意許可證"，則"佔中"行動就相當於是對此許可證的正當運用，但必須限於和平目的，因為參與投票的選民不可能在同意相關政改方案的同時，授權提議者採取暴力。結果表明，反對派未獲得過半數民意支持。

即使如此，佔中運動還是發生了。組織者負有充分的政治與法律責任維持和平狀態，一旦暴力化就意味着"民意許可證"失效和警察權強勢介入的正當性，更會禍及參與者的人身安全與前途。由於 2014 年 6 月份的"佔中公投"未獲得多數民意支持，後期更是被"反佔中簽名"反超越，故 8.31 決定之後運動一方用了近一個月時間"一波一波"地為實際佔中最後衝刺。是否能夠維持和平方式也是對香港選民之"公民"素質的現場檢驗。這是一場公民抗命運動，行為方式必須是中低烈度的違法，是以對公共秩序的短暫而有限度的衝擊，來追求公共秩序的道德優化，和平非暴力是其主要的道德正當性特徵之一。不過，從圍繞新界東北發展議題產生的衝擊立法會事件來看，暴力因素已然出現，甚至有人公開傳授暴力技法，從而嚴重惡化了部分民眾與立法會的政治信任關係，更可能造成香港多數市民對"抗命"暴力化的反感和憂慮，損及"民意許可證"的有效性。全程觀察佔中，"和平非暴力"原則獲得了良好遵循，這在世界各地的抗命行動中是罕見的，顯示了香港公民社會的真正軟實力。而由於在佔中之前未能獲得民意多數支持，整個佔中過程對抗雙方都在進行民意的反覆爭奪，最終以多數民意支持"反佔中"告終。

佔中動員的組織者是香港社會的法律與政治精英，在單純追求自身政治利益最大化和操作"民意政治"、"數字政治"運動效果的同時，應有明確的現代政治家的"責任倫理"，在社會運動之動員教育和組織過程中，自覺抵制暴力傾向，講清講楚運動性質和分寸，維護香港社會整體法治秩序和發展利益。特別是此次運動參與者以青年人居多，運動領導層更應注意把握政治運動與法律秩序、和平抗命與暴力抗法的微妙平衡，避免對抗雙方的越界和互傷。愛護香港法治秩序和參與者人身安全，有效掌控運動節奏、尺度和方向，適時回歸合法軌道與對話框架，是"佔中"運動的道德底線所在，也是"民意許可證"的效力邊界所在。

　　從來沒有一勞永逸的法律秩序和代議政治，西方民主在成熟過程中亦不時遭遇"公民抗命"和街頭運動的衝擊。根據著名法律學者泰格在《法律與資本主義興起》[8]中的解釋，這是一種以"法律意識形態"之普遍主義品格為依據的"造反法理學"，交替使用着"自由"、"平等"、"人權"、"民主"等記載於文本但未充分現實化的"普適"概念。回應"造反法理學"的只能是現代性軌道上對民主法治更具彈性的理解，和更具吸納包容功能的制度建構。面對制度變遷周期中的社會運動，單純的法治思維是必要但不充分的，治標不治本，而對政治邏輯與"民意政治"的透徹理解與回應才是根本。考驗是雙向的，"公投"與"佔中"是否能夠善用民意，和平抗命，及時回轉，也是對香港民主運動成熟品質的測度。民主進場難，退場更需藝術。此次佔中就出現了遲遲無法退場的僵局，最後以警方清場結束。

8　參見泰格：《法律與資本主義興起》，紀琨譯，上海辭書出版社，2014 年版。

三、反佔中：精緻模仿與對等升級

反佔中簽名"讓民意歸民意"

香港政改在 2014 年暑期的態勢演變有民意的"左右手互搏"傾向，這是建制派民主學習與進步的表現。最突出的就是影響頗大的"反佔中簽名"。[9] 就民主技法而言，這是對泛民主派"佔中公投"的模仿。就政治屬性而言，這是在泛民主派先行拉動和刺激下，共同面向"民意政治"的理性選擇。就政治影響而言，反佔中簽名數高達 150 萬，儘管其中包含部分法律意義上的"非選民"，但一方面其中的"選民"數量頗為可觀，大大超過"佔中公投"的 80 萬。另一方面更廣泛的"簽名"要約反映了更大的社會代表性，從而在數字和民意基礎上堪與"佔中公投"的 80 萬相匹敵。

讓泛民主派更為不快的，還有同期相關的一些不利事件：第一，真普聯召集人鄭宇碩的抄襲與外籍身份事件，影響其政治聲譽和影響力；第二，黎智英政治獻金事件，立法會議員個人利益監察委員會開展了專項調查程序。無論是"反佔中"還是上述兩大泛民不利事件，從當時的輿情來看都有着更為深厚的香港民意基礎，本可乘勢擴展共識成果，爭取香港社會"和平合法普選"之前途。然而，特首梁振英及其管治團隊加入簽名卻被泛民主派抓住了"把柄"，在建制派的"民意"中摻雜進了"官意"甚至"京意"，成為建制派政治博弈的"減分項"。"讓

9　反佔中大聯盟成立於 2014 年 7 月 3 日，即學生組織"預演佔中"的次日，是佔中連番造勢運動刺激的產物，其遠期結果是加速了香港政治社會的二元化和族羣對立。

民意的歸民意"，基本法確定的"行政中立"原則應獲得特區政府管治團隊及建制派政團的共同堅守，由此才可使香港的法治與民主各歸其位，更趨理性和平衡。

1. 通過民主學習民主

建制派反佔中的組合動作讓泛民主派深感意外，因為在2014 年 7 月 15 日特區政府提交政改報告之前，"民意"就其正式表達出來的形式與規模而言，幾乎是"一邊倒"的，而民主技法的成功操作，也一直在泛民一邊。這不是説之前的泛民代表的"民意"就是香港整體民意，而是説泛民通過相對嚴謹和高度組織化的技術動員，使支持泛民政改方案的"部分民意"得以凸顯，形成政治上的"奪目"效應，造成"民意在泛民"的印象。這種"一邊倒"的印象後來被削弱和相對化，建制派"以彼之道還施彼身"恰恰體現了某種"後發優勢"。

1930 年代，胡適在面對國民黨"訓政"與德日法西斯"專制"對中國民主的共同壓力時，提出了著名的民主教育論，認為應通過民主學習民主。這一論斷包括兩層含義：其一，這是對當政者的政治勸喻，要求給民主"放行"；其二，民主過程是一個相互學習、共同分享的過程，不同政黨在其中獲得知識與技法的完善與進步。"反佔中簽名"就是這一民主學習過程的正面效應，而召集人抄襲事件和政治獻金事件，也是民主相互監督功能的正常體現。因此，對這一簽名活動及相關監督事件的政治指責難以成立，是對一個民主化與多元化社會的不適應症狀。民主是公器、公共知識，不是任何一派之專利。

香港民主運動內部的這一變遷,是香港民主理性化、結構化、充分民意化和常態化的標誌。對雙方而言應共同認識到:第一,民主是公開的知識系統和技術組合,沒有"專利",建制派也可成熟運用,雙方應該逐步適應政治多元化和民意結構性對抗的常態事實;第二,民意政治的"數字化競爭"只是民主的一個層面,是單純的政治意志層面,甚至是非本質的層面,在民意數量大致均衡的條件下,雙方應重新回到本質的"理由"(理性)層面,而這種"理由"同時包含了合法理由與合理性;第三,充分民意化的民主政治,要求主要的政治人物具有基本的"政治操守",真心推動香港民主進步的"公眾人物"(召集人/議員等)更應潔身自愛,在涉及政治誠信與政治動機的關鍵問題上,經得起民意和法治考驗,否則必將被香港民意邊緣化,甚至延誤香港民主進程。

2. 焦點滑動的對抗式投票

"反佔中簽名"和"佔中公投"是一對政治孿生兒,分別代表了香港民主兩大陣營在深入"民意政治"後的社會運動表現。然而,"佔中"是被建制派刻意抬高和亮化的焦點,而不是泛民主派政治主張的核心,後者的核心綱領是"公民提名"。所以,這裏的博弈焦點有所滑動和錯位,但這一政治運動效果又恰恰服從在雙方政治利益最大化的理性動機之下。

這裏可以引入一個"理想人選—提名機制—行動策略"的完整分析框架,將這一對政治孿生兒予以還原和比對。對建制派而言,上述框架的政治輸入項分別為"愛國愛港人士—機構提名—合法反佔中"。對泛民主派而言，相應的政治輸入項分別為"民主人士—公民提名—違法佔中"。

顯然，雙方博弈的真正焦點，應該是法定的機構提名與非法定的公民提名之爭，這也是香港政改博弈從未改變的唯一主題。"反佔中簽名"將焦點從"公民提名"移開是一種技術性選擇，因為如果以"反公民提名"為口號爭取簽名將是一場政治災難，而由於以佔中作為行動手段明顯違法，以"反佔中"為口號爭取簽名則"名正言順"，有利於"民意"聚集。其實 6.22 公投的實質並非"佔中公投"，而是"公民提名公投"，是對同時包含"公民提名"的三個備選政改方案的民意徵集。如果以"佔中"為主導口號展開，同樣會是一場政治災難。這種"藏拙取巧"式的政治技法，雙方已熟練習得，難分上下。

正因為焦點滑動，因此雙方的"民意"具體內涵都具有嚴格的限定與邊界：泛民 6.22 公投主要爭取的是對"公民提名"的民意支持，沒有明確包含對"佔中"的支持，最終的數字統計也是聚焦於提名方案而不是行動策略，儘管二者有所關聯且在系列文宣中已有表達。建制派 7.15 之後進行的"反佔中簽名"也主要是爭取對"反佔中"的支持，沒有明確包含對"公民提名"的再表態，而事後統計中是否"反佔中"也成了唯一焦點。

泛民主派的焦點是提名，建制派的焦點是佔中，這種基於自身政治利益最大化而進行的民意動員，其實均未能誠實準確反映每一位實際投票／簽名者對上述完整政改框架的意見。當然，雙方的政治心理焦慮結構相同，即"焦點綱領—民意數字"。對於博弈失焦與民意提純不完全的問題，在具體數字出爐後似乎就已煙消雲散。然而，很可能的情況是，兩次投票有重疊者，因為香港社會持"支持公民提名但反佔中"的交疊立場人士亦不在少數。當然，焦點滑動現象是民主社會政治博弈的正常現象和常規技法，如何正確對待需要傳媒和民眾有距離地理性觀察。

3. 行政中立應予持守

面對抄襲、獻金、反佔中簽名，泛民主派一時有些不知所措，感慨民主技法被"盜用"，政治道德和民意唯一代表性被削弱。但"特首簽名"給了他們反擊的機會。如何看待特首簽名呢？就內心判斷與政治立場而言，特首"反佔中"是毫無疑問的，這一立場已通過無數場合重申過，但是否應該在政改報告提交中央與中央決議回覆之間這一敏感的關鍵期，在民間團體開展有着明顯政治傾向的簽名活動中再次表達呢？甚至其管治團隊主要成員亦表示追隨。這是一個不合基本法體制，同時在政治上亦不明智的先例。

香港基本法確立的是突出"行政主導"的弱式"三權分立"模式，但對每一分支的基本倫理原則與標準的三權分立體制無異，即政治民主、行政中立和司法獨立。相對於處於"執行"地位的行政和司法，立法會是明確的政治機構，議員有着明確的政黨歸屬，其言行可以與民意政治和政黨行為無縫對接，儘管也需要顧及議員的公益代表性及立法會整體的議事規則。因此，實際上無人明確指責議員對"佔中公投"或"反佔中簽名"的直接介入。但特首管治團隊和法院屬於"非政治"機構，不應直接介入政黨性的政治活動。其中，司法獨立本身就包含着法官與實際政治的規範性隔離，此處不詳論。但就特首行為而言，香港法例明確要求特首"無政黨背景"，這是"行政中立"原則的顯著法律要求。倒是泛民主派在政治綱領中納入了取消特首"中立性"的要求，而建制派和特區政府則一貫堅持特首"中立性"。

泛民主派於此狠批，有一定的合理性。但這亦非該輪"民意戰"的真正焦點。在中央意見懸而未決之際，雙方的道德攻擊、數字競爭與教義宣揚只是常規技法，如何面對中央未來決定及理性、共同尋求妥協方案先行落實 2017 年特首普選才是要害。

反佔中遊行推動民意結構化

反佔中大聯盟旨在針對泛民主派強大的社會動員和民意政治化壓力進行"技術跟進"，展開香港民主的"左右手互搏"和"泥漿摔跤"，將香港民意進一步結構化和對立化。這既是香港民主政治發展的常態產物和必經階段，也暗伏下香港社會理性對話與深度整合的隱憂。8.17 反佔中遊行是香港民主的一個重要節點，標誌着雙方政治對抗的技戰法與民意強度已基本對稱和常態化。

毋庸置疑，任何社會運動都有政治傾向、精英領導和組織系統。"自發"的民意其實並不存在，存在的只是精英領導下，有一定放大和加工處理幅度的"民意"。這也是民主政治的常態，糾纏於此並無意義。不過，這種加工後的民意仍然具有對比和分析意義。隨着 8.17 遊行落幕，我們可以清晰地看到香港社會沿着"佔中 / 反佔中"以及更為寬泛的"泛民 / 建制"民意的大體結構：簽名數是 79 萬對 146 萬；遊行人數是 9 萬對 11 萬（以警方數字為準）。這樣的對比之所以成立，還可得到雙方在立法會議席比例的印證，儘管後者由於功能組別的機制因素，而對直接民意的反映有所偏差。

1. 遊行展現香港民意多元化

對於 2014 年暑期的反佔中簽名和遊行，反對派多少抱持着一種不適應和焦躁心態。本來，民間簽名（公投）和遊行似乎是反對派的"民主專利"，運動的數字也是一方壟斷，任何贊成與批評也必須圍繞這一數字的真實性與代表性展開。如今，這一"壟斷性民意"已被打破，"民主無專利"已成共識和事實，民意的多元化與結構化已經正式呈現。

七一大遊行時，未見到建制派的攪擾行為，但反佔中遊行卻至少遭到四種攪擾：第一，維園外的反佔中街頭標牌被塗污篡改，比如"堅決反對佔中"的"反對"二字被黑漆塗抹遮蔽，"保普選，反佔中"最後兩個字被塗改為"中共"；第二，《明報》等指責 8.17 午宴是"變相誘導民意"，實際上不過是同鄉聚會與政治遊行的耦合；第三，人民力量等團體街站騷擾；第四，遊行主持人伍家廉遭到所在單位 D100 電台報復性解僱，聯繫此前香港律師會林新強會長遭不信任動議而被迫辭職，顯示香港"政治正確"之社會嚴酷性。

上述種種行為，是反對派不適應香港民意結構化的情緒性反彈，但對於香港民主而言，只有相對均衡的結構化民意，才是理性對話和決策的真實可靠基礎，才是民主政治由廣場重返議場的關鍵。8.17 遊行的最大意義就在於以廣場形式凸顯了另一種"民意"，豐富了政府對民意結構的均衡認知，打破了反對派對民意的單方壟斷和無限放大，施加給反對派以直接的民意壓力，有利香港政改博弈離開廣場，重回議場和談判桌。

2. "民意結構" 優勢保持的關鍵

此場反佔中大遊行給人帶來的基本感受是：第一，與泛民支持和組織的七一遊行類似，這也是一場高度政治化、組織化和有着明確針對性的廣場動員，基本技術指標與既往的七一遊行類似；第二，遊行的基本力量以建制派基本盤、同鄉會、校友會等為主，展現出愛國愛港力量深刻的內地淵源，也折射出反對派追求純粹"本地自治"的虛妄和空乏；第三，遊行整體上更加和平理性，沒有設街站造勢，沒有過分渲染悲情，甚至在標語、口號、造型上都甚少創意，在氣勢上略有沉悶，但這顯示出的恰恰是更真實的"原生態"民意，表明愛國愛港力量的溫和理性特徵；第四，這場遊行具有"反佔中"的議題單一性和一次性特徵，很難發展為七一遊行那樣的年度長效機制，故長期來看建制派的"廣場運動"似不如泛民主派議題駁雜和力量持久；第五，遊行過分集中於"反佔中"議題，未直接、正面回應"公民提名"等政改實體矛盾，儘管在策略上有利於凝聚最大共識和力量，但所反映出的"民意"內涵相對偏窄。

申言之，我們還可以進一步看出雙方遊行的差異。泛民主派遊行有着長期、堅定、連續的"民主"訴求,有着普適的價值提煉和政治進取的民間生機,更有着影影綽綽的"外國勢力"關注和支持,是一股融合複雜議題且不斷吸收低齡羣體、政策博弈受挫羣體,並日益強化本土自治色彩的強勁力量,保持着反對派"草根奮鬥"的民間壓力與激情。而愛國愛港的建制派在回歸以後,則日益仰賴官方的各種話語和力量支持,對基層民意整合、青年工作創新以及政治力量競取的意志和表現,似乎仍有較大檢討和進展空間。民主政治的本質是認同政治,政治認同的深度與幅度,比應急動員的"淺度認同"式民意數字更加關鍵。愛國愛港力量能否比照泛民深入基層和青年之中,在官方支持與護航之外嘗試獨立生存,發展出更加合理化、系統化和富有競爭性的政治綱領、組織網絡和行動技術體系,是 8.17 遊行展現之暫行性"民意結構"優勢,能否保持和擴展的關鍵,也是遠期普選中選舉鏖戰的要害。

3. 政改成敗依賴精英引導

在民主政治中,廣場遊行只是達成政治妥協的必要手段。我們看到在反佔中遊行對沖佔中遊行政治影響,及推動本港民意結構化表達的同時,政治精英羣體之間圍繞政改關鍵問題的溝通、對話與妥協,亦在密集開展。理性可控的廣場遊行不應成為"宜將剩勇追窮寇"式政治對決的籌碼和墊腳石,而是開展關鍵議題政治對話與妥協的必要民意根據。

繼香港中間力量提出"13 學者改進方案"和"39 賢達聯署"之後,香港政改博弈的妥協之路實際上已經打開,儘管前景尚不明朗。自 2014 年 8 月 15 日起中聯辦主任張曉明與 "政改三人組" 負責人林鄭月娥，分四場接見泛民主派全體議員。從 8 月 15 日下午的會晤情況來看，中央和特區政府表現出最後階段爭取妥協的誠意，對政改第二輪諮詢的空間亦有讓步跡象，而民主黨主席劉慧卿除了轉交《民間政改報告》堅持 "三軌制" 提名方案之外，亦表示即使中央不能接受 "三軌制"，亦不應完全 "落閘"，否則將堅決支持 "佔中"。同時，參與會晤的泛民議員多表示不認同 "過半數入閘" 的高門檻，以及候選人人數的嚴苛限制，希望予以放寬。這是一個衝突轉向緩和的重要跡象，即雙方爭執焦點已經逐步從 "公民提名" 移開（儘管泛民原則上仍然堅持這一提名要素），將談判與妥協的焦點，適度轉向入閘條件和候選人人數限制上。如果此番會晤以及隨後的中央官員與全體立法會議員的深圳會晤、8 月底的 "一錘定音" 能夠協力走出香港政改的 "公民提名陷阱"，引導精英和民眾轉向基本法框架下的 "方案" 再諮詢與再博弈，則第一輪政改諮詢就是成功和富有意義的。遺憾的是，雙方最終未能就原則立場達成妥協和共識。

我們注意到當時香港的部分政策研究學者，已開展了這一轉向背景下富有價值的研究和建議工作。比如香港政策研究所馮可強先生提出以 "特別否決機制" 替代中央一貫主張的 "過半數入閘"，以嚴格的 "出閘" 審查替代嚴格的 "入閘" 門檻。這種思維變換值得重視，因為很多原則性衝突其實可以通過技術性變通來解決。從法理上說，"過半數入閘" 凸顯的是提名委員會的法人整體性意志，"過半數" 是整體意志的擬制性條件，這從法人決策理論上可以證成。但從機構功能角度說，提名委員會不是原來的選委會，只負責提名，不負責選舉，而提名只是輔助選舉的程序性、從屬性環節，是否一定需要"過半數"這樣的選舉性高門檻，在具體機制設計與解釋上尚有空間。中央意圖採納的是一種"白名單"式的絕對保險方案，確保正式候選人名單上只出現符合"愛國愛港"條件的人，這一方案對參選人的"入閘"限定是最強的，泛民一再反對。馮可強方案的要害在於維持原來的"八分之一"寬鬆入閘條件的同時，建立淘汰性質的"黑名單"機制，即對於"入閘"人選，如中央認為存在"合理懷疑"，可通過提名委員會"特別否決機制"對涉嫌人選啟動特別聆訊程序，進行公開個別的甄別，提出嫌疑點並給予答辯機會，最後由提名委員會集體投票確認其候選人資格，過半數認可則予以資格保留。這相當於在提名程序中，建構了一種類似美國參議院式的"提名批准聽證會"程序，公開，公正，透明。

當然，馮可強方案只是眾多中間理性化方案的一種。[10] "13學者"的"名單制"也有利於保障入閘候選人的競選資格，避免不透明篩選。香港社會希望看到更多聚焦於提名委員會如何民主化和公開化的具體規則與機制討論，這不僅在8.31決定之前有意義，在之後的第二輪政改諮詢中依然具有重要價值。政改各方精英如能循此方向協力進取，共同做好第二輪政改諮詢工作，則是對兩次大遊行所呈現之民意結構，乃至於後續佔中運

10　即使在8.31決定的相對偏窄框架下，仍有學者提出了有利於中間人士入閘的提名方案，比如陳弘毅教授在2014年港澳研究會年會上提出了"2+1"的捆綁投票機制，參見〈陳弘毅倡捆綁參選人投票〉，載《大公報》，2014年12月15日。

動的最好回應與回報，否則若固執於"真理在我"、"民意在我"的不妥協修辭與立場，濫用民意許可證飆高對抗預期，開展無休無止的後佔中不合作運動，則有害於香港民主，貽害普選前途，也將為香港長期民意所拋棄。

香港政改博弈的民意均衡時刻

當 8.17 反佔中大遊行剛剛謝幕，佔中派與反佔中派就已掀起"民意真實性"大論戰。佔中派指責遊行"民意"是主辦方宴請、派錢、單位攤派人數的結果，是虛假的。反佔中派則聲稱宴請只是同鄉聚會，派錢是反對派假扮抹黑，團體遊行是反佔中大聯盟上千個團體的自發組織。更有記者街頭採訪遊行老人知否遊行含義，得到的回答是"鄉長叫我來"的，這更增添反對派的攻擊理由。然而，如果以上述嚴苛標準一一衡量反對派歷次遊行或以同樣誘導性問題詢及彼時遊行人士，結果未必更好。

動員技戰法上的攻訐與辯護，實際上模糊和消解了此次遊行在香港民主政治史上的重要意義。既往的民間簽名和遊行幾乎都是反對派的"民主專利"，反佔中大聯盟於 7 月 3 日成立，簽名與遊行活動大體上展現出對反對派既往做法的"技術跟進"痕跡，經驗、人才與文宣儲備多有不足，但大體反映了建制派脈絡下愛國愛港力量的主要訴求和組織構成。此次遊行打破了反對派對香港民意的一元化壟斷，推動了民意的結構化與多元化表達，大體形成了香港政改博弈的民意均衡時刻。

建制派尾隨反對派走上街頭，對政治訴求進行組織化和有序化表達，這預示着香港民主政治進入了"民意均衡"時代。建制派在重重壓力下，不再單純依賴傳統愛國愛港力量及其相對低效的動員表達方式，也不再單純依賴"政治基因"想像而由官方承擔主要的策劃、支持與動員工作。建制派團體如能借助此次反佔中簽名和遊行，日益在民主運動的話語和行動上成熟起來，深度挖掘愛國愛港基本盤以及中間溫和理性力量的政治潛能，使之在民意表達、特首與各級議員選舉以及公共政策決定過程中充分發聲，理智行動，則香港民主政治有望逐步擺脫民粹化和街頭化陷阱，民主重心由廣場重回議場。若此，則構成建制派"政治重生"的成熟標誌，亦可有效帶動泛民溫和派和香港主體民眾，協力改觀政府管治能力每況愈下的窘境。

香港是一個國際性與鄉土性同樣突出的特殊城市。反對派與建制派各執一端，香港民主政治中諸多的兩極化與二元化現象均可循此獲得理解。

就國際性而言，這裏有着與西方無縫對接的金融體系、自由貿易體系、司法體系與政治自由制度，殖民地時期的基礎設施與制度架構，成為香港發展的歷史基礎，一國兩制的特殊憲制安排又使這一基礎的技術性核心得以維繫和發展。正是基於國際化想像和定位，香港本地法政精英發展出日益強勢的泛民政治團體和自治話語系統，以國際標準和普適價值為核心理念，追求一種超乎基本法與央港關係現實規定的"想像的異邦"，而對中央在基本法中的合法憲制權力，以及對主權、安全與發展利益的核心關切極不敏感甚至反感。印證反對派單純國際化定位的標誌性事件是：例行的七一民主大遊行、佔中公投與行動路線圖、議會惡意拉布、陳方安生及李柱銘二人訪英訪美求援、阻斷 23 條立法與國民教育科計劃，等等。這些理念分歧與行動背反，是央港關係中互不信任和對抗升級的基本來源。

就本土性而言，百年殖民史並未完全穿透香港本地的草根文化和粵語傳統。粵語在香港本地並非一種草根語言或方言，而是和英語、普通話並駕齊驅的公共語言。對於"愛國愛港"的政治語言體系，這些草根民眾沒有理念和情感上的接受難度，妨礙他們成為"愛國愛港"力量的唯一障礙，是中央和特區政府的優惠安排及公共政策，是否確實反映並顧及了他們的切身利益。新界東北開發撥款事件表明他們的利益關切並未得到合理顧及，從而使之落入泛民激進派政治陣營，成為 2014 年七一遊行打頭陣的力量。但鄉土性是不變不死的愛國基因，只要政策檢討和調整得當，政治版圖仍可改觀。除了本土之鄉土性，香港政治的鄉土性還來源於整個中國的在港同鄉會和校友會系統，他們將多樣而飽滿的中國性帶入香港，不僅在文化上使香港與內地更加緊密地融合與同步，更是在政治力量構成與精英結構優化的意義上，成為阻止香港追求"獨立政治實體"的重要支柱。此次反佔中大遊行，各地同鄉會和校友會起到了巨大的動員與組織作用，長遠如何使這些頗有力量的組織成為愛國愛港力量的經常性依靠，是改觀香港政治生態的重要課題。

反佔中大遊行基本實現了預期的動員和展示另一種民意的目標，實現了香港政改民意的暫時均衡。當然，隨着佔中清場的結束，民意似乎朝着建制派方向傾斜。然而，香港主流民意反佔中不代表同時反對追求更理想的民主。因此，在第二輪政改諮詢乃至於遠期的香港社會"繼續民主"進程中，民意爭奪戰還將繼續生動而激烈地上演。而經歷"佔中/反佔中"之全社會、高強度動員與對抗體驗之後的香港社會，其"政治化"程度將遠超以往任何歷史時期，香港社會各方對此應有心理準備和風險控制意識，以促成法治和理性對民主的有序引導和規範。

第八章

佔中進行時：
過程、對話與清場

一、8.31決定：政改新基礎與公民抗命真正目標

自 2007 年全國人大常委會決定普選時間表和路線圖以來，如何從 "普選藍圖" 變成具體法案，便成為香港特區政治史與政治生活中的最重大事件。幾乎所有關注香港政改的政治力量都積極參與了此場博弈。從合法且正當的參與力量來看，中央政府、特區政府、建制派與泛民主派都對這一普選政改進程，作出了基於其角色和能力的貢獻。2014 年 8 月 31 日，按照預定議程，全國人大常委會表決通過了香港政改決定，完成了特首普選 "五部曲" 之第二部，就政改基本原則作出權威性澄清與決定，構成第二輪諮詢以及特區政改法案草案的新法律基礎。這一決定具有正式的法律效力，與基本法以及 2007 年決定共同構成香港特首普選的合法框架。

理性民主的精義在於程序內的充分博弈，和程序終結時的充分權威。特區政府與中央政府按照 "五部曲" 合法程序及時、充分地展開政改諮詢並作出決定，為 2017 年特首普選的時間進程留出充分商談機會。但反對派似乎對這一決定極其不滿，認為是坐實 "假普選"、違背國際標準的 "落閘" 決定，在其訴求的公民提名、低門檻入閘、候選人數不設限等基本方向上均遭遇到否決，產生前所未有的政治挫折感，謂之 "連落三閘"。於是，人大決定日同時也成了 "佔中集會日"。反對派對 "一錘定音" 式的人大決定無法接受，泛民主派 23 名議員集體宣誓將否決政改法案。根據佔中組織者設計，2014 年 9 月將開展一波一波的集會示威、罷課以及隨機性的突襲 "佔中"，延續決定

前的政治主張，以合法示威與違法抗命的交替形式，爆破戴耀廷所謂的政治"核彈"，期待 2003 年七一大遊行反對效果的再現。戴耀廷於 8 月 31 日晚的佔中集會中宣佈香港進入"抗命時代"。這一期待若成真，香港民主政治將形成激進抗命傳統，墮入"街頭政治"泥潭，基本法建立的代議政治架構將喪失權威性與制度效能。這顯然不是作為法治社會的香港，以及中央政府能夠接受的。雙方之預期和對抗心結由此更加難解。

人大決定終結無休止爭議

此次人大決定的要點在於：第一，嚴格依據基本法並考慮特區主流民意作出決定，未接受不合基本法的"公民提名"和"政黨提名"，確認提名委員會為唯一權威提名機構；第二，根據 2007 年決定之"參照"要求，確定提名委員會"按照"原選舉委員會界別結構組成，保留功能代表制在特首普選中的提名功能；第三，根據基本法第 45 條之"民主程序"要求，按照機構表決的一般原理，要求過半數有效；第四，根據差額競爭與便利選民認知的要求，確定正式候選人為 2 到 3 名。

這些決定要求涉及的，都是第一輪政改諮詢中雙方激辯的焦點性議題。官方和建制派的着重點在於這些議題之答案，需要以基本法和人大 2007 年決定為基礎，不能以個別派別的入閘機會"量身定做"，而需要依法確定一個中立性的制度框架。反對派則以自身候選人能否入閘，作為衡量普選方案可接受性的唯一尺度，將普泛的"國際標準"悄悄等同於自身的入閘機會與條件，甚至不惜超出基本法提出激進訴求，並配合以同樣激進的公民抗命。

這種思維方式實際上犯了混淆事實與規範的錯誤。此次人大決定是基本法以及 2007 年決定基礎上的合法與合邏輯展開，具有權力意志的正當性與規範推理的自洽性（self-consistency），其具體方案選擇儘管相對保守，但並未超出合法範圍。但反對派依然無視這一決定的法律權威性，繼續沿用違法抗命邏輯開展廣場抗爭。這顯示出香港民主化過程已出現民粹主義和無政府主義苗頭。不尊重任何實證權威，迷戀廣場政治和羣體封閉性理想，就是無政府主義的核心特徵。[1] 此次人大決定按照相對保守和窄化的法律口徑確定普選框架，對激進方案和某些中間方案均採取了保留態度，某種意義上正是反對派一意激進、相互刺激的結果。特首梁振英批評佔中發起人戴耀廷的行為具有反作用，正是此意。

人大決定其實不可以理解為全面"落閘"，而是根據其法定職權及時定紛止爭，將香港政改的議題與議程向前嚴肅推進，避免無休止爭論和原則性對抗影響到 2017 年的普選目標。特首普選是中央和特區共同完成的一項民主政治決策。任何民主決策都有程序，也有時間節點。人類的公共生活無法承受無休止的爭論，因此任何民主決策都根據法律標準確定了決策權威，而在窮盡民主商談之後，對決策權威之具權威性的決定的尊重與執行，也正是民主生活得以可能的公民美德。人大決定如期作出，積極推動香港政改走向第三部曲，如果反對派不承

1　關於無政府主義的理論敘事，參見羅伯特‧沃爾夫（Robert Wolff）:《為無政府主義申辯》，毛興貴譯，江蘇人民出版社，2006 年版。

認這一決定的權威性與推進意義，甚至利用廣場抗命和立法會否決機制阻遏"五部曲"順利完成，將實質妨礙 2017 年普選的落實，使香港特首普選至少延誤十年。

管治權爭奪的三個戰場

佔中派的最初預期是以佔中為威懾手段，期待在實際佔中之前獲得中央主動妥協的政治成果。這種期待多少受到了 2003 年反 23 條立法大遊行和 2012 年反國民教育科運動的啟發和鼓舞。但這可能是一種政治錯覺。中央一方面不可能一次又一次允許香港街頭政治阻撓基本法秩序既定進程；另一方面，對於"顏色革命"存在嚴格的政治戒懼，此次更是從嚴估計，保守以待。白皮書和中央官員多次談話中突出了普選與主權、安全和發展利益的深刻關聯。只是反對派一直無法完整理解或有效吸納這種國家層面的價值關注，而一意放大自身黨派觀點、利益與訴求，"只取不予"，造成中央與地方權利義務的失衡與錯置。此次人大決定構成了中央主導權的一次實踐，在反對派看來則成為其政治進取的一次挫折。不過，反對派如何看待這樣的挫折教育？香港精英如何理解其本地政治經濟發展與國家之主權、安全與發展利益的關係？如何理解普選民主價值與繁榮穩定社會價值的關係？反對派如能改變其單調的民主觀與自我本位的政治立場，擴展政治視野與抱負，適度理解中央政府的整體主義關切，反思香港在國家整體現代化中的義務和角色，則某些心結或"心魔"或可解開。

從中央立場來看，普選的宏觀制度安排，被定位於和國家主權、安全與發展利益高度相關的管治權爭奪。根據基本法的權力架構，這一管治權爭奪存在三個戰場：第一，立法權，體現在立法會建制派多數格局、分組點票機制與泛民主派否決權；第二，行政權，體現在對特首"愛國愛港"政治品質的絕對要求上，通過特首實現中央對香港特區的制度性調控；第三，司法權，體現在香港的司法獨立與司法終審權，和中央的司法監督權之間的拉鋸上。由於基本法最初的結構設計偏重行政主導，中央單調地依靠特首作為央港關係的調控樞紐，對立法會與法院則幾近"無為而治"，從而產生對特首的高度政治依賴，無法承受特首政治不效忠的後果。此次人大決定採取相對保守和強硬立場，體現了中央在管治權爭奪上依然將特首人選設定為主戰場。不過，從白皮書立場來看，其他兩個戰場依然存在拉鋸和複雜調整的空間，比如立法會普選未必等同於廢除功能組別和分組點票機制，以及司法獨立與終審權不等於對基本法解釋權的地方壟斷，中央有主動釋法和特首提請釋法兩條管道，來制約香港司法界的普通法保守主義。香港政改籠罩在安全意識與央港管治戰爭意識之中，使作為內政事務的民主政改複雜化，使香港民主起飛負擔沉重，這亦是雙方互不認同與信任、外國勢力干預以及基本法獨特構造多方因素所致，一時難以疏解。

後佔中考驗泛民主派政治倫理

香港民主的前途並不因為人大的權威決定而"一錘定音"，因為"五部曲"中香港本地承擔着至關重要的程序推進與決策責任。人大決定中已規定，如普選方案最終無法通過，則按照2012年選委會模式操作，等同於原地踏步。

　　按照既定議程，特區政府將根據人大決定啟動第二輪政改諮詢，並在此基礎上擬定政改議案提交立法會審議，走出政改第三部曲。在這些規定動作之外，始終存在着佔中行動的對抗與威脅。根據佔中派部署，決定當天會有佔中集會，是否演變成實際佔中有待觀察，而整個9月將沉浸在學生罷課、集會示威與突襲佔中的廣場對抗之中。反對派一方面以此作為抗命行動的具體執行策略，另一方面或許仍存有中央收回成命的期望，撤回人大決定是運動中心訴求之一。但人大決定是權威的法律決定，是推進政改的固定步驟，是基於基本法和主流民意的正當決策，無論是基於國家理性[2]還是法律理由，都不存在收回的可能性。反對派的廣場抗命只是作為運動結束的必要儀式，在這一行動實際損害香港繁榮穩定、主流民意趨向溫和理性，以及中央變策預期持續走低的壓力下，將不得不重新回到基本法秩序確定的政改諮詢與立法會審議程序之中，回到"五部曲"框架。清場結果其實也在運動一方預期之中，由此構成公民抗命的完整鏈條。

　　目前來看，泛民主派議員掌握政改議案否決權，且共同承諾過集體行使。但他們是否能夠實際行使這一權力呢？這裏涉及泛民主派政治家的責任倫理問題。在主流民意趨向於先行通

2　習慣於國際定位和普通法傳統的香港，對於"國家理性"顯然感到陌生與有隔膜，關於國家理性的思想史演變，參見邁內克（Friedrich Meinecke）《馬基雅維里主義："國家理由"觀念及其在現代史上的地位》，時殷弘譯，商務印書館，2008年版。

過，並接受後續修改完善的條件下，他們如果集體狙殺政改議案，則"五部曲"提前結束，普選政改失敗，2017年選舉原地踏步，未來普選預期不明。香港民意勢必遷怒於他們，從而在2016年立法會選舉以及更長期的政治走勢中，用選票表達對他們以黨派私利捆綁香港民主進程的憤怒。如果他們回歸法定程序，善用剩餘空間，支持政改方案，實現偉大妥協，則所有反對行動都將成為推進香港民主化的有益行動，可在後續獲得選民政治補償。從執着於"信念"適時走向對"責任"負責，也是反對派自我救贖和成為忠誠反對派的必由之路。

二、佔中預熱期的"高度激進主義"

進入2014年9月中下旬，佔中之前的心理焦躁在動員者那裏空前發酵，助推香港民主滑向"高度激進主義"的邊緣。兩個具有激進主義意象的政治現象值得關注：第一，香港大專院校382名教職工聯署支持學生罷課抗爭，香港公共知識分子蔡子強更聲言此次學生運動與五四運動等價；第二，香港大學學生會會刊《學苑》以"香港民主獨立"為主題集中探討"港獨"的理論與對策，將本處於邊緣議題的"港獨"推向輿論中心。這些激進舉動將香港民主進一步拉離法治和理性軌道，並進一步坐實中央對香港的國家安全憂慮，刺激中央更強硬應對。

這種"公知"與"學生"的政治聯盟，構成香港"高度激進主義"的智識基礎，破壞了香港長期繁榮穩定所依賴的法治與理性價值，更裹挾和遏制了香港溫和理性之主流民意的自由表達。高度激進主義試圖確立一種"水火不容"的、超越一國兩制和基本法的政治意識形態與歷史敍事框架，在一種“想像共同體”中召喚“香港民族”的精神獨立，並借助普選等政改議題予以現實化。公知與學生的政治想像力，是香港自由多元社會的產物，但也可能成為損害作為自由多元制度基礎的法治的核心價值，從而最終損及香港社會整體利益及其民主前途。香港的知識羣體、中產精英以及普通市民如不能有力狙擊此種“高度激進主義”，則香港將陷入街頭政治的泥潭，陷入遠離自由、法治、民主、包容等核心價值的單一性對抗軌道。反激進主義就是香港核心價值，其主體責任在於香港民眾。

香港學運與五四運動的本質差異

蔡子強聲稱香港學運與五四運動等價，是對五四運動歷史與核心價值的扭曲。關注並類比五四運動，表明香港公知對內地主體歷史有一定關注和理解，這本是香港史觀“重新中國化”的好兆頭。不過，青少年學生們是否知曉甚麼是五四運動？這是頗值懷疑的。許多香港學生甚至不知道“陳獨秀”是誰。由此推論，對於陳獨秀推動甚至領導下的五四運動，他們所知又能如何。由於缺乏對中國近代史的“國民教育”，香港公知們又如何能夠要求香港學生完整準確地理解，作為內地近代史標誌性事件的五四運動？不給學生系統的歷史知識，又希望通過類比內地歷史事件抬升香港學運意義，本就是兩難矛盾之舉。

聯繫香港學運的顯著“港獨”意識，兩者之間的本質差異正在於是否“愛國愛港”。發生於 1919 年的五四運動，其直接的政治導火索是巴黎和會中國山東主權之爭，後期轉向表達“民主"與"科學"之類的啟蒙價值。這場運動的本質是一場愛國民主運動，其前提和核心關注在於青年學生對主權與國家統一的嚴格價值維護，以及在此前提下對政府代表性的質疑和民主化的期待。五四運動具有激進主義的特徵，但在"救亡與啟蒙"雙重變奏的北洋政府時期，具有顯著的歷史進步性和正當性，其政治遺產為國共兩黨在不同程度上所繼承，成為兩黨擔綱構建現代中國使命的重要歷史基礎和組織來源。就政治遺產而言，五四運動內涵着"愛國"（主權關注）和"民主"（政體優化）兩個核心要素，二者之間存在一定的張力，並在後續的運動接力中，有所分離甚至衝突。比如香港的保釣運動與反殖民主義運動，就是五四運動之"愛國"遺產的繼承，而包括香港參與者在內的"六四"運動則是對"民主"遺產的某種繼承。二十世紀的中國近代史，以"五四運動"揭幕，以"六四運動"謝幕，但內裏精神發生重大變遷。前者是嚴格的中國內部事件，沒有國際滲透或干預，以"愛國"和"民主"形成指向國家民族整體利益與現代化前途的政治取向，成為現代中國的政治"正資產"；而後者則有着蘇東劇變、國際滲透以及單一民主價值激進化的複雜背景，因而至今仍為一種有爭議的學運資產，而未能融貫進入中國近現代史的共識敍事。

　　蔡子強的"五四運動論"由於剝離了五四運動的歷史場景和價值結構，給香港學生傳遞的就不可能是真實的五四運動，而是隱秘的"六四運動"。不過，五四運動相比於"六四"運動，倒是更適合作為建構香港人國族意識與回歸史觀的歷史基礎，也是香港學運正確歷史定位的關鍵。由此，更延及香港"高度激進主義"背後的歷史教育缺失問題，這顯然應成為必修之國民教育計劃的重要內容。蔡子強如能積極推動包含中國近代史教育在內的國民教育計劃，而不是以香港學運與內地歷史事件作孤立和扭曲的意義勾連，才是對香港民主從而對香港學生最大的"愛"，而不是加深誤解、對抗與分歧。

激進主義的英國淵源

香港的學院派公知和"學苑派"青年學生的作為，在諸多方面印證着托克維爾在《舊制度與大革命》中揭櫫的"文人政治"弊端：價值清議，浪漫想像，不切實際。[3] 我們以《學苑》為例，這本刊物在回歸之前曾經是"愛國愛港"的重要輿論陣地，將"愛國"與"民主"緊密結合，繼承的正是完整準確的五四運動精神。不過，回歸以後的《學苑》，卻日益成為剝離"愛國"內涵、驅逐"主權"關注、孤立追求激進民主的重要策源地。2014 年 2 月，《學苑》推出"香港民族命運自決"專題。同年 9 月，《學苑》推出"香港民主獨立"專題。如果説 2 月專刊仍是在理論上試圖證成"香港民族"的話，9 月專刊則已經具有某種"沙盤推演"之勢，似乎"香港民族"在七個月內即已"想像成立"，而謀求通過武裝獨立、外國干涉扶持、切斷對內地生活資源依賴、自決公投等等來實現"獨立建國"，並聲稱沒有獨立就沒有民主。

《學苑》9 月專刊的激進主義，在香港固然不具有主流市

3　參見托克維爾：《舊制度與大革命》，商務印書館，2012 年版，第三編第一章"到 18 世紀中葉，文人何以變為國家的首要政治家，其後果如何"。

場，只是本地公知和激進學生的政治合奏，但與殖民遺產以及英國先例卻有着直接關聯。英國對香港的歷史意識和政治思維影響太深，構成了所謂的"殖民史觀"。英國至少在以下兩個方面對"港獨"有着歷史性影響。

第一，回歸談判中，英國曾嚴密設計過"香港獨立"選項，即通過發展香港的民主代議架構，推動香港像新加坡一樣"獨立或自治"。[4] 獨立無需多論，需要注意的是，這裏的"自治"並非基本法下的"高度自治"，而很可能是英國法下的"自治領"式的準獨立狀態。這些設想未能實現，但卻真實記錄於戴卓爾夫人回憶錄中。今日香港的"港獨"遺產與英國曾經的計劃有歷史淵源關係，而且回歸過渡期的鬥爭過程表明，英國部分執行了原初計劃，並深刻影響了香港精英羣體與青年學生的政治思維。

第二，近期蘇格蘭先例的直接影響。蘇格蘭公投先例的核心意義不在於結果，而在於程序。公投結果支持統派，獨立運動受挫。但這不影響蘇格蘭先例對世界分離主義潮流的示範和刺激。[5] 香港學運亦濡染此一精神，提出更加激進的政治構想。然而，學生們或許沒有透徹理解蘇格蘭先例。一方面，公投文化在英國政治思想與政治實踐中的興起，是英國精神的一次蛻變、退化乃至歧出，表明英國政治出現了"大陸化"傾向，與其普通法保守主義傳統存在衝突。另一方面，蘇格蘭公投開啟了英國不成文憲法傳統下"再封建化"的過程，保留於聯合王

4　撒切爾夫人（港譯：戴卓爾）回憶錄《唐寧街歲月》中明確承認了這一點。
5　有關詳細分析，參見田飛龍：〈分離主義的幽靈〉，載《新產經》，2014 年第 10 期。

國內的蘇格蘭，將越來越像英國的一個封建公國，而不是現代
郡縣。這表明英國建立現代民族國家的努力遭遇重大挫折。如
果北愛爾蘭和威爾士羣起效仿，則英國可能重回"中世紀"。此
外，一次性的公投失敗無法取消蘇格蘭分離主義的傾向，無論
是自治架構內的"高度自治"訴求，還是十幾年來一次的驚險式
公投，都將圍繞分離與否耗竭英國整體的政治與道德資源，這
是英國《公投法案》的程序主義後果。公知評論家可以盛讚蘇
格蘭先例及其遺產，但英國政府冷暖自知，其內部政治之民族
國家化與再封建化的複雜拉鋸，將會構成嚴峻的、無法消解和
轉化的政治頑疾。

獨立公投不是世界主流

面對獨立公投，我們不能孤立地關注蘇格蘭先例，而是要
放寬視野，從比較分析中獲得更可靠的教誨。當代世界的分離
公投，除了蘇格蘭先例，尚有其他模式可循。第一，美國林肯
模式，即通過內戰鎮壓、回溯國家統一的憲法根基，以及兌現
憲法中的平等價值來建立更加民主、強大和包容的新美國，這
是將"愛國"與"民主"完美融合的典範，如果以程序主義思維
放任南方聯邦獨立，則美國早已衰落；第二，加拿大模式，即
在 1995 年合法公投有驚無險之後，加拿大聯邦政府通過中央
法律程序大幅提高公投門檻，導致魁北克獨立幾近不可能；第
三，西班牙模式，即在全國性法律層面完全否決獨立公投的合
法性，導致加泰羅尼亞公投不具有憲法效力。

再回到"民族自決"概念，這本是一戰後處理幾大帝國崩潰

遺產的國際法原則，後適用於非殖民化問題。[6]在帝國主義和殖民主義已然終結的今天，炒作"民族自決"將導致世界所有的多民族國家永無寧日，遠離和平、秩序與發展。當代世界的真實主題是和平與發展，替代"民族自決"概念的應是"國族自決"概念，前者是人類學概念的政治化，處理特定時期的國際秩序重構問題；後者則是在聯合國體制下普遍建立民族國家治理架構的憲法學概念，是"憲法愛國主義"意義上的、包含全體國民的政治權利。[7]

因此，若論獨立公投，當代國家只有兩種選擇：第一，通過全國性法律堵住獨立公投合法化途徑，將民族自決權轉化為內部政治參與權；第二，通過全國性法律創設法定公投，按程序進行。這裏的正當基礎不在於地區或部分居民意願，而在於整體國族（人民）決斷授權地區或部分居民以公投形式決定去留。公投創制權嚴格屬於國族及其政治代表。

三、反佔中利器：理性民意與法治權威

民意是反佔中最大利器

佔中本是公民抗命的最高潮，之前的一系列行為都是前戲。2014年9月本是佔中的最佳機會窗口，但遲遲未發，直到

---

6 對這一概念的系統研究，參見白桂梅：《國際法上的自決》，中國華僑出版社，1999年版；瑞士是直接民主（公決）的典範國，卻也是族羣團結與憲法整合的榜樣，關於瑞士個案的研究，參見田飛龍：〈瑞士族羣治理模式評說 —— 基於憲法愛國主義的公民聯邦制〉，載《法學》，2010年第10期。

7 憲法（憲政）愛國主義是一種憲法整合而非民族自決整合的理性化方案，參見揚‧維爾納‧米勒：《憲政愛國主義》，鄧曉菁譯，商務印書館，2012年版。

9 月 28 日啟動。從佔中派的連續行動來看，前戲太足，動員太久，徒耗激情，反而可能貽誤戰機。所謂“一鼓作氣，再而衰，三而竭”，佔中對抗以這樣連篇累牘、“一波一波”的形式開展，效果未必更佳。佔中派始終以集會、遊行、示威、罷課動員等形式展開，始終未披露佔中行動細節，始終在合法範圍內窮盡抗爭手段，而且這些行為在佔中之後依然交織貫串。

這是否意味着佔中派姑息對香港金融秩序與核心利益的傷害？是否意味着佔中派在理性回轉，但又不得不對運動收場負責，於是開展“一波一波”的合法抗爭以“替代”違法抗命？抑或由於佔中派對“民意”基礎始終沒有底氣，在等待“一波一波”的前戲動員以增加“民意”權重？民意是佔中抗命成敗的關鍵，但香港主流民意對於違法佔中一直搖擺含混。

民意對民主的理解與追求方式，或許與精英政客以及青年學生大有不同，理念可以分享，但對於激進違法對抗的手段並不認同，這從 7-8 月份的反佔中簽名 / 遊行態勢以及 9 月中上旬的民意反彈強度即可判斷。戴耀廷在 2014 年 4 月份的城市大學普選論壇中坦言，佔中賭的是“民意”，此言自然不謬。因此，在民意未定之時，貿然佔中恐遭遇重大挫折。然而，遲遲不予實施，錯失佔中機會窗口，消磨對抗激情，亦為運動大忌。在佔中機會窗口漸然關閉之際，理性回轉進入第二輪諮詢，遠期規劃加入立法會選舉“否決權”甚至議案主導權爭奪，才是反對派政治生存正途。不過，在反覆提振士氣之後，佔中終於拉開大幕。

1. 佔中的機會窗口問題

民意是一種神秘的東西，無影無形，又如影隨形，是一個真正的政治幽靈，密密纏繞着政治人物的心靈。"得民心者得天下"，是中國政治史的核心經驗法則。即使在非民主的政體形式下，探測、掌握、引導民意亦為政治穩固與政治合法性維繫的關鍵。而在一場旨在挑戰既有基本法秩序和中央主權權威、追求以國際標準和民主純粹理念為基礎的普選抗命運動中，民意更是不可繞開的核心因素。

然而，香港的民意秉性頗為特殊，大部分市民淡於政治，珍惜自由法治秩序和繁榮穩定生活，本性溫良，無意激進對抗。除了"特首不黨"條款以及缺乏政黨法等體制因素制約之外，民意的非政治化特徵，亦是香港政黨政治發展緩慢以及公民抗命遲遲引而不發的重要原因。觀諸香港主要政黨，最大的建制派政黨民建聯之黨員數不過二萬有餘，而最大的泛民主派政黨民主黨和公民黨之黨員數不過數百，其他政黨或準政黨的社會團體，規模或影響更加微弱。這一"政治"不發達狀況，根源於殖民地秩序下"行政吸納政治"、"法律吸納政治"的統治技藝，使香港人在民意精神結構中，深深植入了以"獅子山精神"為代表的個人奮鬥倫理，和以法治秩序為核心的守法倫理。即使是港英末期的民主化，亦是在法治框架內可控發展，不可能想像或出現大規模的違法抗命運動。

因此，儘管有國際干預背景和"佔中三子"的連番理論灌輸及路演，卻始終未能凝聚起強大而穩定的民意支持。"6.22電子公投"的79萬數字的真實內涵，只是對包含"公民提名"要素的三個反對派方案的抽象理念支持，並不表示對違法佔中的手段性支持，更不表示會從網絡世界走出來，現身抗命現場。2014 年七一大遊行的十餘萬人更是"魚龍混雜"，打頭陣的不是佔中派，而是新界東北農民團體，而遊行主體亦為香港多元社會各種社團構成，佔中派與青年學生組織僅為其中一支。由佔中派激進運動激發而出的反佔中大聯盟，看出了香港民意對"佔中"的保留態度，以"反佔中"這一手段性議題"四兩撥千斤"，短期內凝聚起數量更為龐大的簽名數和遊行人數，甚至在反佔中數字中包含了部分 6.22 公投和七一遊行人士，顯示出香港民意在理念認同與手段認同上的差異。這一差異也進一步導致數次民調中對政改方案"袋住先"的支持率頻頻領先。正是對主流民意的內心忌憚，佔中派的高潮行動一再拖延，幾近不了了之。若果真如此演變，則是民意的勝利，亦是香港民主經受了一次與其民意精神相悖的、嚴峻的激進主義挑戰。經此對決體驗，香港政治經濟或可回歸"新常態"，其"政熱經冷"造成的競爭力衰退，與市民文化波動或可逆轉平衡。不過，民意取向並未能避免佔中運動最終發生。

2."運動波次說"的策略失誤

　　除了主流民意搖擺不定的強大制約之外。佔中派的"運動波次說"亦構成重大策略失誤。運動發起人戴耀廷在 8 月 31 日的抗議集會中聲明：抗命時代到來，但佔中需要一波一波推高直至高潮。甚麼樣的"一波一波"呢？第一，青少年學生罷課，即"大專學生"9 月 22 日罷課一週，"中學生"9 月 26 日罷課一天，但對參與人數之估計不甚樂觀；第二，佔中三子剃髮明志，類同"民主三君子"見證儀式，為政治行為藝術之一種，或可圖青史留名，但於政治運動實際助力甚微；第三，"黑布行"遊行，由佔中三子開路，執數十米"黑布"引數千人靜默遊行，鼓聲相隨，為政治造勢活動；第四，泛民主議員集體宣誓杯葛第二輪諮詢，否決政府提交給立法會的政改議案，自斷民主"臂膀"以對抗，不惜原地踏步，行政治不合作之實。

書生造反，十年不成。此次亦有該種徵象。佔中派隱含着將佔中機會窗口與民調數字掛鈎行動邏輯，在確證主流民意穩定支持之前，繼續以合法、理性之"一波一波"前戲動作引導、醞釀民意走向。戴耀廷更是在9月上旬宣佈"佔中"的策略性目標已經失敗。所謂佔中的策略性，意指只是作為威懾性的"民意核彈"，並非要實際爆破，更期望在中央決定之前起到強大作用，以實質性改變政改結果，而不需要發動現場佔中。然而，一旦中央強硬以對，佔中派由於過分期望前期威懾而相對忽視後期實戰籌備，反而顯得措手不及，進退失據。唯"民意"是從，固然反映了佔中派領導層的某種民主素質和理性精神，但也反映了他們的政治經驗不足，以及對香港主流民意之商業奮鬥精神與法治秩序精神的估計不足，更反映了他們將反安全立法與反國教運動經驗"先例化"，並期望街頭運動"一搞就靈"的政治天真。

在人大決定之後的一週本是佔中的黃金時間窗口，但他們前期準備不足，後期又彷徨無定，且違法抗命的實際政治基礎一直趨於薄弱，理念宣揚與民意支持不相匹配。

3. 未成年人佔中的隱憂

於是，佔中派便只能依賴少數精英政客與涉世未深的青少年學生。戴耀廷在運動早期曾明言不鼓勵動員未成年之中學生加入佔中，彼時或自信滿滿，以為激進民主價值可以凌駕香港一切核心價值而穩控主流民意，無需未成年人助力。然而，佔中火候難成之時，既往政治承諾與倫理底線，亦因政治功利需求而瞬間突破。

未成年人涉足政治乃世界政治史的顛覆性事件，因為西方政治民主理論從來都是"成年人中心主義"，以"成年人"理性自足為前提，而對"未成年人"需盡行保護，使其身心健康、完備、自由發展。今日中學生走上街頭，且公然抗拒家長及學校監護教育，意味着香港民主反對運動突破理論與倫理底線，亦是對香港整體教育秩序的重大損害。而所謂"街頭教室"、"民主課堂"只是比擬修辭，高調空談，無法證成行為正當性。學民思潮及中學生以幼稚心智追隨成人政治，妨礙教育秩序，所損害者不僅僅是中學生事業前途，亦包括香港核心價值的均衡、自由傳承。當"佔中一代"未經合格教育而興起，香港核心價值必將偏差無定，連同殖民秩序下積累的自由法治精神恐遭滌蕩。此不預前景當引起香港社會警覺、反思並有所行動。

當一個社會喪失對未成年人的保護承諾及其履行能力之時，不管該場運動的價值許諾如何美好，都是一種異常殘酷的政治煽動和虐殺，透支了該社會的核心價值、傳統美德、代際正義與下代人的自由選擇權，突破了主流民主的"成年人倫理"。內地學者饒戈平教授的"紅衛兵"警示固有誇大，但值得記取。

　　總之，佔中因無法獲得主流民意之明確穩定支持，面臨流產之勢。而佔中派在人大決定後的短期內優柔寡斷，以"一波一波"合法抗爭緩慢而艱難地凝聚民意，對社會造勢，期待國際實質性干預，懼怕提前公佈計劃而遭逮捕。如此種種表現，透露出佔中派政治經驗不足，缺乏勇氣直接承擔法律責任，並以"即刻佔中"本身而非"陽春白雪"式的替代性政治路演加速高潮到來的同時，亦可能表明其本身作為香港人，對於激進民主在香港核心價值序列中，是否一定優於自由法治漸生疑惑，重作估量。

提前佔中與法治底線

　　自 2014 年 9 月 28 日啟動提前佔中以來，主要交通道路堵塞，學校普遍停課，示威人羣與警方對峙，學聯與學民思潮衝鋒，和平佔中派做後盾，本港內外媒體聚焦，一場決定香港民主未來的"雨傘革命"似乎已不可逆轉。佔中派的核心訴求可濃縮為：公民提名、特首辭職、人大決定作廢、政改五部曲重啟。這些訴求是人大決定前反對派主張的自然延續，未因權威性的人大決定而有妥協或減損，是謂"違法抗命"。佔中初期，雙方激烈對峙，佔中多點爆發，人數有增有減，運動協調錯綜複雜，但基本未出現完全失控局面，也未出現流血事件。面對市民之民意反彈和香港自身整體利益考量，雙方已通過多重渠道溝通對話形式，尋求合適"台階"，以便結束廣場抗命。佔中只是威懾武器，政治對話與妥協才是正道。

佔中派一度將特首辭職作為結束廣場抗命的首要訴求，以便開啟對話之門，漸然擴展運動成果。畢竟，相較於其他幾項核心政治訴求，特首辭職似乎最易達成。辭職屬於問責形式，亦可成為此次運動標誌性成果。然而，中央幾乎是在第一時間旗幟鮮明地支持特首依法施政，表達充分政治信任，並罕見地在核心官方媒體"新聞聯播"中播出特首國慶講話片段。以溫和理性著稱的香港大學法律學院陳弘毅教授在國慶日的微博中撰文指出，佔中派數項要求在目前法制與政治框架下皆難達成，唯一出路在於以人大決定為前提，尋求最大寬鬆政改方案，並以"獨立民意評估機構"提供民意標尺，制約反對派議員捆綁杯葛，支持特首啟動解散立法會以重組政治格局的努力。

1. 香港民意的歷史複雜性

穩定的民主政治以強大的主流民意為背景與支撐，全世界皆然。但民意深藏遁形，具有終極性和易變性特徵，誰在某個歷史時刻以某種實證形式具體呈現有利民意，誰就能控制政治時局。但相比於其他地域羣體，香港民意又具有高度的歷史複雜性。曾有建制派骨幹人物感歎，香港歷史的每一頁都是用不同材質製成，人口歷史來源紛亂，民意錯綜複雜。對香港民意，有不同的敍事格式，比如官方化的"愛國愛港"，以及民間化的"民主自治"，二者雖有交疊，但歷史與觀念差異不可小覷。

佔中困局表面來看始於提名之爭，似乎限於制度和技術層面，實則牽涉歷史觀、法理學範式和生活方式圖景。歷史觀方面，150 年的殖民史觀無法在短短的 17 年回歸史周期中獲得有效與結構化的對沖、吸納、轉化和更新。從普通市民到公務員羣體乃至一般社會精英，皆處於半新半舊之間，在歷史與現實之間複雜地徘徊。法理學範式方面，法治雖為香港核心價值，但法治的系統解釋，包括對基本法與一國兩制的規範理解，長期以來卻呈現出嚴格的"普通法中心主義"特徵，以積極迴避主權法理與中央管控。而回歸以來中央治港側重經濟與行政層面，對法治與法理學觀念缺少關注和投入，直到白皮書確立系統的國家主義、實證主義法理學範式為止，但兩種法理觀念的衝突不是消解了，而是更加明確和對立了。這是兩種"基本法法理學"的衝突，一方強調普通法的自治特徵與司法至上，另一方強調國家法的主權特徵與立法至上。而香港司法精英與社會文化精英成功引導民意循"普通法範式"思考和捍衛香港自由與民主，造成中央治港在核心話語權與本地民意規範引導上的"軟實力"缺陷。而港人對生活方式的未來憂懼，和生活秩序的確定性預期，亦成為抗爭重要動力。

中央慣用的民意敍事模式是"愛國愛港"。嚴格而言，這屬於統一戰線的核心概念，是中央建構政治意識形態的話語策略與組織技術。這一策略在大陸內部自成一體，是執政黨革命與治國的政治法寶之一，是建構階級化"人民"的觀念與組織技術，在不同時期還曾使用過"抗日民族統一戰線"、"人民民主統一戰線"等，可見"人民"概念不是憲法上全包容的規範概念，而是建立在以階級為標準的敵我區分基礎上的特定"人民"。而"愛國統一戰線"屬於最廣泛的統一戰線，涉港話語中的"愛國愛港"，源於回歸前對港英政府的鬥爭策略與組織經驗，並形成了中央對香港民意的某種思維定勢與路徑依賴。回歸之後，"愛國愛港"概念內涵與政治邊界雖有所拓寬，但並未根本袪除"統戰"痕跡。對浸淫英國殖民文化的香港民眾而言，這類話語和政治策略是陌生與外源的。從佔中與反佔中的對抗遊行，到佔中廣場抗命，可見香港民意的二元化特徵日益明顯，分裂社會徵象突出。這也顯示出"愛國愛港"策略的局限性。長期來看，中央治港核心話語應從"愛國愛港"走向"公民養成"，以中國憲法與基本法共同的"公民"內涵，建立可與香港居民實現有效精神互動與重建的平台性概念。

如果我們以更加本地化的視角看待香港民意，則更易理解抗爭之必然性。香港民意的本地特質在於：第一，歷史人口的"反主體歷史"特徵，即相對於二十世紀的大陸主體歷史而言，香港以其殖民屬地、國際城市與自由地區特殊地位，廣泛接納了不同的大陸異議人羣與政治失敗羣體，構成中國歷史的某種"負面"鏡像；第二，歷史人口的完全殖民化與西化，即在流亡與安居過程中，遷徙人羣加速與殖民秩序和西方價值親和併軌，造成對大陸政治文化更嚴格的隔離；第三，長期國際城市定位帶來的"國際性"，超越"國族性"的政治精神狀態，不將回歸視為領土與精神的一體回歸，而是單純的領土主權回歸，而精神上保持獨立甚至對峙狀態。香港民意的此種歷史淵源與精神特徵，並非單純的"愛國愛港"統戰策略可解。

2. 地方性抗命的制度局限

冰凍三尺，非一日之寒。史觀重建與精神回歸雖然關鍵，但卻艱難而長線。但佔中危局屬於即時的政治事件，精神分析訴諸深層原因與長線戰略，不能直接提供短期對策。儘管香港民意來源複雜，但在"淡於政治"的長期殖民史中，卻日漸形成了總體上的溫和理性特徵；且香港屬於商業精神主導的國際城市，此番佔中抗命本與商業市民性格衝突。因此，香港民意又存在對話與妥協的巨大空間。

陳弘毅教授在佔中之初，提出以基本法下的民主與法治機制解決當下危機，香港社會多表贊成。陳弘毅的理性之處在於看到了人大決定作為權威法律決定的不可變性，而佔中派的核心訴求仍然建立在無視這一決定前提的基礎上。陳弘毅的核心倡議是：第一，以人大決定為前提，在第二輪政改諮詢中釋放最民主開放的可能性；第二，成立獨立民意評估機構，以民意制衡立法會與特首。確實，面對廣場激進運動，單純以基本法與人大決定這樣的規範條件，似乎已難以說服反對派。而在自由開放的香港，唯有"民意"才可能最終並最有效地限制和擊敗日益發酵的激進主義傾向。因此，善用民意以維護基本法秩序，應成為危局解困和政改推進的正確方向。

事實上，人大決定尚留有適當餘地給香港本地立法，如何挖掘考驗本地智慧。而面對泛民議員集體否決導致政改流產的風險，陳弘毅的"民意說"可謂破局良策。只是，這一民意機制是雙向制約的雙刃劍。按照陳弘毅的分析，在政府依據諮詢提交正式政改提案後，應以獨立民意評估機構之"主流民意"作為體制外監督力量，形成"人民—代表"式的特殊應急模式，一方面制約立法會議員的集體杯葛，另一方面在制約無效時支持特首解散立法會，以重新選舉為契機凝聚最大政治共識，繼續推進政改。這裏存在一個預設，即如果政改方案經第二輪諮詢最大化寬鬆，則可以得到主流民意認可，2017 年普選有望，那麼反對派議員集體杯葛就存在"反民意"的政治風險，且實際面臨被集體解散的壓力。這是以"民意政治"破解"代議政治"困局的思路，但也存在一定的風險與問題。比如"獨立民意評估機構"如何合理組成？是按照、參照"選舉委員會"模式還是1984 民間機構模式？"民意"評估如何做到客觀公正？"民意"結論是否政治決策唯一依據？如果"民意"反對基本法框架，與法治衝突，怎麼辦？在佔中導致民意二元分裂的氛圍下，主流民意如何可能以及是否會為反對派接受？這些都需要嚴肅思考應對。

根據基本法，立法會與特首處於制衡狀態。特首在一個任期內只能解散立法會一次，如果重選的立法會再以多數否決政府議案，則特首必須引咎辭職，而辭職後職位空缺則依基本法第 53 條實行職位代理和補選。然而，無論辭職與否，都不影響人大決定的法律效力。作為溫和理性的香港學者，陳弘毅的民意與法治方案已經是最大可能的共識取向，但卻意味着激進派核心訴求的基本落空，而其對第三部曲中"獨立民意"的引入，亦為政改過程增加了政治不確定性，增加了立法會與特首的政治衝突可能性，而"獨立民意"本身是否具有以及是否應當具有"一錘定音"式的政治權威性，是否可能演變成民粹主義，在學理與操作上亦存在諸多模糊兩難之處。困境的背景在於香港民眾和學者對於特首普選的地方性特徵認識不足，無論香港民意還是本港法律，都不是普選決定主體，只是程序合作者。基本法對普選亦非空白文件，而是有着一以貫之的具體原則與制度構造。

總之，民意是雙刃劍，立法會重選也未必奏效。即使中央不願意看到，在政改第三部曲中，特首仍面臨辭職風險。佔中困局解套艱難，政改三人組與學生代表對話也未必能解決問題。但運動已將"民意"帶入香港政治體系，而法治同為核心價值，故雖前途艱危難測，但循民意與法治軌道思考出路，凝聚共識，打破僵局，必為廣場抗命和平終結的不二法門。危局解困還在於港府開放對話空間，佔中派理性回轉，妥協轉進，將民主目標長期化，發掘民主文化中的合作精神，做負責任的中國香港人和忠誠反對派。

四、對話兩難與首輪對話的意義

對話共識引導運動和平轉型

"佔中"是香港近代史上除"六七"暴動之類的極少數武裝對抗運動之外最為激烈的社會運動事件。自提前佔中以來，香港的交通秩序、民生秩序、商業秩序乃至於一般的管治秩序皆受到了一定程度的衝擊，甚至在主調的"警民衝突"之外誘發了"市民衝突"。佔中派指責反佔中市民的街頭對抗是有組織的黑社會暴力，同時指責警方執法不公。實際上以港九社團等為基礎的香港區域勢力在港英時代本就帶有黑社會性質，與警方存在對抗、合作甚至競爭關係，這在 1974 年香港廉政公署成立前更是常態，也就是所謂的十四 K、新義安、四大潮州家族（四大探長）等。回歸之後，這些社團大多轉入常規營業，基本遵紀守法，但歷史遺留的堂口與基本盤依然存在。此次佔中運動堵塞交通要道，妨礙正常民生與商業秩序，日常損失不斷累積，對其利益基本盤自然存在觸動，引致反彈。青年學生運動與本土社團力量的街頭衝突，表明佔中運動並不具有堅實的社會基礎。

　　除了區域社團力量的街頭反彈之外，商會、行業協會、政商精英等亦紛紛呼籲佔中學生撤離。更不利者，佔中派想像的"國際干預"並未如期強勢到來，英國糾纏於國內秩序以及整體衰落壓力，只限於外交和道義支持，而美國基於中美關係以及全球戰略考量，亦不可能提供超限支持。在民意反彈和國際干預疲軟的整體態勢下，佔中派積極尋求"對話"出路，以便為本場抗命運動尋找"台階"。主流民意以及政府方面亦釋出善意，對話之門開啟。雙方從激烈的街頭對抗轉向一種"對話共識"，表明佔中運動已接近尾聲，街頭威懾效果已成為談判必要籌碼，抗命行動已撐開政治審議更優環境，從而標誌着一種不同於運動前的"後佔中"管治秩序的到來。在此氛圍下，10 月 21 日的首輪對話正式舉行，但後期溝通受挫，未能接力商討。

1. 國際干預煙消雲散

　　談到國際干預層面。無論是美國自 1992 年以來的《香港政策法》實踐及對港情報與政治的多管道支持，還是大英帝國"光榮撤退"戰略的精密佈局，實際上在全新的世界政治格局中，皆顯示出日益下滑和非重點化的趨勢。就英國而言，其世界殖民帝國的建構在二十世紀已日薄西山，處於不斷後退的態勢，表明其帝國範式與事業的失敗。現實而言，英國的國際定位與前途不甚明朗，內部遭遇蘇格蘭分離主義困擾和憲政秩序再封建化傾向，國家建構出現倒退，國家能力由盛轉衰。而其外部秩序上是否退出歐盟、如何與美國合作以及如何經營英聯邦體系，都是不確定因素。何處為主，何處用力，何處維繫最後的帝國榮光，在在面臨挑戰。因此，實際上從回歸後期開始，英國對港利益與控制任務即有計劃地轉移給美國。至於佔中運動周期中出現的陳、李二人英國求援、克萊格（Nicholas Clegg）與彭定康的道義責任論以及《聯合聲明》實施調查論，大體屬於"重溫殖民舊夢"式的宣示與安撫，不具有影響香港政改的實質意義。若執意蠻幹，也大體自取其辱，尷尬收場。

　　關鍵是美國。美國是超越英國的新世界帝國，是英倫範式和羅馬範式的綜合，有着超強的軟硬綜合實力。但今日的中美關係已非昔日可比，合作大於競爭。[8] 香港反對派對美國的理解可能並不到位，沒有認知到這一帝國的實用主義品格和全球戰略意識，也沒有認識到美國對港並無"殖民情懷"，沒有具體的"歷史感情"，而是純粹的利益關係和抽象的民主道義責任。在中美關係上，1972 年尼克遜訪華和 1979 年中美建交，最終導致了美國對台關係的結構性調整，從中可以看出美國在戰略評估上，對大陸中國的重視遠超台灣，這是先例。今日，美國

8　關於中美關係的戰略分析與評估，參見王緝思、李侃如：《中國戰略互疑：解析與應對》，社會科學文獻出版社，2013 年版。

遏制中國的同時，合作契機亦大大提升。第一，當代國際關係已非冷戰時代的意識形態二元對決，而是一個複雜的"利益互聯網"，中美意識形態差異對激烈對抗的貢獻度不斷降低，合作意願與態勢日益明顯，簡單操弄"民主"與"人權"議題不足以主導中美關係走向；第二，美國絕對實力下降，在諸多國際事務（比如 ISIS 反恐以及烏克蘭事務等）上需要中國承擔補充責任，在國內事務上需要中國加強對美經濟互補和增持美債；第三，中國的主流精英認識到中國的大國崛起不是"去美國化"，而是"深度美國化"並且超越之，因而在相當長的一段時期內，中國將願意繼續學習、分享、改造和轉化美國的大國經驗，進行新帝國意義上的精緻模仿和超越。

中美關係飄蕩於戰略互信和戰略互疑之間，而香港不過是此一棋局的一枚分量日益減輕的棋子。佔中運動至今未出現大規模流血事件，既要歸功於香港社會（包括示威人羣）的和平理性，也要歸結於美國的帝國理性，即基於大局權衡未下決心在香港議題上決裂。經此佔中運動，國際干預想像應可漸然煙消雲散，香港事務回到中國軌道，這也是運動的一大非預期成果。

2. 對話缺乏底線共識

審視整場佔中運動，國際干預一直是一個話語和想像中的核心因素。中央將國際干預視為對內政與主權的挑戰，視為對國家安全的威脅，因而從輿論和政治安排上嚴防死守。國際干預的預期越大，政改的保守性及對特首絕對忠誠的要求就越強。與香港反對派追求的純粹民主目標相比，中央更為關切的是國家的主權、安全與發展利益,這裏既有價值觀和政治處境的差異,也有視野與格局的差異。在央港雙方互不信任和互不理解彼此核心關切的前提下,佔中的輿論戰與街頭對抗便日益演變成"各説各話"的獨白劇,彼此調用着不相疊合與兼容的話語、資源和論證形式。在缺乏底線共識與"共同語法"的條件下,所謂"對話"便更多具有程序合作與心理撫慰的意義,是否能夠取得積極成果,尚難預料。

當香港民主作為一項可操作的國際政治議題時,國際勢力對中央的"主權、安全與發展利益"顯然是不敏感、不認同甚至相反對的,而對於"輸出民主"則具有道義和利益的一致性。這是所謂"顏色革命"之國際干預邏輯的內在理路。佔中運動從造勢到實際行動,表面上帶有"顏色革命"的某些規定動作與標準色彩,實質大異其趣,不可等同,反向刺激了中央從嚴估計和遏制,造成誤判和誤傷。當香港反對派沉浸於國際干預想像、顏色革命模仿、香港自決意念以及 2003 年七一大遊行以來的"抗命必成"本土經驗時,已經犯了一個方向性錯誤,對時勢與中央的政治意志缺乏充分估計和理解。白皮書和 8.31 決定代表了中央對治港 17 年"放任"策略的根本檢討,決定以國家主義、實證主義新法理範式,扭轉對一國兩制與基本法秩序的不甚清晰、各説各話的理解和預期,將"國家主權、安全與發展利益"系統植入基本法秩序之內,建立更加符合現代國家央地關係的法權秩序。這是中央對"一國"從意念堅持到制度的一種具體建構的推進,是嚴格的中國現代國家建構的組成部分。當 2017 年"普選來了"的時候,"祖國來了"也是同步呈現的政治事實。而習慣於國際化定位、普通法自由秩序和本土自治優越性的香港反對派自然很不適應。佔中就是這些複雜躁動情緒的集體爆發。

3. 客觀看待運動成果

至今為止，清場已畢，運動似乎尚未取得具體成果。不過，這場運動已經產生了積極成果：第一，運動過程證明的民意反彈、中央決心和國際干預遙不可及等事實，是對香港反對派最好的政治教育，使其回歸對話途徑和基本法秩序，放棄幻想，法內求法；第二，運動如發起人陳健民所言，確實具有對香港民眾尤其是青年人的一種民主教育功能，客觀上有利於增強香港青年一代關注社會和參政議政的意識與能力。但青年一代是否可能在這一過程中逐步遠離激進氛圍而理性成熟，則仰賴動員者的進一步教育；第三，運動過程大體展現了發起人所謂的和平理性秩序，表現了香港人較高的市民素養與溫和理性的總體人格特徵，沒有出現世界其他地區類似運動中的混亂與暴力，這是香港社會運動的一大成就；第四，運動施加的壓力客觀上創造了一種優於運動前的政治審議環境，創造了更加寬鬆的對話條件，有利香港民主審議文化的深度發展。

學聯方面最初提出了四項實體要求：公民提名；特首辭職；人大決定作廢；政改五部曲重啟。這是人大決定前反對派要求的自然延續，基本不可能實現。政府方面則要求對話在適當氛圍與場合下進行，不設前提。學聯方面進而修正對話條件，提出了對話開展的三項程序性原則：多輪對話、地位對等、實質成果。多輪要求顯然合理，因為政改事務複雜，對話不可能一次完結。但地位對等是對對話性質的誤解。這裏的對話不是對等雙方的締約或和談，也不是制憲時刻的獨立團體協商，其本質只能是一種合法的請願權及政治協商程序，是參與式民主的體現，而政府保有法定的決策權。即使呈現"對等"外觀，也不可能具有法律意義。至於對話成果的實質性，也是合理要求，但這裏的實質性並非沒有限制或毫無前提，而是必須在人大決定的前提下取得。8.31 決定是此輪政改的最新法律基礎，任何無視或突破這一基礎的本地政治對話及其具體成果，都將是違法無效的，而特區政府亦無法律能力和職權突破此一限定。

當然，即使在人大決定之下，對話依然存在一定空間並可取得實質成果，比如在提名委員會小界別構成、具體委員數分配與產生方式、第一輪參選人入閘條件、提名競爭程序、中間溫和派出閘幾率，乃至於遠期的立法會選舉與改革空間等方面。反對派如有長遠眼光，當積極爭取溫和中間派在特首普選中出閘，以及在立法會與法院兩個分支鞏固擴大政治成果，引導香港管治架構從行政主導向三權分立演變，而不是孤注一擲，爭一時意氣短長，迷戀運動，拉倒政改，負罪歷史與人民。

首輪對話 "四點倡議" 開啟政改二次諮詢

在各方角力與期待之下，港府和學聯的首輪對話終於在 10 月 21 日晚上舉行，全程直播，《南華早報》中文網全程文字實錄，可見到主持公正，程序對等。這種高規格、公開化的政改協商對話形式，不只是運動的成果之一，亦為香港民主文化的本有特質。儘管缺乏普選基礎，但港府施政在基本法以及香港本有民主文化中，素有透明公正、理性商談、依法履職的傳統。全國人大常委會確定的政改"五部曲"程序本身亦飽含着民主協商的理性精神。當然，商談只是民主程序，未必一次解決問題，也未必形成穩固共識，但卻是走向政改共識與普選公共理性的重要一步。

對話程序依循時間對等分配、議題相對集中、理由充分展現、方案以開誠佈公的節奏進行，對佔中派和反佔中派均釋放出緩和、妥協與積極尋求解決方案的跡象。學聯 5 名代表參與對話，顯然與政府官員一樣，經過了議題和論據的充分準備，對己方訴求大體能夠溫和理性表達，情理交織，顯示出珍惜對話機會、尊重與理解官員權限及處境的積極態度。首輪對話大體因循 10 月初籌備對話時設定的"政改憲制基礎與法定空間"議題展開，同時也自然延伸至重新評估公民提名、人大決定、二次諮詢重點與港府實際對策等實質性議題。

學聯代表再度重申公民提名要求，質疑 8.31 決定之合法性與合理性，尋求港府遞交補充報告，甚至探詢修改基本法的可能性。港府在堅持基本法與人大決定不可更改的前提下，作出具有一定實質意義的讓步，集中於包括提交民情報告在內的四點倡議。對話未達成具體的政改共識，未一次性完成終結"佔中"運動的程序目標，但實質性開啟了政改的第二次諮詢。

1. "四點倡議"是實質讓步

罷課與佔中綿延兩月餘，不只佔中派煎熬難支，政府與普通民眾亦不堪承受。對話作為困局下唯一解套程序，儘管不被過高估計，亦受到各方積極期待。從對話實質過程及港府代表倡議內容來看，不可如學聯代表重返廣場之後所評價的那樣：虛招，逛花園，拖字訣，虛無縹緲，不構成退場條件。當然，廣場氛圍與會場不同，同樣事物可能被分別表述。我們應肯定學聯代表在對話現場的積極表現，亦當肯定港府代表的誠意和讓步的實質性，並從中尋求香港民主向前走的契機，避免"原地踏步"的最不利情況出現。

港府最終提出了政改推進的四點倡議，具有妥協讓步的實質性，是港府在既定憲制權限內的最大可能作為。四點倡議緊扣 8.31 決定之後的香港政改情勢以及凝聚共識穩步推進政改第三部曲（二次諮詢及提案）的憲制責任。對港府讓步之評價應公正客觀，不可一味抹煞。港府代表一再強調，香港並非獨立政治實體，無權自主決定政改方案。學聯公開信提及的"香港問題，香港解決"只是理想化與激進化的政治想像，預設不存在的香港自決權，類似"學苑"的民族自決論，不符合一國兩制和基本法的制度安排，更無視中央對香港政改主導權的法理權威。甚至，港府也只是政改五部曲中的程序參與者和合作者，並無法定權限處理學聯代表的過高政治訴求，在憲制框架內亦不能簡單順從佔中派意願重啟五部曲，變相否定人大決定。港府一面對着佔中派釋放出的香港部分民意，一面對着中央主權權威和基本法憲定秩序，左右掣肘，步履維艱，只能依法權衡，用足本港權力空間，而不得違憲違法。

具體到港府的四點倡議，實際上已構成第二次政改公眾諮詢的基本框架和方法。四點倡議具體內容是：第一，用足人大決定框架下的政改空間；第二，2017普選方案非終極方案，五部曲和循序漸進原則繼續適用；第三，籌辦政改商談多方平台；第四，考慮提交人大決定以來香港民情報告給港澳辦。從學聯代表訴求來看，這四點倡議具有積極的回應。

第一點倡議要求尊重人大決定，這是政改合法性基礎，也是一切對話前提，是港府與中央的共同底線。但人大決定框架下的政改空間依然存在，2017年普選應充分挖掘這些空間資源，不可率性抹煞，法外求法。因此，公民提名之類的越法訴求不應再提及，也不是二次諮詢適當議題，但並非不可以在2017年之後再行討論。這就涉及了第二點倡議，即2017年方案並非終極方案。這相當於回應了學聯代表關於香港進一步民主化的"時間表與路線圖"問題，儘管沒有訂出具體計劃，但原則上肯定了2017年之後政改五部曲與循序漸進原則繼續適用。這一立場已與9月1日對人大決定的宣講立場有所差異，是一種積極的開放和讓步。

第三點倡議涉及多方商談平台的搭建問題，這一點很關鍵。因為政改是眾人之事，香港社會複雜多元，不是只有學聯和佔中派一方聲音，如何讓沉默的多數也加入政改討論，也發出政治意願，是二次諮詢在方法上的改進要求。多方平台亦可部分回應陳弘毅所謂的"獨立民意評估機構"之倡議，以更具代表性和更整全的民意，作為港府推進政改的主要政治基礎，形成對拉布派議員和激進反對派的有效政治壓力。第四點倡議涉及民情報告問題，這是在港府職權範圍內變通回應了學聯提出

的提交補充報告問題，但不是政改五部曲程序內的動作，而是
非正式的行政匯報。民情報告的作用在於：第一，反映人大決
定以來的香港民意變動與佔中訴求；第二，探討在人大決定框
架下用足政改空間問題，尋求中央支持；第三，提示中央關注
和考慮 2017 年之後的香港政改問題。

2. 維持現狀促進對話

儘管首輪對話過程本身溫和理性，但雙方立場仍相距甚
遠，不在場的中央政府和廣場民眾均感到一定程度的失望乃至
焦慮。佔中派宣佈對話結果不滿足退場條件，會繼續留守。對
話是和平解決政治紛爭的普遍經驗，但對話並不承諾一定有共
識，一定能夠解決問題。不過，對話大門既開，對話機制仍在。
首輪對話更多具有政治和解的象徵與開啟的意義，完全解決問
題本就不在預期之中。因此，後續對話仍有必要。作為對話的
必要壓力條件，和運動退場的政治邏輯前提，佔中派應至少保
證不再佔領新的馬路，不再衝撞警方防線，維持現狀，且不得
阻止佔中陣營內人士主動退場。而警方亦應當為社會秩序恢復
和政治對話持續提供支持，以維持現狀為執法基準。在維持現
狀條件下，佔中派和警方可以合力阻止激進勢力挑釁造勢，與
暴力傾向堅決切割，堅持和平非暴力之運動底線倫理，共同維
護現場治安秩序，共同保護被佔區域市民人身與財產安全。事
後看來，首輪對話後的維持現狀得到了實現，雙方均謹慎地防
止單方面暴力越界與行動升級。

包括首輪對話在內的政治溝通，實質上已構成二次政改諮

詢的一部分。與首次諮詢經驗相似，政改諮詢不可能在無爭議的條件下開展，否則諮詢本身即無意義。自戴耀廷 2013 年初提出公民抗命以來，公民提名的訴求貫穿始終，但這不影響政改第一輪諮詢如期完成，也不影響特首如期提交報告及人大如期作出決定。無論對特首報告還是人大決定，都不可能讓所有人滿意。儘管從盧梭"社會契約論"的角度以及理想民主觀點來看，人人同意的政治方案才是最優方案，但這種預設只是民主的純粹原理，未曾一日行於天下。實踐中的政治進步與民主發展都是改良、漸進和妥協的。

3. 二次諮詢適時啟動

　　事實上，佔中派可能面臨更為嚴峻的法治與民意壓力，所以當時宜見好就收：第一，佔中領導層的刑事責任難以逃避，這裏不僅僅是佔中抗命的美德成就，也是實實在在的法律責任，固然不乏聖徒，但個人內心冷暖自知；第二，佔中引發的小額民事索償訴訟已經排定開庭期，若有裁決先例，則可造成沉重經濟負擔；第三，佔中以青年學生為主，甚至包括未成年中學生，短期尚可，長期堅持將貽誤學業，危及前途，甚至觸犯刑律，這並非浪漫化的"民主課堂"、"事後補習"等可補救，將留下一代人創傷；第四，首輪對話提出的四點倡議，是退場最佳時機，至多再通過第二次對話探詢四點倡議之落實細節，若錯過此番機會，則可能退無可退，不了了之，尷尬收場；第五，特首梁振英聲稱佔中有外國干預並握有證據，應非虛言，佔中派固然為了民主理想而可能不惜開展任何形式合作，但裏通外國畢竟與民意及法治通常理解的愛國要求存在衝突，若固執不退，恐最終破局更形難堪，於民主進步亦有害無益；第六，主流民意漸然反彈，民生秩序籲求退場，與民意對立是運動變質和失敗的先兆；第七，高等法院頒佈臨時禁制令，顯示司法反對立場，繼續違法佔領可增蔑視法庭新罪，且在破壞法治上增添新狀。

港府本不必等待佔中運動完全退場再進行二次諮詢。等待二次諮詢的可能不是逐漸減少的佔中民眾，而是反佔中和未表態的"大多數"。首輪對話中，政制及內地事務局局長譚志源亦提出了未參與佔中的大多數民眾的政治意願問題，他們也是港人，也要求政府探詢其意見並負責任回應。港府最終還是選擇清場後再正式啟動二次諮詢，適時推出以"四點倡議"為基礎的更詳細諮詢方案，引導香港社會各階層共同面對政改第三部曲，以法治和民意的合力，護航政改方案在立法會闖關通過。

任何政改方案都不會十全十美，人人滿意，重要是爭取多數民心，合乎本地政治本分和憲制地位，合乎基本法整體秩序。

五、運動失敗與清場行動

佔中運動曠日持久，綿延兩月有餘，出乎雙方預料。佔中派、反佔中派乃至於政府都在透支香港社會的信任資源、秩序存量與核心價值。作為孕育於殖民秩序、受一國兩制憲制保障的資本主義社會，香港在市場、言論自由與法治等現代性基礎構件上已高度成熟。即使於民主層面，除了普選已大有進展，唯有"普選"一項尚處進程之中，為其心結。正因為香港本身已

"很好"，此次運動便不具有其他轉型民主社會所具有的社會矛盾全面爆發、政治衝突空前激烈、人民生活無以維繫的"抗爭綜合症"，而只是"錦上添花"的制度改進與有限的進取目標，從而與那些欠發達社會的"顏色革命"嚴格區分開來。也因此，佔中運動並沒有發展成一場全民性抗爭運動，罷課沒有發展成"三罷"（罷課、罷工、罷市），而只是局限於本港公知、青年學生與反對派基礎力量的一場溫和理性、有限規模的政治抗命。

儘管運動一方不願明確承認，但佔中運動已經失敗。隨着2014年12月11日金鐘清場和12月15日銅鑼灣與立法會示威區清場，全部佔領行動結束。這一結局有着複雜的內外原因，剖析這些原因有助進一步深入理解佔中運動的成因和癥結。

佔中運動失敗的八大原因

佔中失敗至少包括如下八大原因。

第一，核心價值衝突。 150年殖民秩序的最大遺產是法治而不是民主，香港社會的自由與繁榮依賴法治而不是民主，這在香港政治文化中根深蒂固。論起香港社會的核心價值，法治第一。對殖民地經驗而言，香港的殖民法治與自由繁榮是一體兩面的，而民主與香港現代史的關聯，則是鬆弱和相互陌生的。無論是立法會民主還是普選式民主，都是香港社會後發、新近的制度實驗。儘管佔中派竭力在理論上將民主與自由繁榮相關聯，而一旦運動本身將民主與法治乃至自由繁榮對峙時，作為整體而有機的香港社會自然會激烈反彈。因此，佔中抗命從一開始就冒着與香港社會核心價值衝突的巨大風險。普選式民主可以兼容進香港的核心價值序列，但不能以過度違法、損害自由繁榮的方式強行僭佔。法治至上不僅可見於實際佔中以來的民意與社會反彈，亦可見於大律師公會一貫代表的、精英式的"法治立場"。這種衝突對佔中失敗的影響是根本性的。

第二，**民意弱勢支持**。8.31決定後，佔中派對實際佔中一直引而不發，是因為對主流民意沒有充足把握，還需要"一波一波"催高民意支持度。然而，受到佔中派"民意政治"的技戰法刺激與啟發，建制派力量甚至平時淡於政治的同鄉會、校友會經由"反佔中大聯盟"的形式逐步組織化，並根據佔中進程"對等升級"其反對運動，"沉默的大多數"開始組織化發聲，對佔中激進取向予以嚴格限定。實際佔中以來，民主理想對民生秩序的破壞日益擴大，民意支持再次鬆動。孤立的學生"罷課"而不是社會性的"三罷"，顯示出佔中運動在香港不具有"廣泛的社會代表性"。時至今日，佔中派亦不敢輕言代表主流民意，這是佔中失敗的基本社會原因。

第三，**國際干預疲軟**。可想像的國際干預僅限於英美兩國。需要注意的是，英國已沒有能力和意願承擔其"前殖民地"的政治保護義務，遠程支持僅限於議會的"國際條約論"與末代港督的"道義責任論"，不能產生任何實際效果。另一方面，英國在經濟上正積極尋求成為重要的人民幣海外離岸中心，多項經濟合作對英國發展關係重大。美國亦是一個實用主義的世界帝國，香港民主是其戰略對抗甚至敲詐中國的一枚棋子，而不是嚴肅的民主援助責任對象，其支持也只能限於"民主秘密戰線"，且有效控制着現場衝突中對抗一方的節奏與烈度。更進一步，在後冷戰時代，和平與發展才是真正的世界主題，人權與民主只是"次主題"且存在"工具化"傾向。香港民主無法繞開憲法與國家這一嚴格的憲制性中介，外力只能是遠程道義，而不是本土政治基礎。香港民主派需要嚴酷面對這樣一種"弱冷戰、強利益"的新國際格局，放棄幻想，回歸本土與法治。

第四，**組織秩序混亂**。本次運動是多層次組織與代表的疊合，組織化程度較低，紀律鬆散，權威不統一。佔中派在運動初期尚能團結一致，但隨着運動擴展與失控，以及運動成果收穫期的到來，各種內部爭執乃至於相互批評、否認領導權以及拆台之事便會發生。學聯儘管上鏡率最高，但其實際代表性有限。佔中三子亦難以代表全域。政府對話甚至找不到具有充足權威的佔中代表。

第五，**政府依法控局**。佔中運動至清場為止，香港警方表現未有過度之勢。在一場違法抗命的秩序維持過程中，任何當局皆難以避免適度武力。如果說自由民主是佔中派最高教義，則法律與秩序就是警察的天職，彼此應相互理解。就秩序維持的基本裝備而言，香港警方亦常規性準備了胡椒噴霧、催淚瓦斯和橡膠子彈。佔中當天使用催淚瓦斯乃是出於現場應急，之後再無使用。問題是，道高一尺，魔高一丈。佔中派在裝備上並非手無寸鐵，而是和平地全副武裝，其"雨傘＋眼罩＋口罩＋保鮮膜"組合裝基本使胡椒噴霧失效。對警方而言，除了催淚瓦斯，缺乏更和緩的中間性裝備可供選擇。政府與警方嚴守法治底線，既包括嚴明法紀，合法追究肇事者法律責任，以避免佔中成為普遍社會運動的常態先例，亦應當嚴格懲罰黑社會行為與個別警察濫權行為。法律就是政府與警方的底線，無原則退讓和棄守職責就是違法不作為，應予以問責。只有敢於亮明底線，公正執法，才可能使秩序維持和後期清場經得起法律檢驗和民意評價。這也就要求，清場中絕不可再出現"曾建超事件"。法治也是一種統治，不是沒有暴力，而是由公權力壟斷暴力並合規行使。

第六，中央堅守底線。此次佔中抗命所抗之命，並非特區政府的任何決定，而是全國人大常委會的政改決定。戴耀廷發起抗命的最初目的，也在於通過前期運動威懾"影響"中央決策。反對派因循的是反23條立法和反國教運動的經驗與先例，以為此次亦可奏效。問題是，反對派沒有充足估計中央治港方略正在發生結構性轉變，從最初的放任不干預到有選擇干預再到"全面管治"。白皮書是中央循着國家主義與實證主義的法政立場治港的宣言書，政改決定應循此邏輯與脈絡理解。中央之干預實為積極行使基本法規定之合法權力，既往不行使也是一種政治選擇。此次面對連續抗命，中央以罕見的政治關注、輿論導向和高層外交，內外聯動，法治與羣眾路線並舉，底線一再申明並嚴守。中央以"剛"為後盾，特區政府以"柔"為前哨，各自以基本法與人大決定為嚴格的執法與對話之前提與基礎。面對中央高壓外援和特區政府依法控局，佔中運動至今未能有效擴展社會基礎與影響，亦未能獲得實質性成果，唯寄託"對話"而下台階。

第七，佔中溫和理性。廣場對抗溫和理性，行為藝術超越冷酷鬥爭，民主嘉年華碩果難產。香港的佔中抗命可謂世界上最溫和理性的抗命，最終沒有出現任何激烈衝突和嚴重流血事件，而偶發的警方打人事件亦已進入司法程序。這要歸功於香港的法治精神與市民素質。也正因如此，這場抗命運動缺乏了普遍民主運動史中必要的真實苦難和鮮血記憶，而成為一種被現代甚至後現代文化過度浸泡的高階化、藝術化乃至劇場化的民主嘉年華。

第八，香港依賴內地。香港對內地依賴超過內地對香港，反對運動缺乏政治經濟自立基礎。這一點非常關鍵，不僅在根本上堵死了"港獨"之路，亦使佔中抗命不可能持久，不可能以香港自身繁榮穩定以及與內地整合趨勢下的競爭力提升為代價。政治的地緣法則亦成為政治運動走勢與成效的嚴格限定。

清場不能代替對話

2014 年 12 月 11 日，在佔中運動持續的第 75 日，警方投入了幾乎全部機動警力 7,000 人於上午協助執行金鐘地區法庭禁制令，下午則自主開始"終極清場"。清場全過程保持了"和平非暴力"，運動一方主要代表坐待拘捕。新生學生組織"學生前線"本欲以"狼牙棒"等實行武力抵制，亦即所謂的"以武抗暴"，後經運動領導層內部協調而停止。整個清場行動共拘捕249 人，其中泛民主派議員拒絕簽押保釋，獲無條件釋放，但警方保留繼續檢控之權利，而其他學生組織成員則大多簽押保釋，接受保釋條件並定期回警署報到。學民思潮召集人黃之鋒因仍在警方保釋期，沒有參與清場時的靜坐抗議。2014 年 12月 15 日，最後佔領區銅鑼灣和立法會示威區亦被清場，運動全面謝幕。

　　清場結束之後，各方反應不一，但大體同意清場運動已然結束。目前的狀況是：主體清場已經結束，旺角仍有"流動佔中"，但已不成氣候，無法構成一種運動，非佔領性的各種不合作運動抬頭，比如學民思潮號召的拒交公屋租金和分拆支票行動，旨在癱瘓政府運作。政府方面表示 2015 年 1 月份開展第二輪政改諮詢，同時已起草準備提交港澳辦的"民情報告"，先向立法會進行匯報和討論。建制派議員支持並肯定警方嚴正執法。泛民溫和派議員湯家驊開始重新發聲，表示運動應轉型入新的路徑和目標，應以爭取中央承諾 2020 年立法會選舉改革時廢除功能組別為目標，有條件地同意通過 2017 年特首普選方案。這顯示出後佔中時期，極端保守派和廣場激進派開始退潮，溫和中間力量開始重新發聲並爭取影響力，這是香港政改由"陰"轉"晴"的好預兆，相信可以獲得大部分市民贊許。運動一方則表示短期內不再發動佔領行動，同時通過替代性的不合作運動，繼續向政府施壓並準備參與第二輪政改諮詢，表現出一定的合作意向。而學聯秘書長周永康等更是快速轉換角色，重新進入校園"民主圓桌論壇"，接力呼籲民主普選。

　　從清場過程和清場後的政治社會氛圍來看，香港政改在第二輪諮詢中很可能取得積極成果。清場不是政府責任的結束，不是運動的完全消除，而只是運動的街頭部分的退場。清場不能代替對話。在對話層面，特區政府在 10 月 21 日首輪對話中作出的"四點倡議"，應繼續有效並實質性執行：人大框架下最民主方案；2017 年之後可通過政改"五部曲"繼續完善普選框架；搭建政改多方商討平台；向國務院港澳辦提交民情報告，匯報佔中過程與市民訴求，對 2017 年之後的民主路線圖給出適當建議或描述。這些倡議和努力方向，皆值得香港民主派和普通市民珍惜、參與並促其實效化。

第九章

後佔中管治與香港的
"繼續民主"命題

從 2014 年 12 月 15 日的掃尾式清場，到 2015 年初的第二輪政改諮詢，這一段時期是香港政改的調整期，運動一方需要重新組合力量和重新思考策略，而政府方面則需要加快推進應佔中運動而擱置的常規政策議程，並為第二輪政改做好最後的準備工作。香港政改由此進入"後佔中時代"，而 2017 年之後的"繼續民主"命題不僅不容迴避，更成為倒逼引導第二輪諮詢及 2017 年普選闖關成功的重要因素。某種意義上，在運動挫折之下期待反對派理性回轉固然重要，而中央與特區政府就 2017 年之後的"繼續民主"給出某種政治"再擔保"與"再承諾"，亦十分關鍵。

運動已從廣場退卻，而這一轉型的關鍵點在於法治和民意的聯合。當然，後佔中除了集中處理"繼續政改"之憲制程序之外，還應聚焦於社會關係修復和社會重建，以"重建思維"逐步取代運動周期內的"鬥爭思維"。這一轉變是相互的，同時要求中央和反對派進行反思和調整。這有助獲得新的建設性心態與合作氛圍，無論是 2017 年短期政改目標還是 2017 年之後的"繼續民主"命題，才有可能雲卷雲舒，柳暗花明。

一、運動轉型的"兩個基本點"：法治與民意

法治至上：禁制令出場，佔中退場

佔中期間，香港核心價值衝突有增無減。10 月 28 日，香港大律師公會就佔中派可能集體違抗法庭禁制令行為，發表最強硬聲明，表示"法治必遭侵蝕"和"極度憂慮"。聯繫大律師

公會自 2014 年 4 月 28 日提交政改意見書以來的歷次聲明，間或有對“公民提名”和佔中的某種道義理解與支持，但對相應訴求和行動的違法性認定一以貫之。10 月 8 日，大律師公會發表聲明，指出公民抗命不能成為免責抗辯理由，屬於中性法律分析。此次嚴正聲明已越出一般性的法律專業分析軌道，標誌着大律師羣體作為香港法治核心價值的捍衛者和香港社會的核心精英羣體，加入了“反佔中”的寬泛立場。

目前來看，佔中派的“廣泛政治不合作”僅限於“鳩嗚”式的流動佔中、野外橫幅抗議（如獅子山標語）、號召拒交公屋租金及分拆支票，以及立法會內部的流會或拉布等，效果與壓力大大削弱，而特區政府、民意多數、工商階層、法律界則結成了捍衛“法治”和回歸管治常態的堅強聯盟。本來香港社會的律師精英對民主運動普遍抱有同情，對早期廣場抗爭中的警方執法亦有批評，但是當佔中派可能公然集體違抗法庭命令時，律師精英內在的法治核心價值遭到了徹底挑戰，刺激其對運動後果予以嚴厲警告。與香港社會普遍挺“法治”的立場相一致，中央的十八屆四中全會以“依法治國”為主題，其中涉港澳部分更是強調基本法的法治核心地位，這是整個國家的法政精神走向。[1] 儘管內地與香港法治水平存在差距，但法治已然成為央港關係共同核心價值。佔中運動因不能充分估計這一情勢變化，最終陷入進退失據之困境，遭遇清場而退場。

1　關於內地法治的時代精神轉向，參見田飛龍：〈法治的時代精神〉，載《新產經》，2014 年第 11 期。

1. 法治是第一核心價值

香港核心價值有法治、自由、人權、公益、繁榮穩定甚至此次抗命行動追求的普選式民主,但論及第一核心價值,唯法治莫屬,因為缺乏法治,其他核心價值將無從依傍和保障。佔中抗命行動是在核心價值上冒險,意圖將"普選式民主"升格為香港首要核心價值,甚至不惜違反基本法秩序。佔中的"違法性"本來只是公民抗命的一種中等強度的威懾手段,但如果實際情況不是中等威懾,而是無休止的極度威脅,則該行為的民主正當性便難以成為違法性的正當化理由了。佔中派實際表現出"只知進、不知退"的廣場幼稚思維,對警方正常執法與法庭禁制令也一度置若罔聞,甚至製造和引導一種"法治低於民主"的價值假象,誘導青少年和一般市民放棄法治信仰。幸好,這一不良動向及時得到了香港社會自身,尤其是大律師公會等羣體的糾正。

有節制、有序的民主才可順利納入香港社會核心價值序列。香港社會與一般的民主轉型地區,甚至台灣不同,不是在法治與自由無所維繫的條件下,以民主衝刺解決整體的制度重構問題,而是在法治與自由已然高度成熟的條件下,按照基本法進一步民主化的問題。因此,當香港佔中派模仿公民抗命甚至"顏色革命"某些技法時,當他們以"理想民主"作為假想的凌駕性價值,衝決一切既定網羅時,忽然發現逐漸與這個社會的主流核心價值漸行漸遠,甚至嚴重對立。香港社會沒有因為"理想民主"口號而一呼百應,所謂的學生"罷課"從未發展成"三罷"(罷課、罷工、罷市),而佔中亦始終局限於金鐘、銅鑼灣和旺角三個孤立據點，而不可能擴展為真正撼動“中環”金融秩序，或港府行政秩序的普遍社會運動。香港社會不存在政治意義上全面而嚴重的“轉型痛苦”，其現代性價值“存量”極其豐厚，而當佔中派的“理想民主增量”試圖四兩撥千斤卻實際傷害既有價值存量時，香港社會內部價值與秩序的“自我淨化”行動就會開始。這才是香港社會真正的“軟實力”所在。

2. 擱置廣場投票是知難而退

在民意支持疲軟而法治反彈強烈的佔中後期，佔中派曾策劃於 10 月 26 及 27 日兩日開展“廣場投票”運動，以“民間公投”再掀香港抗命波瀾，但最終以商討不周、內部意見不一而擱置。這種“公投”本質上是一種民意調查，是對政府的一種政治請願，但卻動輒以混淆視聽的“公投”名義聲張，隱喻“人民主權”的暗流湧動。公投文化在香港民主運動中的興起是非常突兀的政治事件，是香港理性政治文化的畸變。無論是在殖民地秩序還是在基本法秩序下，公投都是聞所未聞之事，更無任何可靠之法律基礎，亦與香港社會一貫之“法治”精神相衝突。

在此激進民主文化催化之下，佔中運動輿論中不乏更為激進的“港獨”之聲。更可警惕者，是青年學生的政治取態，比如港大學生會會刊《學苑》2014 年連續推出“民主獨立”專刊，炮製“香港民族論”，[2] 沙盤推演“港獨”模型與路徑，城大學生會會刊《城大月報》2014 年 10 月號封底列出了“港獨”的 33 個具體願景，包括《光輝歲月》成為國歌，中環成為首都，加入南海

2　香港大學學生會編：《香港民族論》，學苑，2014 年版。

主權聲索等。[3] 蔡子強曾將佔中與五四運動等價，這些學生政治願景可能令其大跌眼鏡，愛國與統一之前提蕩然無存。這種最激進言論悍然出現於香港主流高校的學生刊物上，大量印製傳播，在彰顯香港言論自由過度發達之外，亦表徵出部分泛民議員和本地反對派公知長期理念灌輸與政治"放任"的嚴重後果，而放任就是不負責任。

這些言論、理論與少數人的政治浪漫自然於學理和制度上

3　這 33 個具體願景頗具代表性，在充分展現本土意識與學生想像力的同時，也使香港民主運動背負上了港獨和分裂主義的沉重道德負擔，刺激中央對佔中運動作出超乎尋常的保守性評估與強硬應對。儘管這絕非香港主流民意，但出於青年學生，其激進取向與對央港關係的惡質化影響不可低估。這些願景的具體內容如下：(1) 如果香港獨立，《文匯報》不會點名批評本報鼓吹分裂國家；(2) 如果香港獨立，我可以"合理合法地"思考自己的身份；(3) 如果香港獨立，歷史博物館的"香港故事"展覽需要大裝修；(4) 如果香港獨立，國師將會在 Facebook 大叫："我早就佔到今日！"；(5) 如果香港獨立，樹根 (指議員鍾樹根) 會離港回鄉尋他的根？；(6) 如果香港獨立，張融 (指評論員周融) 就會移民去瓦魯阿圖；(7) 如果香港獨立，高登將會被標題為《突發，香港宣佈獨立》的帖子洗板；(8) 如果香港獨立，梁美芬就唔使再引用內地法律學者意見；(9) 如果香港獨立，鼠王芬 (指議員梁美芬) 就係三軍總司令；(10) 如果香港獨立，Facebook 會有人 share "勞工處就業中心驚見蔣麗芸"的圖片；(11) 如果香港獨立，總統 / 總理會經常公開演說強烈反對其他國家干預香港內政；(12) 如果香港獨立，香港小姐需要出席外交場合；(13) 如果香港獨立，港人書展動漫節美食節免費入場；(14) 如果香港獨立，我出國旅遊入境審核時，國籍一欄依然會寫"香港"；(15) 如果香港獨立，去旅行唔使每次都講半粒鐘 social / political science，解釋自己由邊到嚟；(16) 如果香港獨立，大陸旅客來港必須簽證；(17) 如果香港獨立，全港學校禁止以簡體字教授中文；(18) 如果香港獨立，高官子女必須留港讀書，直到中學畢業；(19) 如果香港獨立，本土色情業會重光；(20) 如果香港獨立，本地糧食自給自足，返元朗耕田仲好搵過做測量；(21) 如果香港獨立，金像獎設合拍片獎項；(22) 如果香港獨立，MK (指旺角) 會成為出口文化 (MK pop 同 K pop 分庭抗禮)；(23) 如果香港獨立，截拳道成為國術，並申請成為奧運項目；(24) 如果香港獨立，雞蛋仔和六四晚會申報作為世界非物質文化遺產；(25) 如果香港獨立，曾灶財將追封為"港高祖"；(26) 如果香港獨立，張國榮誕辰日會定為法定假期；(27) 如果香港獨立，七月一日會成為國殤日；(28) 如果香港獨立，Beyond 的《光輝歲月》會成為國歌；(29) 如果香港獨立，中環將會成為首都；(30) 如果香港獨立，適齡男子需服兵役；(31) 如果香港獨立，香港會加入南海資源爭奪；(32) 如果香港獨立，將會全民制憲；(33) 如果香港獨立，社會不一定變得美好，但我們可以令她更美好。來源：《城大月報》，第二十九屆香港城市大學學生會臨時編輯委員會鳴翔出版，2014 年 10 月號。

難以成立，但卻導致香港社會的族羣撕裂和法治共識衰退。這些負面因素與影響雖不致於根本危害國家安全，卻直接傷害了香港社會核心價值及央港關係的互信基礎，刺激和倒逼中央以更加嚴酷的國家主義、實證主義立場實施反制。佔中困局根本源於央港關係雙方長期的互不信任和互相刺激，使普選與國家安全的捆綁效應日益加劇而非減弱。如何智慧地重建政治互信，鬆綁安全魔咒，才是香港民主順利發展的要害。

此番擱置廣場投票有多重原因：第一，形式過於激進且不具有真正的"社會代表性"，往往局限於廣場人羣和暫時政治激情，如有 3 萬人投票，也僅僅代表 3 萬人，無法成為"港人意志"；第二，廣場投票形式與"6.22 公投"大體一致，內部即有人質疑再次操作意義何在；第三，投票選擇的議題太過強硬，比如要求港府在遞交港澳辦的民情報告中，載明撤回人大決定的要求、廢除功能組別和公民提名入法，其中沒有一項可能被中央接受，也都不可能在基本法上成立；第四，對運動以來的民意走向缺乏十足把握，對能否超過 6.22 公投數字缺乏信心；第五，反佔中聯盟在此種激進民主運動下刺激而生，高級模仿，對等升級，"公投"式民調已不是佔中派專利；第六，公投結果無助於解決任何實質性問題，反而易於加劇廣場激進行動，進一步對抗主流民意和法治，撕裂社會，使運動陷入更加艱難的無可對話、無法進退絕境。擱置"廣場投票"既表明香港主流民意和法治對佔中行為的反彈壓力已達到相當強度，亦表明佔中的激進民主取向已屆臨界值，必須予以回調。戴耀廷多次聲言佔中賭的是民意，如今民意與理性攸歸何處似已昭然，佔中本應順勢退場。

3. 退場是一種政治技藝

　　擱置投票之後，即使在佔中內部亦出現了"退場"端倪。港大政治學系教授陳祖為呼籲學生及時撤離退場，並認為退場不是失敗。佔中三子中的戴耀廷、陳健民決定回校復教，將廣場事務悉數轉交給學聯。戴耀廷的説法是個人抗爭已達極限，需要狀態調校才可長期堅持，並強調並非退場。對於廣場留守區的學生與市民而言，"退場失敗論"依然根深蒂固，從而勢如騎虎，精神困頓。無論是建制派還是泛民主派，在此運動最後時刻，為避免悲劇收場，本應共同建構一種"退場有理論"。就官方和建制派而言，除了繼續佔據主流民意和法治高地施壓之外，亦本應當適度區分對待運動的違法性與民主性，繼續保持政治對話的連續性和基本誠意，引導運動順利轉入第二輪政改諮詢。泛民主派則本應該展現"領導學生"的政治責任，而不是被政治激情有餘而經驗不足的學生所領導，自我約束在廣場上的"民主宣教"和立法會內的惡意不合作，展現民主運動和民主審議之可進可退、理性有序、改良轉進的一面，切勿給青年學生留下"好民主＝廣場抗命＋議會拉布"這樣的政治負資產。

　　如何退場無疑成為客觀評價此輪抗命運動成敗得失的關鍵。退場是一種關鍵的民主政治技藝。若操作得當，則運動之正資產或可從容總結、凝固和擴展，畢竟港府在首次對話提出的"四點倡議"中，已然承諾遞交民情報告、搭建多方平台以及更關鍵的 2017 年之後普選模式可再議。"四點倡議"既是政府關於二次政改諮詢的基本框架與方法，亦可視為佔中運動實際成果的重要體現。不過，若操作不當，只知對抗，不知妥協，則可能雞飛蛋打，如大律師公會轉引自由主義大師以賽亞‧伯林（Isaiah Berlin）所言，一味理想化對抗的結果是蛋碎了，卻忘記了做蛋餅的初衷。[4]

面對第一核心價值法治的巨大壓力，佔中本可以體面地以共同 “守護法治” 的名義退場，這恰恰不是運動的失敗，而是運動的力量所在，因為力量在於分寸。儘管現代性的 “普適價值” 在不同社會都有不同程度的存在，但基於歷史、制度和價值偏好必有所側重，香港社會對法治的倚重和守護是其現代精神的本質，“理想民主” 必須在這一前提下，才可 “循序漸進” 獲得進展並被兼容入核心價值序列。

2014 年 10 月底，學聯方面提出港府民情報告若不包含撤回人大決定請求，則希望與總理直接對話，是對基本法秩序與港府憲制責任的藐視，亦是無視人大決定高於行政權的國家憲制安排。學聯要直接面對的不是總理，而是代表國家法治權威的基本法和人大系列決定，若錯置對象，誤解程序，反 “法治” 而求 “人治”，以 “法不責眾” 心理和 “民主無罪” 意識快意恩仇，則於香港政改和民主前途有害無益。學聯亦不應當以普通行政匯報性質的 “民情報告” 為唯一着力點，變相堅持撤回人大決定的不合法訴求，而是應該全面接軌港府 “四點倡議”，合法合理謀求最大政治利益和民主進步，尤其是善用人大決定剩餘空

4　參見《香港大律師公會就集體違抗法庭命令的聲明》，2014 年 10 月 28 日。

間和多方商談平台，合力促進政改前行，避免"原地踏步"死局。而港府的"四點倡議"、二次政改諮詢的進取空間、2017年特首普選與2020年立法會普選的民主進步，以及2017年之後"理想民主"的商談餘地，實在值得香港社會理性摘取，亦值得廣場佔中派冷靜統籌，激流勇退。在清場之後的調整期乃至於未來的二次諮詢期，上述分辨和理路依然有效。

尊重民意是運動轉型的關鍵

佔中期間，在佔中運動轉型方面，香港主流民意持續發酵和呈現。在經濟、民生和法治遭遇全面影響之際，反佔中大聯盟的"二次簽名"在短時間內已高達180萬人，香港理工大學的民調亦顯示七成三的受訪民眾同意佔中即刻退場。學聯面對民意壓力，辯稱民眾要求退場是因為不理解運動未來方向。問題是，學聯方面也一直沒有正面積極地尋求妥協，以清晰化運動的未來方向。倒是民眾對於首輪對話之政府"四點倡議"逐漸有所理解和接受，冀望作為一種可擴展的民主未來方向。

撇去顏色革命之類的外觀與雜質，佔中運動畢竟有着作為一場民主運動的理念、行動與訴求，但其正當性根基是運動本身所預設的對民意的代表性。一旦主流民意日益清晰化，如運動與之對抗，則假想的代表性即刻喪失，運動便有可能向反民主方向演進。因此，不僅是政府，更是佔中派，必須明確認知尊重民意才是運動轉型的關鍵所在。

1. 佔中派的反轉型措施

佔中運動持續進行，一直既未有核心訴求獲得滿足，亦未有機智妥協謀求退場之勢。然而，香港主流民意甚至佔中陣營內部對於這樣的"消耗戰"均感疲勞，有着共同的"運動轉型"意願，只是需要"第二輪對話"來承接這一轉型。由於學聯方面堅持原有核心訴求，政府方面認為已在第一輪對話中作出合法範圍內最大讓步，無重複之必要。這提示學聯方面，運動轉型不能一味求進，不知妥協讓步。他們需要根據法政事實和佔中實際，適當調整核心議題和訴求，給出"第二輪對話"理性而新穎的空間，亦使政府方面可繼續釋放誠意，協力推動運動和平轉型。遺憾的是，佔中派在尋求二次對話之餘，似乎仍眷戀"廣場效應"，組合強化威懾手段，如辭職公投、解散立法會、學聯進京請願等反轉型措施。這些措施不利釋放運動一方的對話誠意，容易使運動本身複雜化，節外生枝；更關鍵者，不利運動轉型。我們不妨簡要討論一下運動滿月之際，佔中派新近祭出的這三件輔助武器。

　　第一件武器是學民思潮提出的"辭職公投"。這是之前"五區公投"技法的再次使用，就是由泛民議員在五區同時辭職，通過補選程序測試民意方向，如果再次順利當選，則間接證明民意支持泛民主派整體政治訴求。前次鬧劇中，建制派沒有配合，導致泛民主派尷尬收場。這一做法實際上已經不斷遭到批評，一則浪費公帑和選民政治熱情，於公益無補，二則"間接證明"效果有限，支持某人當選不等於支持他所在政黨或運動派系的一切主張。"辭職公投"在功能上相當於被擱置的"廣場投票"替代品。基於上述缺陷，身為泛民主派支柱的民主黨已表示反對，認為對政改議題商討意義不大。建制派更批評這一做法勞民傷財，於事無補。如泛民議員整體反對，則這一技法便不得實施。

第二件武器是戴耀廷提出的"解散立法會"。這並非他的原創，而是陳弘毅於2014年國慶日在新浪微博中的建議。必須指出，兩位學者儘管具體建議有所競合，但動機和出發點完全不同：陳弘毅的建議是為了給政改方案再一次闖關的機會，而且有一個前提條件，即組成"獨立民意評估機構"作權威民意評估，作為特首決斷的可靠依據，確保政治風險可控；而戴耀廷的建議無此設計，只是盯住立法會二次否決所帶來的特首辭職效果，而特首辭職可被解釋為運動的主要成果之一。立法會解散與否是特首在政改方案遭遇否決之後的自由裁量權，由基本法明確授予。特首可以選擇不解散，則政改便會"原地踏步"，如要再予施救，則需要解散立法會，通過重新選舉爭取再次闖關。這裏存在一定的風險，即重新選舉之後建制派是否能夠增加足夠議席護航，或者泛民主派是否還會集體否決。由於解散立法會涉及特首特權在非常情況下的運用，屆時是否啟動需要根據具體情勢與利弊分析決定。對這一倡議，立法會多數議員包括主席曾鈺成均表示反對，一般意見是立法會本身在2016年即要改選，否決政改方案大致會發生於2015年初，解散立法會不僅意義不大，而且會打亂政府施政秩序和民生議程。解散立法會作為特首特權主要運用於維護重大公共利益，打破政治僵局。政改方案切合這一情境，因此未必不可以考慮，但需要配套機制設計，保證穩健可行，民意可用。

第三件武器是學聯的"進京請願"。從中國憲法和基本法原理來看，請願權是公民基本權利之一，其行使應獲得保障。但學聯的進京請願無論是動機還是時機選擇都存在可疑之處。在動機上，如諸多批評所示，是為了製造新的議題，為佔中延續找藉口；在時機上，適逢北京亞洲太平洋經濟合作會議（APEC）期間，密集的國際政治經濟議題導致國家領導人無暇顧及，不利審議處理請願事項。更關鍵者，實際上特區政府和建制派方面對“請願”訴求已作出變通回應，如首輪對話中政府答應提交一份民情報告給國務院港澳辦，陳述佔中以來的運動訴求，而民建聯主席譚耀宗亦表示願擔當中間人安排會見適當的中央官員。更何況，中央治港政策歷來大體遵循“一國兩制”原則，有諸多對口機構實現與港對接，並特別尊重特區政府主動施政。然而，首輪對話之後，學聯不是選擇全面接軌“四點倡議”而轉型入二次諮詢的政改細節商談，而是堅定不切實際的“原則立場”不退，想盡辦法爭取新的民意同情和政治紅利，彰顯實質的反轉型立場。

2. 正常諮詢引導後佔中轉型

　　當學聯面對民意壓力進退失據、抵制轉型之際，政府方面如何處理主流民意呢？最好的方法就是正常開展政改二次諮詢，這是對反佔中簽名數和清場後香港主流民意的負責任回應。

　　一場政治運動之理性轉型，必以雙方的底線共識與妥協退讓為基本條件。運動最後階段，學聯方面堅守不退，不僅導致清場壓力劇增，更導致佔中運動的後期反覆和不了了之，導致各種不合作舉措之發生。這種收場預期顯然不是運動一方的追求，但運動一方卻在"只知進、不知退"的高度理想激情和低度政治經驗共同作用下無法退場轉型。這是運動一方民主教育的環節缺陷。在此背景下，特區政府一方面要把握好秩序管控乃至鞏固清場的效果，以便順應民意完全恢復佔領區秩序，另一方面則需要適度轉移對佔中派的聚焦和注意力，將主要精力對準要求結束佔中並推進普選的主流民意一邊。

需要注意，反佔中的民眾不一定就會支持政改方案或政府施政。佔中與反佔中只是手段之爭，而何種普選可以接受則是民主目標模式之爭，不排除有相當數量之民眾一方面反對佔中派的激進手段，另一方面卻同情和支持佔中派的實質性追求。因此，從反佔中的"手段性共識"轉換為政改方案的"目標性共識"，仍然需要政府進行嚴肅認真的諮詢與政策改進工作。特區政府需要進行兩方面的工作才可能成功地將反佔中的主流民意，轉化為支持政改方案和政府施政的主流民意。

第一，短期工作，集中做好政改二輪諮詢，如"四點倡議"所展示的，盡用人大決定空間和搭建多方商談平台。因為在人大決定之下的具體政改方案仍有一個譜系性的選擇，存在上、中、下三策的可能性，可以有最保守的，也可以有最民主的，還可以有中間形態。特區政府應明確提出二輪諮詢的總目標是追求**"人大決定框架下的最民主方案"**，可充分結合學界理性意見和多數民意傾向，具體設計出從提名入閘、參選人公開競爭、參選人民調、提名委員會民意基礎擴大與小界別調整、提名委員會提名程序公開透明、名單投票制、選民投票環節的白票計數制等全流程、具體而微細的提名與選舉模式。一旦秉持

“最民主取向”的二次政改的具體路線圖和機制設計指南出爐，香港政改的聚焦點自然會逐步從流動佔中點甚至拉布的立法會現場，轉移至政府主導下的政改諮詢程序之中，而理性的本地學者和多數市民亦將給予核心關注和積極參與。一旦形成二次政改諮詢的焦點效應，不僅佔中運動及其高調不妥協之訴求本身會失去政治焦點意義和媒體關注，而且廣場的流動佔中派和聲稱不加入二次諮詢的泛民議員，也會在新的政治主題和民意壓力下，被迫思考運動轉型和政治競爭的新對策。這實際上是通過恢復正常諮詢、開闢政改“第二戰場”的方式，對清場後的流動佔中與廣泛不合作程序，展開的更合法、更有民意基礎的議題與程序競爭。當政府和多數民眾悉數聚焦“正常諮詢”、商談香港民主具體進程事宜時，佔中運動之餘緒與反覆性在本質意義上便已實現轉型而終結。但如果反對派能夠盡快放棄“反轉型思維”，全面接軌“四點倡議”並佔據二次諮詢主導性位置，則仍可分享香港政改的正面成果，得到香港市民贊許。

　　第二，長期工作，集中於兌現政治承諾，解決民生問題。佔中運動的社會基礎不完全是青年學生和本地公知，還包括對政府施政和民生政策不滿的部分階層人士。政策問題演變為政治問題。政府的認受性不完全基於民主選舉，還基於管治績效。長期以來，香港社會儘管總體上維持了繁榮穩定，但經濟結構單一化和壟斷化，核心競爭力限縮為金融和地產，普通市民難以公平分享發展成果，青年人就業和上升途徑受阻，地產霸權導致生活成本高漲，空間舒適感與人格尊嚴受到壓抑，本港與內地族羣矛盾凸顯，主要管治政策效果不濟。這裏固然有着反對派議員拉布杯葛以轉嫁政治矛盾之嫌，但特區政府本身的公共政策供給與施政能力建設，亦有大力檢討和改進餘地。如何鬆綁官商關係，使公共政策與發展效益真正恢復公共性，惠及各階層，是後佔中時代政府管治需積極用力的方向。

二、後佔中管治優先策略之一：接力政改

進入 2014 年 12 月的佔中運動真正到了尾聲，以溫和清場結束。這一尾聲的到來是香港法治權威、主流民意壓力以及和平佔中力量互動博弈的結果。佔中三子的自首是公民抗命的最後一步，佔中秘書處同時關閉也意味着"和平佔中"正式退出了運動的領導和參與角色。運動領導權一度由學聯和學民思潮掌握，而學聯由於 11 月底的暴力衝擊升級事件名譽受損，導致領導權進一步向學民思潮轉移。學民思潮以"無限期絕食"要求"重啟政改"，堅持了最初的原則立場，顯示了青年學生運動的某種執拗，但也為運動轉型設置了不易妥協的障礙。不過，絕食行動沒有發生如 2012 年反國教運動那樣立竿見影之效果，最終於 12 月 9 日結束。

清場前，學生領導者的最後訴求是"重啟政改"，同時聲明可以不撤回 8.31 決定。在政治現實面前，運動一方意識到 8.31 決定作為國家政治意志的不可更易性，在對策思維上展現出某種妥協轉進的意向。然而，就法律屬性而言，"重啟政改"卻又不撤回 8.31 決定是難以同時成立的。隨着清場完成和二次諮詢開展，運動一方正確的思考方向應該是"接力政改"而不是"重啟政改"。所謂接力者，即回到 10 月 21 日首輪對話的立場，

接軌特區政府提出的“四點倡議”，將運動和平轉型進入第二輪政改諮詢。這樣，運動本身的民主訴求及其壓力效果就不會因為即時清場行動而消耗殆盡，恰恰可以基本保留，並在第二輪諮詢中發揮推動具體政改方案“最大民主化”的實際效果。果真如此，則運動轉型成功，佔中的和平、理性、非暴力的形象得以保全，而其推動香港民主進步的積極意義亦可為主流民意甚至中央所肯認，為 2017 年之後的香港民主路跑出建設性的“一棒”。

警惕運動對抗的族羣化

　　此次佔中運動是兩種基本法法理學（國家主義與自由主義）、兩種香港歷史觀（殖民史觀與回歸史觀）以及兩種民主理想模式（國家民主與普適民主）之間相互衝撞與激蕩的結果。運動是歷史既有觀念衝突及政治結構性矛盾複雜演變的產物，並非任何一方勢力刻意追求所致。重要的不是相互指責和擴大仇怨，而是冷靜客觀分析與應對運動本身暴露出的央港關係，以及香港社會固有矛盾，共同走出運動困境。

　　運動本身按照“佔中／反佔中”大致界限，將弱社會基礎的香港政黨政治兩極化，將香港青年世代推向了政治舞台中央，將香港商業城市性格政治化，將大部分中間性、淡化政治的本港市民兩極化。隨着運動對抗的升級，其一個主要政治遺產就是政治對抗的族羣化，導致香港民主政治出現了“台灣化”的端倪。如果說台灣政治沿着統獨、藍綠、外省本土界限已然結構化導致民主政治無法凝聚共識，以及共同理性謀劃未來的話，香港政治亦有沿着本土族羣／內地移民族羣、泛民反對派／愛國建制派日益分裂和二元化之虞。在正常的民主社會與民主制度下，兩黨制和二元社會或許可為常態，但由於港台並非獨立政治實體，其族羣對立與政治極化就可能導致民主政治的共識危機和空轉陷阱，危及國家認同。

佔中運動刺激愛國愛港力量以"反佔中"名義高度聚集和組織化，將尖銳的政改以及央港關係敏感議題，在廣泛的香港社區、家庭、學校之間展開，各自站隊，互有攻訐。佔中運動的現場效應波及廣泛的香港社會各個角落，完成了一次史無前例的超常規政治動員與對抗。這一對抗的族羣化未必是運動一方刻意求之，但客觀效果如此。儘管佔中三子已然自首，運動遭遇終極清場，但對抗族羣化的後遺症流之長遠。可行的進路是對抗雙方共同面向香港法治價值、普選前途和獅子山集體奮鬥精神，開啟後佔中的"社會重建"之路，攜手"接力政改"以爭取普選前途，同時開展系統化、大規模的社會關係修復工作，主動拒絕進一步的對抗和撕裂。這裏的責任固然在於運動一方"激流勇退"，回歸常態和理性，亦要求特區政府和愛國建制派從香港民主與社會團結大局出發，開闢政治管道與政策空間，誠意推進政改進程，嚴肅檢討民生政策，積極抵制固化族羣對抗和二元對立的任何話語和政治行動。

為香港民主的安全憂慮鬆綁

佔中運動折射出香港民主文化的獨特氣質，對這些氣質因素加以檢討有利香港民主的接力發展。香港民主在精神傳統上根植於西方普適民主文化，受到《聯合聲明》以來，尤其是彭定康督港以來民主化理念與實踐的直接影響與塑造。此次佔中運動體現出香港民主的內在精神氣質：第一，高度的理想主義氣質，體現於香港民主運動中的理念派，以普適的國際標準和西方民主模式自我標榜和想像；第二，高度的國際依賴性，以香港的殖民史經歷和國際城市自我定位，民主動力上更是以借助國際資助與支持為心理與物質層面的後盾；第三，民主轉型與抗爭技法的高度模仿性與移植性，廣場佔領、網絡動員、政治行為藝術等要素不一而足；第四，弱國家認同與政治互不信任，體現在對國情與發展階段認知上的模糊與記憶選擇。

這些氣質因素導致運動一方與中央之間，存在互動上的精神與機制障礙，出現了嚴重的相互性戰略誤判：中央基於運動一方的"佔中"違法性及其國際依賴性，而將這場民主運動定性為嚴格的國家安全事件，甚至"顏色革命"；運動一方則以其對香港民主的歷史演變體驗和規範理念認知，而將運動本身視為有着神聖背景和普適基礎的抗命行動。今天看來，雙方的戰略誤判源自政治文化與行動策略的多重錯位和相互刺激。2013年初戴耀廷提出"公民抗命"的核爆中環計劃、香港青年學生在政治動員中的"港獨"取向，以及香港反對派政治人物對"國際干預"的主動示好與高度依賴，不斷坐實香港民主的"國家安全"憂慮。雙方通過相互刺激和相互建構，最終導致了8.31決定的出台。這一決定，在中央看來是"最安全"框架，可以確保特首忠誠和行政主導，確保以特區行政權保障國家主權、安全與發展利益，但在反對派看來卻是"最保守"框架，連落三閘。

　　歷史無法假設，無法設想如果沒有"公民抗命"，沒有青年學生的政治浪漫以及民主派國際求援，8.31 決定是否另有安排。但全程觀察雙方互動與對抗過程，在運動退場之後，實在有各自檢討和反思之餘地。在後佔中的"接力政改"乃至於2017 年之後的香港民主路上，青年學生與民主派似乎需要在如下三點基礎上，更具建設性地推進香港民主：第一，對國情與國家政治體制有更深入的全面理解，逐漸熟習與中央溝通的話語和行動技巧，修復政治信任裂痕，建立中央對香港民主化的底線信任基礎，逐漸卸載中央的國家安全憂慮；第二，主動消除"港獨"論述和不切實際之想像，以此作為爭取中央信任以及內地民眾支持的國家認同底線。如果香港民主運動沿着激進方向前進，而不給國家認同任何有意義空間，就只能日益邊緣化；第三，戒絕"國際干預"幻想，理性認知香港民主所處的"國家"框架，在"一國"範疇下以基本法為依據推動民主發展，否則將繼續導致香港民主問題國際化，繼續落入"國家安全"陷阱。

　　香港知識分子和主流媒體應基於運動反思和遺產，在以上諸方面承擔理性責任，引導青年學生與民主運動進入良性軌道。而中央亦有責任真切理解香港民主的內在性與本質性，在相互信任的條件下，逐漸鬆綁附於香港民主之上的國家安全負擔，主動開闢香港民主和香港民眾融入中國國家認同和民主化框架的機制通道。

二次諮詢空間猶存

如果說 8.31 決定是雙方戰略誤判和互不信任的一場誤會，一場悲劇，那麼中央和運動一方均有責任加以修復和完善。8.31 決定具有合憲合法基礎，英美國會對該決定憲制基礎及合法性的理解並不正確，有着干預主義的偏見。但合法的未必充分合理。在這一點上，10 月 21 日首輪對話中特區政府亦有承認，即 2017 年普選框架不一定是終極安排，2017 年之後仍可按照"五部曲"重新檢討該框架。因此，運動一方關於"重啟政改"的適當時間節點就不是 2014 年，而是 2017 年，且需要根據 2017 年方案的實際成效而定。

首要共識是 2017 年可實行普選。"袋住先"是一種無可奈何的接受，與理想狀態相距甚遠。因此有 8.31 決定後泛民主派議員的集體否決表態，以及佔中運動的連續抗爭。然而，對於香港而言，如果因為不夠理想而錯失民主進步契機，則香港將長期陷入央港衝突和"過度政治化"的漩渦，喪失其重建社會自信、加入地緣，乃至於全球經濟整合升級的良機，加速其"二線城市化"的進程。如果若干年後香港的城市競爭力和經濟社會景氣程度快速下滑，不再具有國際吸引力，則不僅"一國兩制"遭遇實踐性失敗，更是香港人的歷史噩夢。所以，如果 2017 年出現"原地踏步"，香港的過度政治化以及全面衰退則不可避免。央港雙方應共同避免這一"雙輸"前途。因此，反對派似乎應從香港更大利益出發，不要再渲染 2017 年方案的不可接受以及"民主決戰"的意氣風發，而是理性推動二次諮詢朝着有利方向發展，讓 2017 年為香港更高程度的民主奠基。

在主流民意嚮往 2017 年普選的條件下，政府落實普選的責任更為突出。首輪對話的"四點倡議"應在清場完成後盡快落實，包括多方平台搭建以及給港澳辦的民情報告。多方平台應克服"佔中／反佔中"的二元撕裂，凝聚香港最大多數團體和力量，成為香港民主化"接力賽"的長期平台，亦可成為香港公共政策民主化的共享議政平台，以"民意"倒逼行政會議和立法會更好地對選民負責。民情報告可以作為對佔中運動的政府總結報告，亦可作為以特區政府名義向中央提出的地方請願報告，載明運動的主要訴求，提出 2017 年之後繼續完善普選框架的基本設想、大致路線圖與時間表，概述運動反映出的民生政策問題及管治優化方略，以較為完整地傳遞運動釋放的香港民意，以便中央更準確地回應香港的民主訴求和民生改進的政策性需要，為中央適時調整治港政策框架，提供決策基礎和建設性意見。

三、後佔中管治優先策略之二：社會關係修復

佔中運動周期長達兩個多月，整個香港社會猶如經歷了一次最全面的"政治體檢"，幾乎所有的矛盾衝突和各式勢力，都在其中展現了自身的存在、理由與力量，也讓中央和世界對這顆輝煌、特異而受傷中的"東方明珠"，有一重新看待和評估。

佔中完成清場，但不意味着這場運動的真正終結，而只是轉型。在後佔中時代，香港社會需要面對兩大焦點議題：一是 8.31 決定下政改之路如何繼續，這是短期命題，但也是重要命

題，是運動的直接主題；二是經由運動撕裂的社會關係如何修復，這是長期命題，根本命題，是運動的衍生命題。如果民主理想不能一蹴而就，有限的民主成果是否可以"早期收穫"？是否可以轉型面對 2017 年之後的民主空間與道路？這是運動激情退潮之後，需要審慎思考和應對的。

　　香港社會需要更關注的是長期的社會關係修復命題。經由運動刺激，香港社會以政治劃界的派性矛盾和族羣矛盾更加激化，外部表現為反對派和中央的結構性不信任和政治衝突，內部表現為建制派與泛民主派的二元鴻溝，及各自政治與選民基礎的觀念與利益對抗。後佔中時代在合力推進二次政改的同時，應聚焦長期的社會關係修復命題，齊心締造新香港。這一締造過程包含鞏固法治基礎、發展理性民主和修復社會關係三個主要層面。

香港法治仍是磐石

　　戴耀廷針對警方借助法院禁制令"變相清場"，指責特區政府濫用香港法治，不顧惜法院認受權威，其中頗有埋怨之意。如何結束佔中曾一度成為港府的頭號難題。在適度武力（胡椒噴霧和催淚彈）無法奏效，民意反彈（反佔中民意）時有反覆之際，香港的法律界和香港法治逐漸成為反佔中的核心力量。這裏存在着香港核心價值的規範性博弈，即到底甚麼是香港第一核心價值，甚麼是不能破壞和必須敬畏的。對於警方執法，儘管可說是依法行政，但"黑警"指責以及警隊在整個運動中的聲譽下降等，已說明不足以在價值層面遏制抗命道德力量。至於反佔中民意，佔中一方更經常指責是政府有意催抬，有“反佔中暴徒”説法。各種民調亦曾顯示佔中和反佔中旗鼓相當，難分高低。故民意也很難成為阻遏佔中道德力量的致命武器。

唯有法治可行。這裏存在吊詭之處。嚴格的公民抗命是對法律秩序的明確違反，目的在於推動社會的超常規審議和制度變遷。香港公民抗命的直接對象是基本法第 45 條和人大系列決定，尤其是 8.31 決定，其核心訴求是公民提名合法化。在行為方式上，佔中一方直接違反了香港有關交通和公共秩序的法例，甚至佔中發起人戴耀廷在事前動員中，還以法學教授名義逐一分析過佔中所違何法及所擔何責。公民抗命在理論上實際已消解了一般法律秩序的形式合法性，故違法性指責、後果預期乃至於警方現場執法不足以遏阻佔領行動。可是一旦法庭禁制令頒發並窮盡上訴程序之後，沒有任何一方敢於明確支持違反法庭禁制令。這説明兩點：第一，佔中之“公民抗命”的實際違法預期低於理論違法預期，不是徹底的公民抗命，含有對法治的內在敬畏，含有對法院認受性高於行政認受性的法治價值推定；第二，法治是香港第一核心價值，其被顛覆的終極標誌不是違反成文法例和警方命令，甚至也不是違背主流民意，而是直接違反法庭命令。

法治是香港社會第一核心價值，是英國殖民主要正面遺產和香港人自由繁榮的根本保證，此次佔中如換作法治根基不牢之任何社會，則早已暴力連連，悲劇收場。英國式法治具有作為民主基礎並引導民主的超越價值，英國因此要比法國之類更推崇民主，甚至廣場運動價值的國家幸運。這亦為香港之

幸。法治優先奠基，不只是佔中和平轉型避免廣場重大悲劇的
關鍵，亦成為整個國家治理現代化的核心指導思想，當不是意
外。香港法治此番表現，無論是大律師公會的聲明，還是高等
法院的臨時禁制令，不僅不是濫用法治，恰恰是法治在關鍵時
刻顯示權威與力量。新香港的締造依然要以法治為基礎和磐
石，這一點應成為港人最大共識與信心。

民主政治理性進步

　　當然，以法庭禁制令為主要手段的"準清場"行動，雖然窮
盡了香港法治資源，但尚不足以完全結束佔中的負面影響。法
治固然具有權威和力量，但面對民主化訴求，其固有局限亦很
明顯：第一，法院只是在民事訴訟中以民事救濟形式頒佈臨時
禁制令，不包含政治內涵的判決，也不適合作出此類判決，否
則就構成了司法政治化，使其喪失獨立與中立秉性；第二，佔
中運動在禁制令範圍之外，可能出現"流動佔中"或運動式反
覆，這是不告不理的法院無法及時應對的；第三，運動的核心
訴求無法通過法院處理，只能通過"政改五部曲"來應對，故禁
制令只是恢復常規法律秩序，只是在手段上遏制並清理佔中的
違法性繼續狀態，但政改壓力和對抗一如既往。

　　因此，隨着金鐘、旺角、銅鑼灣等地的清場完成，一方面
需要警方關注和跟進"流動佔中"與佔領反覆的問題，繼續維
持基本秩序，另一方面則需要政改三人組主動、及時啟動以 10
月 21 日首輪對話之"四點倡議"為基礎的二次政改諮詢，以政
治過程解決政治問題，合力重新凝聚共識，尋求 2017 年普選最

民主化方案，並給出 2017 年之後民主發展的必要議題、討論空間和商談機制。這就使佔中運動不是顆粒無收，而是贏得了 2017 年之後民主再出發的政治機會，可視為該場運動的直接成果。剝離"顏色革命"和外國干預之類的鬥爭語言和混雜成分，作為"人民內部問題"的香港民主發展，無論在基本法還是人大決定軌道上，均保留了"循序漸進"的一貫邏輯，而運動中亦包含着理性和不容否定之民主成分，這自然可以成為二次政改和特區政府改良管治可資回應和利用的政治資源。

與街頭退場相比，立法會內的惡意拉布對香港法治和管治的危害實際上更大。如果説佔中主要是一場以青年學生和本港公知為主體的普選抗命運動，那麼立法會拉布就是反對派議員日常上演的政治不合作。表面來看，這種不合作具有確認黨派分際、利用程序特權、威懾政府管治、聲援廣場運動的表象，但內裏卻反映了香港民主政治文化的不成熟與不理性。自佔中以來，政府公共項目撥款申請基本沒有通過，而佔中之前的撥款審議亦拉布連連。議會監督政府為法定職責，但當"逢政府必反"成為常態時，則議會本身已喪失公益衡判和理智行動的集體能力，相當於內在精神分裂和背叛整體利益。

表面上，每一個拉布的反對派議員都以民意代表和為民請命自居，但實際上卻喪失了議會議員的責任倫理和整體利益觀，喪失了民主的審議理性，而淪為政治攻訐和政客操作的表演性機制。固然，議會制度本身需要充分的程序特權，但議會治理拉布亦成為歐美議會成熟進步的重要任務和標誌。佔中訴求和社會矛盾不能成為本屆立法會惡意拉布的正當理由，毋寧是立法會應當成為凝聚共識、承擔責任、理性審議和維護法治的健康和建設性力量。如果説佔中和反佔中是一次全面的政治動員和政治教育，則拉布議員應激流勇退，成為理性政治家，負起引導和代表民眾之責，而不是媚俗造作，與公益為敵。更可期者，香港民眾應認清拉布危害，以選票更新政治構成，引導民主文化變遷。

社會關係系統修復

對於新香港的締造，法治基礎和民主政治改造固然重要，但社會關係修復更為長遠和根本。運動本身既是社會關係既有裂痕的反映，亦激化並加劇了這一分裂。在佔中與否，以及對政治與法律問題基本看法上，香港社會幾乎是第一次出現了家庭內部成員代際之間、同學之間、男女朋友之間、陸生與港生之間、鄰里之間、老闆與職員之間的結構性價值衝突。在最激烈的佔中動員中，曾有關於如果父母、男女朋友等核心關係反對佔中如何應對的問題，出現過最具撕裂性的強硬回答。這容易讓人想起內地革命史中的父子反目、兄弟反目、戀人反目之悲劇。在一個法治與和平的年代，將民主運動飆高至如此決絕和撕裂的程度，至少在理論邏輯上與革命無異，顯示出香港民主高度激進的一面，需嚴格檢討和反思。從有形的對抗陣營來看，佔中派和反佔中大聯盟相互模仿、對等升級，加之佔中多以本港人士為主，反佔中則以內地背景下的同鄉會和校友會系統等愛國愛港力量為主，其分裂更彰顯香港社會族羣矛盾。

此一面向已有香港精英人士察覺並試圖修復，團結香港基金會的成立就是重要標誌。對於運動暴露出的民生政策失當、央港關係失衡、青年成長受挫、本港經濟單調疲軟、區域整合高壓反彈、生活方式劇烈變遷等經濟社會問題，應予以嚴肅的政策研判和應對。總體上，在雙普選壓力下，中央和港府治理策略應由高度倚重"資本家精英"向更多面對和回應"普通市民階層"轉變，通過惠港新安排和區域經濟整合，為新香港重新獲取優勢競爭力及社會發展動力，提供政策與制度安排，使香港青年獲得更多參與國家經濟、社會乃至政治事務的機會，使其"中國公民"身份充實權利與發展內涵，分享大時代改革宏觀成果。運動、和解、修復、重生，新香港面臨重大挑戰和機遇。

四、後佔中時代香港的"繼續民主"命題

"繼續民主"是港人共同心願

香港主流民意反佔中不等於反對"佔中派"追求的理想民主本身，對手段的排斥不等於對目標的拒絕。因此，後佔中時代除了全社會理性商談爭取 2017 年普選落實之外，尚需關注到香港社會對 2017 年方案並不真正滿意，而有着進一步追求更優普選框架的訴求。經歷佔中運動之後，一般香港人對於香港民主的心理認知、共識取向甚至場景想像可概括為：第一，2017 年特首普選框架相比 2012 年框架雖有進步，但仍有"篩選"效果，不是"理想民主"方案，香港民主需要繼續前進；第二，香港民主繼續前進的動力來自體制內力量的裂變與社會反對力量的接力爭取，包括建制派政黨的分裂以及社會反對力量的政治重

組與積極參政；第三，在限制性框架下的特首普選中，最打動選民心理的競選策略，是承諾帶領香港人民“繼續民主”起來，接力追求“真普選”；第四，建制派政黨及其候選人的民意基礎與政治合法性繼續遭受質疑，在與反對力量的政治博弈中，面臨越來越大之政治壓力；第五，中央繼續作為香港民主發展“循序漸進”的主導與調控性力量，但香港民主在民意推動下的“繼續民主”之路不可逆轉。這就是香港的“繼續民主”命題。[5]

　　在香港普選的話語博弈中，反對派的通用策略是“政策問題政治化”，而建制派的反制策略則為“政治問題政策化”，於是出現了檢討佔中運動原因及對策上的“民主中心論”和“民生中心論”。適度跳脫香港政治輿論的立場局限，香港社會宜認識到佔中運動同時反映了香港管治中嚴峻的民主問題和民生問題，二者相互關聯，但不可相互吸收，各自獨立存在。因此，後佔中時代的中央與港府在政策檢討上，除了凸顯“民生”的公共政策面向之外，也不可形成“民生中心論”，以為通過民生與福利供給即可完全消除佔中運動的“病灶”，更不可以為依靠“反佔中”的窄議題民意以及法治權威而取得的清場經驗，可以反覆長期運用，而是需要嚴格區分“政治”、“政策”與“法律”，按照“政治的歸政治，政策的歸政策，法律的歸法律”之原則進行議題歸類、政策設計與制度供給。在佔中運動可分析出的問題羣中，“繼續民主”將成為一個最大、最普遍的共識，而中央和特區政府在這一議題上的開放程度和回應能力，將直接決定

5　HKTV 於 2014 年 11 月 19 日開播的政治題材電視劇《選戰》，即以香港的“繼續民主”為主題，有一定民意代表性，值得關注與分析。

後佔中時代香港管治的基本績效狀況。

民主運動的自我檢討與改進

通觀整場佔中運動，儘管存在外國勢力的模糊影像和，對國外"顏色革命"某些動員技法與行為藝術的模仿和翻新，甚至也由於香港社會本身的公民社會傳統及其行動者邏輯，而造成中央對運動性質的過高定性 (港版"顏色革命")，[6] 但這場運動本質上並非"顏色革命"，無論是運動參與者還是香港警方均表現出對"和平非暴力"這一文明守則的堅定信念，以及對法院禁制令和法治根本權威的終極信仰。而作為運動象徵的"雨傘革命"之說，也至少在香港社會內部被嚴格否定，修正為"雨傘運動"。因此，2017 年之後也就不存在"繼續革命"的問題，而只是"繼續民主"的問題。從理論脈絡和運動過程來看，佔中運動在本質屬性上還是應該定位於一場以民主為基本目標的"公民抗命"運動，其核心訴求在於通過適度違法的公民行動，造成全社會對普選議題更嚴格和更為聚焦的"審議"(deliberation)，向特區政府和中央傳遞對法定"機構提名"模式的不認同，並以推動"公民提名"入法為基本政治訴求。問題在於，這場運動以過早的"公民抗命"威脅在先，以青年學生的"港獨"論述以及反對派政治力量的"國際"求援加碼，更以不具法律效力的電子公投以及曠日持久的街頭佔領為支撐，同時錯失了 10 月 21 日首輪對話的運動接軌與轉型契機，從而喪失了在一場高度非

6　比如全國港澳研究會會長陳佐洱先生依然堅持這一定性，參見陳佐洱：〈違法佔中氣數已盡〉，載《大公報》，2014 年 12 月 11 日。

均衡和不對稱的政治抗爭中，實現理性妥協與運動“早期收穫”的機會窗口。整場運動展現出理念優先、青年學生激進立場優先、對溝通對象及相關溝通技巧把控不足等特徵，這些均應作為運動遺產，而成為香港民主運動自我檢討與改進的要點。

民主之路上的“視角內轉”

更進一步，這場運動從發動之初到提前行動再到黯然清場落幕，一再表現出對抗雙方的戰略誤判和戰略互不信任，這對於作為地方性民主的香港民主發展無疑是悲劇性和災難性的。香港在“繼續民主”之路上，需要更理性地實現一種“視角內轉”，對政治上的溝通對象進行更具內在性，甚至溝通性的理解，同時需要堅決戒除一種超越政治可能邊界、自我孤立與邊緣化的“港獨”主義，和一種來自國際城市定位與殖民歷史記憶的“國際干預”主義，而將香港民主化定位於“一國兩制”憲制框架下，具有“政治特區”屬性的自治民主試驗。其制度過程既是香港基本法秩序的民主改進，同時也是中國整體國家建構和政治民主轉型的先導與示範。在此意義上，香港民主便具有了超越一城一地治理的普遍歷史意義，而匯合入中國長時段的立憲民主進程之中，同時又在深圳河一側構成與“經濟特區”之國家試驗具有互補性的“政治特區”優勢。而孤立主義的港獨和外來干預主義的國際依賴，只能使香港進一步遠離國家體制和全體人民的同情與支持，遠離主體中國開闢的民族復興與國家崛起的大時代和大機遇。視角內轉，參與互動，舊城新命，或許是此次佔中運動激烈對撞之後，所可能產生的央港關係新互動法則與均衡位點。

同時，佔中運動處理經驗還可能成為內地應對未來政治與社會運動挑戰的有益經驗：第一，法治是有序民主的基礎，內地需要在十八屆四中全會決定基礎上全力推進法治國家建設，以法治權威應對和護航民主發展，避免政治與社會失序；第二，民意是秩序維護的風向標，此次佔中運動中的民意內涵，特別是民意對法治的根本信仰以及對暴力的堅決拒斥，成為運動始終堅守"和平非暴力"以及警方文明執法的共同監護力量，而多元公開的民調技術體系，亦成為民意聚集和溝通的有效機制；第三，媒體自由與政治公開性，有利於鞏固法治共識和確保民意傳遞相互檢驗而達至真實，更可形成社會性的公共輿論場及公共理性。在內地經由"經濟建設"、"法治建設"而最終抵達具有結構性政改意義的"民主建設"階段，香港社會此次應對佔中運動衝擊而表現出的價值與制度軟實力，恰可作為內地在儲備政治民主化之基礎設施條件時認真研判、借鑒和轉化。如此，則佔中運動已經具有了超越本港民主範疇的國家治理標本意義。

當然，香港社會經歷佔中之後，還是面臨着嚴峻的考驗，如果不能較為穩妥地通過這些考驗，其"繼續民主"前景乃至於經濟社會競爭力預期都可能惡化，其"二線城市化"並非不可想像。這些考驗至少包括：經由"佔中/反佔中"衝突而造成的政治對抗族羣化態勢如何有效抑制？運動造成的社會關係裂痕如何彌合？"政改五部曲"之第三部如何艱難而智慧地闖關成功，以避免2017年特首選舉的"原地踏步"陷阱？佔中運動暴露出的經濟結構單調、就業矛盾突出、民生政策失當、青年出路狹窄、地產霸權以及官商勾結等政策性問題，如何在政治／政策雙軌意義上進行有效的應對和化解？解決這些問題需要香港社會的團結協作，需要公共知識分子的理性引導，需要特區政府的系統回應，亦需要中央的深切理解和到位支持，尤其是中央的惠港安排應向香港社會中下階層傾斜，[7] 而信息交換與意見交流管道，亦應適度避開資本家精英而逐步下沉。[8] 對香港社會而言，這是一個社會重建與深度回歸的過程。對特區政府而言，這是一個增強回應性、責任性與管治認受性的過程。而對中央政府而言，則是一個更深入理解香港社會各階層、改善央港關係、強化兩制互動與國家認同整合的過程。

　　放寬觀察視角，香港曾作為冷戰時代內地獲取國際物資以及改革開放初期內地獲取資本、技術與管理經驗的轉口與輸出地。今日中央看待香港，除了繼續鞏固其金融中心和自由貿易港的經濟地位之外，更應看到香港是一個高度發達和成熟的法治社會，以及一個在民主化進程上先於內地的政治社會，賦予香港民主法治更高程度發展以國家試驗和國家治理現代化的宏闊意義。在全面深化改革的更長周期裏，在央港關係經由佔中運動反向刺激調整後趨於改善的條件下，內地法治建設進程需

7　比如醞釀多年而於近期正式啟動的深圳 "前海" 青年夢工場項目，對香港青年創業和融入中國崛起過程具有積極意義，參見黃永：〈前海 "港人 Plan B" 去留悉隨尊便〉，載《香港經濟日報》，2014 年 12 月 9 日。

8　這一點至關重要，尤其是 "雙普選" 帶來的香港政治的社會化壓力，要求中央治港策略適度轉換焦點，盯準 "青年工作" 和 "基層工作"，不僅在 "反佔中" 議題上，更是在寬泛的香港管治與經濟社會發展議題上，保持與香港社會民意真誠而暢通的溝通交流，並以此為基礎作出準確研判和回應。

要進一步汲取香港法治成熟經驗，而內地民主建設進程亦需要認真對待和借鑒香港民主的可能經驗。香港則由於更好地理解和參與民族復興和國家崛起過程，而得以重建央港關係的基本政治互信，消除戰略誤判，從而可能獲得新一輪全球經濟大整合中的發展良機與分工紅利，以及在"繼續民主"議題上，獲得更為寬鬆的中央政策框架。對此，我們秉持一種審慎的樂觀態度，同時將會保持長期的觀察、分析、評估與建議。

後記：香港政改未完待續

　　香港是一本很複雜的書，看懂它着實不易。這本《香港政改觀察》是本人擔任香港大學法律學院 Leslie Wright Fellow（2014-2015）期間全程現場觀摩政改博弈與佔中運動過程的產物。對於一個成長及受教於內地體制的青年學者而言，這也是一次難得親身體驗"兩制"差異的機會。本書側重於對香港政改與佔中運動進行民主與法治層面的聚焦觀察，由此形成相對集中的問題意識和分析進路，因此不可能面面俱到地呈現香港社會的全貌。

　　儘管如此，在一年的訪問研究周期裏，對於香港社會還是有了較為深入的體察和認知，感受到了這個社會獨特的歷史、價值觀及公民社會力量，感受到了"兩制"因政治傳統與制度進程原因而產生的結構性張力。這本書未曾敢言窮盡了香港社會法政層面的全部問題，但卻鈎玄提要地抓住"政改"和"佔中"，試圖揭示一國兩制與基本法之香港經驗，正在遭受的艱難挑戰及其可能出路。而為了使本書更易閱讀和理解，需要先就香港政改問題之背景與演變略作交代。

香港政改問題之背景

普選未見於英國 150 餘年的殖民史，亦未見於 1984 年的《中英聯合聲明》，而英國在 1976 年加入《公民權利與政治權利國際公約》時還專門為避免香港政制適用普選"國際標準"而作出了對第 25 條 b 款的明確保留。恰恰是 1990 年制定的香港基本法明確規定了香港的普選目標。如今，這一條約保留在基本法下的具體效力問題，在央港雙方的法理博弈中依然眾說紛紜。1976 年的香港尚處於麥理浩總督治理的"黃金時代"，香港廉政公署創制未久，而中國大陸剛剛結束文革，尚處於改革前的複雜思想與政治鬥爭之中，前途未明，但無論從英國政府還是香港殖民政府來看，1997 年香港回歸都是排除在政治想像與政策議程之外的，而 1976 年之條約保留亦是為了維持英國對香港的殖民總督制長期不變。吊詭的是，當英國政府與中國官方接觸並確認了 1997 年主權回歸的必然前途之後，卻大大加速了香港政制的民主化進程，包括 1984 年的政制改革白皮書。這一進程在 1992 年彭定康督港之後更是快馬加鞭，只爭朝夕。

回歸過渡期內的"民主福利"不是英國政府的良心發現或政治饋贈，也不是香港民主運動的壓力所致，而是大英帝國撤退戰略的核心戰術內容。在直通車方案因英國方面單方違約擱置而導致中方"另起爐灶"之後，事實上香港政制發展的主導權已經早於 1997 年掌握於中國政府之手，且以基本法框架為唯一法律準據。因為無論彭定康的快速民主進程如何，1997 年是一個主權回歸和治權"歸零"的憲政時刻，是香港歷史上"新憲法秩序"的嚴格法律起點。大致與彭定康督港時間相仿，香港本土的政黨政治開始形成，各自確定政策議程和目標，由此日益清晰化為"建制派"與"泛民主派"的二元格局，延續至今。而隨着英國的大撤退以及英國自身實力的進一步衰落，美國同期接手了香港事務的"干預"責任，以 1992 年美國國會通過《香港政策法》為標誌。所謂此輪政改中頻繁出現的"外國勢力"，蓋以英美為主，而美國更為突出。由此，香港政改早已超出地方自治民主範疇，夾雜着中英關係、中美關係、央港關係等多重因素，更是被中央高調定性為"國家安全"事件。當作為地方民主目標的普選掛載上國家安全重負時，制度框架顯然不可能過分寬鬆。

　　2017 年普選特首鄭重伏筆於基本法第 45 條，而所遵循之法定程序"五部曲"記載於全國人大常委會 2004 年解釋之中，具體路線圖與時間表則規定於全國人大常委會 2007 年決定之中，亦即香港回歸十年之際，中央即確定了特首普選的具體進程，由此不可認為中央對特首普選沒有誠意。不過，中央的顧慮確實是存在的，這不僅因為 13 年的回歸過渡期（1984-1997）中，中方經歷了與英方極其殘酷艱難的政治與法律鬥爭，雙方政治互信一度跌至冰點，而英國撤退戰略的種種遺痕，又使中央對持有反對立場的香港泛民主派抱持一種"不信任推定"，在無法確證反對派之國外聯繫與背景的情況下從嚴把握。1997 年回歸之後本應是央港雙方重建政治互信的最佳關口，1997-2003 年本應是完成基本法下相關本地關鍵立法以及完善國民教育體系的良機，但這一時期中央政府的"無為而治"，以及對回歸之初香港社會的某種"因補償而放任"之心理，導致了互信建構機會錯失。2003年7月的反23條安全立法大遊行開啟了央港關係新時代，即廣泛政治對抗與中央選擇性干預的時代。基本法設計高度依賴行政主導和特首忠誠，而放任了特區立法權和司法權的高度自治，這在回歸初期亦產生了一定的問題，即香港地方司法權挑戰中央權威的"釋法"憲制危機。2003年安全立法的失敗、2005年董建華辭職、2012年國民教育科推進失敗，其間還有立法會拉布的惡質化、香港本土族羣對內地人的排斥、圍繞2012年特首選舉與立法會產生辦法的複雜鬥爭、反對派與外國勢力的密切互動等，這一系列事件增加了中央對香港政制發展的疑慮和對香港反對派的忌憚。而香港反對派亦從未在內心真正認同回歸事實或中央權威，即使就基本法本身亦秉持着自身一貫的"普通法自由主義"解釋傳統，而基本不可能顧及中央關切的"主權、安全與發展利益"。2014年6月的中央白皮書系統總結並闡述了一種"國家主義基本法法理學"，與香港反對派之基本法規範圖景大異其趣，雙方之政治信任進一步降低，並引發了一系列的政治誤判和強硬碰撞，妥協機會不斷流失，最終導致8.31決定的出台，直接引爆長達兩個多月的佔中運動。

這是一場可以避免的運動嗎？答案大致是否定的。儘管很多人會將運動肇因或者歸咎於中央存有"心魔"，缺乏普選誠意，或者歸結於香港反對派政治上過於幼稚，"公民抗命"運動導致物極必反，刺激中央更保守應對。作為中立觀察者，希望說明：第一，在中國整體未民主化的約束性體制之下，兩制之實質差異性是受限的，能夠給出有一定限制的普選框架已是最大讓步，而香港社會若能機智承接落實普選，則於中國整體體制亦構成一種極富歷史意義的結構性突破，比之在一個相對獨立之憲制條件下發生的台灣普選，港式普選自然意義非凡而有別；第二，香港反對派的"公民抗命"策略就其本身而言有自然而然之處，是由其對中央之極度不信任以及長期接受西方民主教育的必然結果，而經此佔中運動，反對派對不合作策略當有某種理性反思與調整的機會，以便更好地實現"視角內轉"，真正熟悉中國政治體制與慣例，為央港政治互動的理性化和成熟預作準備。

反對派策略的根本缺陷

不過，此次反對派之行動策略仍有兩大根本缺陷：一為學生羣體"坦率而直白"的"港獨"論述（港大《學苑》和城大《城大月報》），反對派議員與本港政治家至少是放任的，而沒有充分估計到這一論述對中央、內地人民乃至於本港愛國愛港力量的過度刺激與負面效果；二是反對派政治家"坦率而直白"的國際求援，如陳方安生和李柱銘的英美政治求援之旅、劉慧卿的聯合國人權之旅，以及在本港範圍內與英美總領事館及涉國家安全之外國基金會的密切聯繫，從而主動尋求將香港普選問題"國際化"，這在中央的主權與安全之優先關切之下，很容易獲得反面定性，亦難以得到內地人民之心理認同與支持，此與六四運動時兩地相互支持之往事判若兩景。

這是一場力量懸殊、高度互不信任而又充滿歷史宿怨和戰略誤判的政治對抗，也是回歸 17 年來央港關係各種深層次矛盾衝突的總爆發。儘管如此，佔中運動之過程堅持了真正的"和平非暴力"原則，這是運動一方信守"公民抗命"基本美德法則，以及警方合乎本港法例與國際慣例之專業執法行動相互促成的結果。設若任何一方在運動中的任何一個時間點跨越和平非暴力邊界，且無任何機制予以補救，則香港街頭早已暴力成災，血雨腥風。整體觀察，佔中運動和平轉型的關鍵在於法治與民意兩端，前者為香港社會第一核心價值，激進民主訴求無法根本撼動之，後者為香港社會之自由開放屬性，民意成為高高凌駕並"監察"警民雙方廣場行為，以及指示運動轉型方向的超體制力量，一種神秘的人民"在場"。而中央政府在運動全程亦嚴守一國兩制邊界，在申明原則立場的前提下，充分尊重和信任香港特區政府和警方處置本地事件的權力與能力。隨着 2014 年 12 月 15 日最後清場完成，佔中運動告終，但香港政改未竟，將在短暫調整之後進入 2015 年 1 月開始的第二輪政改諮詢，以及進一步的政改方案在立法會的"闖關"。

立法會政改方案"闖關"的關鍵

立法會"闖關"會成為香港歷史上最重大的普選時刻。通過，或者不通過，這是個問題。若法案遭遇反對派集體封殺，或者由於反對派過度拉布及修正導致法案最終偏離基本法和人大決定框架，並遭到行政長官否決，都將是香港政改的重大挫折，導致政改"原地踏步"。實際上不存在"原地踏步"，而是"不進則退"，若退下陣來，則香港社會將可能長期無法走出"過度政治化"漩渦，無法通過"視角內轉"重建中央信任以獲取更寬鬆的普選框架，更無法從容適應中國對新一輪區域經濟整合的佈局和安排，從而導致香港加速"二線城市化"。果真如此，則香港作為"東方之珠"勢必黯淡無光，繁榮穩定成為過去時，一國兩制之典範意義完全落空，僅靠澳門個案不足證明。如此前景，只是中國人內部的相互消耗和雙輸局面，央港雙方應共同極力避免之。

特區政府在 10 月 21 日首輪對話中的"四點倡議"表明，2017 年普選框架並非終極方案，香港存在"繼續民主"命題，但需要遵循基本法和"五部曲程序"繼續完善。中央支持香港普選的立場及其顧慮皆已明確，則立法會"闖關"的關鍵就在於反對派議員的"責任倫理"，即政治家應不僅對個人或團體之"信念"負責，還應對共同體之整體利益負責。這裏再次出現 2010 年政改法案立法會"闖關"的類似情境，也就是所謂的"司徒華轉向"問題——儘管遭遇反對派激烈非議，但他是香港真正的民主政治家。2015 年立法會"闖關"時是否會出現"司徒華第二"，似乎成了香港普選福音和一國兩制成敗的最要害問題。司徒華現象表明，香港社會存在高度理智化和不懈追求民主的建設性政治家，他們於歷史關鍵時刻固然表面上忤逆了部分選民或本黨同志的意見，但卻抓住了歷史機遇，推進了民主進步，在本質意義上對全體選民和香港整體利益負責。

內地以香港為學習對象

香港社會於現代性基礎組件上高度成熟，即使民主一環，除普選之外，亦十分發達，無論是政團組織還是自由媒體。而以法治為底線的公民社會秩序，亦讓人實際感受到一個文明有序社會的軟實力。這一切在內地尚不夠完備或處於進程之中，故對香港之學習空間猶存。而香港歷史獨特，移民豐富，市政設施與服務優良，市民溫和理性，加之自然風光迤邐，氣候宜人，也常有朋友飲酒清談，一年之中亦天涯明月，雖有離愁，並不悲苦。普選是香港人追求更完備治理體系的真切理想，雖裹挾少數人"港獨"想像和國際勢力背景，但內裏之民主屬性應予以充分肯定尊重。"顏色革命"乃運動期間中央拔高定調，政治層面或有特別原由，但清場後的"後佔中時代"，中央應以積極的"重建思維"取代單調的"鬥爭思維"，對回歸歷程的鬥爭技藝及其政治遺產之運用要保持適度節制，以充分自信與開放之心態面對第二輪政改諮詢，和 2017 年之後香港的"繼續民主"命題，讓香港民主匯流入中國整體國家建構與民主轉型的宏大進程之中，與香港人民一起共同謀劃國家未來優良秩序。當然，這也需要香港反對派作出重大的反思和調整，視角內轉，徹底摒棄"港獨"想像和國際干預依賴症，逐步演變成忠誠反對派，也只有這樣調整，才能真正贏得香港民意和中央基礎性的政治信任。

香港政改未完待續。中央在戰略上宜更加明確香港的"治理特區"定位，以香港"循序漸進"的民主經驗反哺內地的"治理現代化"，而不僅僅將香港經驗理解為純粹的經濟範疇。香港則需要拋卻不切實際的港獨論述和國際干預依賴症，勇敢而理智地實現"視角內轉"，重建與中央的政治互信，在信任增加的條件下，進一步爭取更優普選框架，這一前景不僅是可能的，也是唯一可欲的。捨此，則由央港雙方的內耗與對峙所造成的只能是"雙輸"局面，是整體中國人的悲劇與災難。我們期待着後佔中時代雙方的相互調整與適應，能夠開創一個央港關係的新格局，能夠為一個更富競爭力、公平與長期幸福願景的"新香港"的出現，奠定扎實的精神基礎與制度架構。

本書佈局

本書正文凡九章佈局。第一章從殖民史與回歸史角度縱向考察香港普選的歷史淵源與制度演化過程，為理解香港政改提供相對長距離時空背景。第二章解析基本法模式下的央港關係，說明中央調控香港對行政權的過度依賴及其法治轉型的結構性困局，這亦可解釋為何此輪政改中央緊抓特首忠誠問題不放。第三章專題討論香港立法會的惡性拉布問題及其治理進路，而立法會內反對派議員從來都是香港政治生態的成熟領導力量，是佔中運動的另一個"廣場"，也是立法會政改方案闖關的否決權主體。政改成敗或許不在學生現場佔領，而恰恰在反對派議員的集體否決或超限度修正。前三章提供了理解香港政改格局的背景性知識，相當於本書"總論"，在此基礎上即可深入本輪政改與佔中運動的分論細節。從第四章到第九章分別討論了"提名權之爭"、"愛國愛港"、"白皮書與基本法法理學二元衝突"、"民意爭奪戰"、"佔中過程分析"、"後佔中管治與繼續民主"等香港政改涉及的關鍵性主題。序言由筆者在香港大學的合作導師陳弘毅教授撰寫，後記為筆者對全書的簡要背景説明與總結提升。同時為便於讀者理解佔中運動，作者專門製作了"香港佔中運動大事記"，作為本書附錄。

香港政改五部曲未竟，筆者有幸在最關鍵時期實地體驗與觀察。《香港政改觀察》在本質上是獻給包括香港人民在內的中國人民的一份答卷，是新生代憲法學人在自由價值與國家利益間的平衡而客觀論述的積極理論嘗試，但憑良知，不懼非議。香港政改未完待續，即使立法會闖關成功，亦有 2017 年之後的"繼續民主"命題。作為深度接觸過這一進程的觀察者，跟進關注和分析，似乎不僅是興趣，也是責任。而作者最關切之處，則在於是否能夠為建立一種超越中央立場之國家主義，與本港立場之普通法自由主義之共和主義取向的"共識型基本法法理學"，略盡綿薄之力？當然，這肯定是一樁集體學術事業，本人當樂於其中矣。

致謝與説明

作為內地青年憲法學者，一年來的"港是港非"已然讓自己大大開拓了政治觀察的經驗和視野，對一國兩制與基本法有了更加深切的理解，甚至也不斷提出並形成自身相對獨立的，關於香港政改與佔中運動的命題及看法。本書就是這一年實地觀察與理論反思的結晶，其中個別篇章曾以評論或論文形式發表於《大公報》、《法制日報》、《法治週末》、《新產經》、《財經》、《中國評論》、中國法學會內參等刊物之上，但作為系統的觀察與理論論述，本書具有大大超出上述單篇簡單結合的篇幅規模與深廣度。

一年之訪問研究源起於香港大學法律學院陳弘毅教授的訪問邀請。他是一個博學而熱情的憲法學教授，幫助聯繫成功申請了香港大學法律學院中國法中心的訪問學者基金，獲聘為Leslie Wright Fellow，本書亦成為該訪問基金項目的成果之一。筆者曾就書中涉及有關問題多次求教於陳教授，他每每誨人不倦，更可貴者，推薦本書至香港的商務印書館出版並熱情作序。如果沒有他的前後聯繫、鼓勵與實質性幫助，本書是不可能面世的。作為訪學研究的合作導師，本書也算是獻給他的一個成果或禮物。另外，本人的北大博士師弟曹旭東就職於中山大學港澳珠三角研究中心，受其邀請和安排，亦有幸參與其中心資助的課題"香港立法會運作研究"，並有諸多機會相互討論切磋，在此特別致謝。此外，香港大學法律學院傅華伶教授與趙雲教授、香港城市大學法律學院朱國斌教授與林峰教授、北京大學法學院陳端洪教授、北航高研院高全喜教授、深圳大學法學院鄒平學教授、香港基本法委員會劉迺強委員、中國法學會陳詠華副研究員、京港學術交流中心總裁助理陳錦雲先生，以及因研討原因接觸的香港中聯辦法律部以及香港社會其他機構諸位朋友，都在一國兩制與基本法題域內，給予重大鼓勵、支持與啟發，對本書之順利成稿與成熟幫助很大。

這一年於個人亦是一大挑戰，第一次離家在天涯，在最自由的時刻也感受到了最孤獨。成家如同立憲，不比青春爛漫，獨步天下，自由不羈。於此，確實感受到任何青年運動都有其璀璨和質地空乏之雙面形象。這一年中，妻子王又平女士獨自照顧小兒皓軒，工作之餘處理家務以及本人在北航的各種雜務，同時還需體貼照顧父母，協調孩子養育教訓的各種安排，箇中辛苦，讓人常感慚愧遺憾，無以相對。唯每每勤奮寫作，以不廢時光、學術精進而承擔一個父親、一個丈夫在此天涯海角的遠距離責任。

田飛龍
2015 年 1 月 8 日
於香港大學法律學院

附錄：香港佔中運動大事記

2013 年

1. 1 月 16 日，佔中三子之一戴耀廷在《信報》發表〈公民抗命的最大殺傷力武器〉一文，號召通過"愛與和平佔領中環"的抗命行動追求"真普選"，掀開反對派佔中運動的序幕，打出"和平佔中"旗號，循着"商討—公投—佔領"步驟逐步展開。

2. 3 月 24 日，全國人大法工委主任喬曉陽發表講話，闡明中央對特首普選基本立場，即不接受與中央對抗者當選，堅持基本法第 45 條的"機構提名"，正式提名必須體現"集體意志"，等同於否定反對派的"公民提名"主張。

3. 6 月 9 日，"和平佔中"舉行第一次商討日，體現協商民主運動精神。

4. 11 月 22 日，全國人大常委會香港基本法委員會主任李飛發表講話，重申喬曉陽 3 月講話立場，再次明確中央底線。

5. 12 月 3 日，香港特區政府公佈《有商有量，實現普選 —— 2017 年行政長官及 2016 年立法會產生辦法諮詢文件》，開展為期 5 個月的公眾諮詢。

6. 12 月 7 日，"和平佔中"第二次商討日活動舉行，進一步聚焦佔中核心主張與行動策略。

2014 年

7. 4 月 28 日，香港大律師公會提交政改意見書，否定 "公民提名" 合法性，但對 "公民推薦" 等機制予以支持。

8. 5 月 3 日，第一輪政改公眾諮詢結束，特區政府共接收到數萬份意見書，開展意見整理與政改報告起草工作。

9. 5 月 6 日，"和平佔中" 第三次商討日活動舉行，票選出三個供 "電子公投"（6.22 公投）的普選方案，其中均包含 "公民提名" 要素的真普聯方案、學界方案和人民力量方案勝出，而較保守的香港 2020 方案、18 學者方案和湯家驊方案落選。商討程序之公正性與代表性受到香港輿論的一定質疑。

10. 6 月 10 日，國務院新聞辦發表《"一國兩制" 在香港特別行政區的實踐》白皮書，系統闡述了 17 年來治港經驗，提出了一種 "國家主義基本法法理學" 框架，與香港本土之 "普通法自由主義基本法法理學" 產生衝突，刺激香港社會激烈反彈，折射央港關係深層次矛盾與政治互不信任，兩種基本法法理學之爭浮出水面。

11. 6 月 22 日，"和平佔中" 委託香港大學民意研究計劃開展 "電子公投"，同時開設實體票站，為期一週，共收集有效支持投票 79 萬。

12. 7 月 1-2 日，七一大遊行及學生預演佔中，遊行人數超過以往。

13. 7 月 3 日，反佔中大聯盟成立，對佔中行動採取精緻模仿和對等升級，香港政治對立族羣化和深度結構化。

14. 7 月 15 日，特區政府向全國人大常委會提交政改報告，完成 "政改五部曲" 之第一部，泛民主派表達對報告未能充分反映反對意見的不滿，自行製作發佈一份 "民間報告"。

15. 7-8 月，反佔中大聯盟開展 "反佔中簽名" 和 8.17 大遊行，在簽名數和遊行人數上均超過佔中派，後者提出民意數字不能相互否定。

16. 8 月 31 日，全國人大常委會發佈《關於香港特別行政區行政長官普選問題和 2016 年立法會產生辦法的決定》，確定 2017 年及之後香港特首普選基本框架，維持 2016 年立法會產生辦法不變。《決定》核心在於提名委員會 "按照" 2012 選委會四大界別組成、提名過半數有效、候選人 2-3 人，完成政改 "五部曲" 之第二部。該決定被香港社會稱為 "連落三閘"，視為最保守與最強硬方案，從而成為佔中抗命的核心目標，史稱 "8.31 決定"。同日晚上，"和平佔中" 舉行集會，戴耀廷宣佈香港進入 "抗命時代"。

17. 9 月 1 日，全國人大基本法委主任李飛、全國人大法工委副主任張榮順和國務院港澳辦副主任馮巍組成中央 "釋命" 團，來港宣傳解釋最新政改決定。

18. 9 月 22-26 日，香港大專學生和中學生相繼舉行罷課，進入佔中衝刺期。

19. 9 月 28 日，學民思潮召集人黃之鋒號召佔領 "公民廣場"，佔中運動提前爆發，當晚發生 "87 枚催淚瓦斯事件"，是為佔中運動衝突最激烈時刻，警方表示是為了製造安全距離，在別無選擇的情況下而使用，香港社會憂慮衝突加劇，警方之後再未使用催淚瓦斯。

20. 10 月 21 日，香港特區政改官員與學聯代表舉行第一次對話，學生的主要立場是撤回人大決定，重啟政改，特區政府的立場是人大決定不可撤回，但提出了基於自身憲制權限的"四點倡議"，即人大決定框架下盡用政改空間，2017年之後可按照"五部曲"程序繼續完善普選框架，搭建政改商談多方平台以及製作反映佔中訴求的民情報告提交給港澳辦。但對話後學生仍堅持原則立場，二次對話一直無法啟動。

21. 10 月底至 11 月初，佔中派醞釀泛民議員集體"辭職公投"、廣場再投票、解散立法會、學聯進京請願等，或者歸於失敗，或者沒有實際執行。

22. 11 月下旬，警方以協助執行旺角地區民事禁制令的方式"變相清場"，學聯於月底展開衝擊立法會的升級行動，遭到失敗。

23. 12 月 3 日，佔中三子自首，和平佔中秘書處停止運作，但運動未被叫停，領導權完全轉入學聯和學民思潮之手。

24. 12 月 4-9 日，學民思潮號召"無限期絕食"，在社會各方壓力下主動停止。

25. 12 月 11 日，金鐘全面清場，過程和平順利。

26. 12 月 15 日，銅鑼灣和立法會示威區最後清場，佔中運動廣場階段完全結束。運動一方全程基本保持了"和平非暴

力”，警方執法亦嚴守合法與最低限度武力原則，顯示香港
公民社會之真正軟實力與法治的第一核心價值地位。

27. 12 月中下旬，流動佔中和各種不合作運動啟動，政府方面
鞏固清場秩序和後佔中管治，積極準備民情報告和第二輪
政改諮詢文件。

2015 年

28. 1 月 7 日，政改第二輪公眾諮詢開展，為期兩個月，香港
社會進入後佔中的具體政改方案磋商與設計階段。泛民派
繼續杯葛，以陳弘毅“白票守尾門”方案為代表的溫和中
間派方案受到一定關注和討論。

29. 上半年，特區政府向立法會提交政改法案，邁出政改“五
部曲”之第三部，進入政改最關鍵與最驚險的立法會“闖
關”階段，香港 2017 年普選與否在此一舉。